杭州市哲学社会科学重大课题　杭州学人文库

编辑指导委员会

经济学『伊斯特林悖论』的文化定向研究

李敢 / 著

浙江大学出版社
ZHEJIANG UNIVERSITY PRESS

图书在版编目(CIP)数据

经济学"伊斯特林悖论"的文化定向研究 / 李敢著
. — 杭州：浙江大学出版社，2021.12
ISBN 978-7-308-21093-5

Ⅰ．①经… Ⅱ．①李… Ⅲ．①经济学－研究 Ⅳ.
①F0

中国版本图书馆 CIP 数据核字(2021)第 034159 号

经济学"伊斯特林悖论"的文化定向研究
李　敢　著

策划编辑	吴伟伟
责任编辑	吴伟伟　陈逸行
责任校对	郭琳琳
封面设计	春天书装
出版发行	浙江大学出版社
	（杭州市天目山路 148 号　邮政编码 310007）
	（网址：http://www.zjupress.com）
排　　版	杭州朝曦图文设计有限公司
印　　刷	杭州杭新印务有限公司
开　　本	787mm×1092mm　1/16
印　　张	12.75
字　　数	250 千
版 印 次	2021 年 12 月第 1 版　2021 年 12 月第 1 次印刷
书　　号	ISBN 978-7-308-21093-5
定　　价	58.00 元

出 版 说 明

　　杭州市哲学社会科学重大课题杭州学人文库、杭州研究文库、创意城市文库收录最新杭州市哲学社会科学标志性学术成果。其中，杭州学人文库为杭州籍学者的研究成果，杭州研究文库为杭州研究专题成果，创意城市文库为创意城市研究专题成果。

　　文库论题选择体现历史性、现实性和预期性。注重各类历史问题研究，提炼文化精髓，提升人文精神。重视实际研究，更强调实践问题的学理性阐释。坚持面向世界、面向未来，融通各种学术资源，体现前瞻性和可承续性，以人文关怀和生态和谐为基本价值目标。

　　文库体现原创性、时代性和系统性。关注集成创新，更重视原始创新。不限学科，不限方向，不限方法，突出问题意识。强调独立性、独特性和个性化，强调有效价值和新颖程度，强调观点、话语和理念更新，强调察今观古、见微知著，鼓励引入前沿学科、新兴学科和交叉学科，鼓励学术质疑和学术批判，在突破传统领域和既有思维方面有所作为。3个系列各成系统，展示杭州学术成就的多面向。

　　文库项目每年向社会公开征集，通过专家评审机制严格遴选。选入项目为文库专属，独列于其他系统之外。

目　录

第一章　导　论

第一节　研究背景与研究问题

一、研究背景

（一）国际层面

自工业革命以来，技术与管理的进步大大刺激了全球经济的增长。为了追求经济增长，不论是先发国家抑或是后发国家，大都可谓不遗余力，尤其是在20世纪50年代联合国经济和社会事务部统计处公布了国民经济核算体系（system of national account，以下简称 SNA）[1] 之后，各国纷纷拥护和接受该体系，GNP 与 GDP 指标体系一跃成为世界瞩目的衡量经济总量或社会福利最重要的标尺，以至于半个多世纪以来，在经济社会发展领域，对 GDP 的推崇也几近成为时尚。诚然，GDP 体系有其合理性与进步性，此处毋庸赘言。然而，随着发展实践历程的变迁流转，GDP 体系的负面性日益显现，且直接冲击了经济、

---

〔1〕国民经济（收入）核算体系（SNA）又称"国民经济账户体系"，它以西方经济理论为依据，并将国民生产总值作为核算国民经济活动的核心指标。SNA 认为，创造物质产品和提供服务的劳务活动均从属于价值活动创造。美国经济学家库茨涅兹和英国著名的国民经济核算专家斯通为国民收入核算体系的建立与建设做出了重大贡献。1953年，联合国经济和社会事务部统计处正式公布了"国民经济核算体系"，该体系很快通行于世界各国的经济建设与发展之中，尤其是市场经济国家，普遍采用此套国民经济核算方法。SNA 共包含五个部分，即国民生产净值（net national product，简称 NNP）、国民收入（national income，简称 NI）、个人收入（personal income，简称 PI）、个人可支配收入（personal disposable income，简称 PDI）、国民生产总值（gross national product，简称 GNP）。其中，国民生产总值是 SNA 体系五大总量指标中的核心指标。

社会、资源、环境之间的和谐平衡，阻碍了人类社会的可持续发展。这种情景也令世人开始重视其中的问题所在，并开始尝试寻求解决之路径。除政策制定者之外，在学术界，经济学、社会学、政治学等学科的专家学者也随之开始研讨，以求获得更好的衡量及核算经济增长和社会发展水平的新标尺，尝试发展出足以补充 GDP 体系，并可以评价社会福利与发展的新指标体系。于是，对幸福的探寻日益显现其重要性。

总体而言，幸福研究在西方的再度兴起肇始于 20 世纪中期之后，当时西方总体上处于一个经济高速发展的阶段，在物质成就上取得了巨大成功，人们的物质生活水平得到了极大改善。人们一度沉迷于物质的享受之中，并误以为物质成功就是人生存在的目的之所在。不过，人们很快就发现，恢宏的经济建设成就带来的却是整个社会成员普遍的失落寡欢，对幸福和人文关怀的呼声渐起。在当时的社会科学界，与幸福相关的研究首先是对"生活质量"(quality of life) 的探讨，其始于加尔布雷斯（1965）对其在所撰写的《丰裕社会》（*The Affluent Society*）中提出的"公共污秽"(public squalor) 造成的巨大危害的反思，个中已多少暗含对将 GDP/GNP 及其增长率作为衡量社会幸福与进步指标的质疑。之后，在某些文献中，"生活质量"与"幸福"这两个术语几乎是等同的。进入 21 世纪，国际上的幸福研究日益呈现多元综合态势，而 2008 年的全球金融危机在一定程度上将幸福研究推向高潮。危机令各国民众普遍意识到，"唯 GDP"的发展路径中存在着不小的隐患，因为危机使得世界沦落为"战后一个最差的金融、经济和社会危机时期"，环境危机也迫在眉睫。在此情形下，出于对既有 GDP 经济发展衡量体系的不满，时任法国总统萨科齐试图建立起一个可以衡量社会进步的综合指标。2008 年，萨科齐召集组建"经济绩效和社会进步评估委员会"（Commission on the Measurement of Economic Performance and Social Progress, CMEPSP，也称作"斯蒂格利茨-森-菲图西委员会"），该委员会在 2009 年发布了报告——《对我们生活的误测：为什么 GDP 增长不等于社会进步》（以下称斯蒂格利茨委员会报告）。该报告提出，经济发展测量体系应逐步实现从"生产导向"(production-oriented) 到"幸福导向"(well-being-oriented) 的转变，即应聚焦于未来福祉和社会进步测量方面的思考，因为进步并不只是意味着财富创造或革新，进步更意味着苦难减少和幸福增加。财富（物本）是幸福（人本）的手段而不是目的，财富是幸福的必要条件而不是充分条件。幸福除了（基于收入或财富的）"福利"因素，更多涉及非收入因素（例如健康状况、教育机会、职业发展、家庭关系、民意表达与善治等）。该报告还进一步详细论述了关于幸福测定的 8 个维度与 12 条建议。幸福议题也随之成为国际学术界的一个理论热点。

（二）国内层面

改革开放以来，经过 40 多年的快速发展，中国已经成长为世界第二大经济体，经济建设方面的成就举世瞩目。与此同时，相应的经济社会问题依然存在，引发了社会对幸福观的热烈讨论。

以 2010 年底召开的党的十七届五中全会制定的《中华人民共和国国民经济和社会发展第十二个五年规划纲要》为例，其已经透露出在发展方面要淡化 GDP 崇拜、立足为人民谋幸福的信息，而到了"十二五"开局之年 2011 年的两会，对"民生、尊严与幸福"的讨论得以展开，有关幸福社会的舆情方兴未艾。2011 年 10 月召开的党的十七届六中全会进一步提出了"文化兴国"的理念与奋斗目标，这是自 2007 年党的十七大以来，中央首次将"文化命题"作为中央全会的议题。文化在战略层面的意义凸显标志着中央对文化建设的认识达到了一个新的高度。在新时代，建设社会主义文化强国是实现中华民族伟大复兴的基础支撑。文化能为人民提供坚强的思想保证、强大的精神力量、丰润的道德滋养，必须不断加强文化建设。党的十九大报告提出："发展中国特色社会主义文化，就是以马克思主义为指导，坚守中华文化立场，立足当代中国现实，结合当今时代条件，发展面向现代化、面向世界、面向未来的，民族的科学的大众的社会主义文化，推动社会主义精神文明和物质文明协调发展。"[1] 这为我们的文化建设提供了基本思路与根本遵循，强调了精神文明和物质文明协调发展的重要性。广东省较早由省委省政府号召全省人民全身心投入"幸福广东"的建设事业之中。中山大学社会发展研究所有幸参与了上述广东省委省政府发布的建设"幸福广东"的有关调研与研究，并承接了具体研究项目。本书即是基于以上国内外关于幸福研究的理论热点以及广东省委省政府委托的"广东幸福文化政策研究"课题，以社会学知识为主体，综合经济学、文化人类学、心理学、公共政策学等学科领域相关研究成果与经验，对文化和幸福之间的联系进行细化探析，即聚焦于文化及其向度是如何影响幸福达致的以及这种影响背后蕴含着怎样的社会治理意义。在研究方法上，以当前国际学术界关于幸福研究的新视野为主要汲取源，融合定性和定量研究方式，努力去实现解释性范式与实证范式之间的统合，就文化及其向度对于幸福达致可能造成的影响进行了较为综合的分析。

---

〔1〕 习近平. 决胜全面建成小康社会 夺取新时代中国特色社会主义伟大胜利——在中国共产党第十九次全国代表大会上的报告 [M]. 北京：人民出版社，2017：41.

二、研究问题与研究意义

(一) 研究问题

关于幸福达致的影响因素分析以及"伊斯特林悖论/幸福悖论"（Easterlin paradox）的解答分析，国内外学术界已经取得了一定成果。例如，经济学的论述多是围绕经济变量（收入、失业率、通货膨胀）而展开，心理学的论述多是围绕人口特质而展开。出于社会学研究取向的考虑，本书认为，在幸福达致影响因素的研究中，若要较为准确且全面地认识与理解幸福与"伊斯特林悖论"之间的关系，采取文化定向研究路径也不失为一种有益尝试。

因而，本书的研究问题主要关涉三个层面：其一是在创新社会管理、完善社会建设的时代背景中，探析影响幸福达致的因素除经济变量外还有哪些其他变量，这些变量之间的交互机制如何，即对"伊斯特林悖论"进行非经济因素的分析阐释，并进行类别化归纳（对这一问题的解答主要经由文献综述部分加以完成）。其二是在"文化强国"战略大背景下，在从"生产导向"到"幸福导向"的发展趋势变迁中，除却继续关注经济建设，如何从实际的文化层面去诠释幸福这一因变量，主要是如何使人们身心舒畅，提升人们的幸福感。关于这一点，本书的论证主要是基于珠三角西岸地区的实地调研。通过对这一改革开放先行地、经济相对富裕地区影响居民幸福的文化定向分析，力求为"幸福广东"[1]建设拓展理论讨论的空间。其三，针对研究中所得结论，就如何结合中国经济社会双转型实际，提出相应政策建议，如注重从需求方角度制定事关幸福达致的文化定向发展的政策建议，探讨如何经由政府政策的制定落实去提升民众的幸福水平。一言以蔽之，关于本书内容，可概括为在建设"文化强国"的时代背景下，经由对经济学"伊斯特林悖论"的理论反思以及发生于珠三角

---

[1] 2010 年 12 月 17 日，广东省委在制定"十二五"规划建议珠三角地区征求意见座谈会上强调，在"十二五"期间，广东工作的关键和核心是加快转型升级与建设幸福广东。其中，转型升级是手段，幸福广东是目标。要通过转型升级增强广东可持续发展能力，不断创造社会财富，让民众共享发展成果，增强主观幸福。在全国范围内，以省名义倡导在全省范围内进行幸福建设，广东此举当是开了先河。除却传媒力量"等因奉此"宣讲，身为学术界的成员，我们对"幸福广东"建设议题也颇有兴趣，认为个中至少表露了中国政府已经开始真正正视其新的政策需求，体现了未来公共政策选择、制定与评估的可能转向，这是因为，广东历来是中国改革开放事业中的"试验田"与"排头兵"。

西岸城市顺德的"幸福悖论"现象的实地考察[1]，以社会学结构功能主义理论为思想导线，探析文化及其向度如何影响幸福达致以及这种影响蕴含的社会治理意义。

（二）研究意义

从公共政策视角看，幸福应当是发展追求的终极目标所在。本书在肯定经济学关于幸福研究的若干成果的基础上与之展开对话，努力将精神信仰与道德信任、社团价值与公民参与等文化要素与现行主流经济学[2]的幸福研究相结合，以求在事关实现可持续发展、建设和谐幸福社会的探讨中更好地融入和谐、均衡、利他等理念。之所以有此论，以笔者管窥蠡测之见，方兴未艾的幸福研究的核心依然从属于发展议题范畴，其本意还是在于寻求物质文化和非物质文化之间的均衡。至于社会发展，不妨视为此二者之间的"桥梁"。生产消费、物质财富乃至环境保护等大抵属于物质发展层面。安全、归属感、信任以及公平正义等良性社会资本的孕育营造则属于社会发展层面。不过，发展的终极目标依然是对幸福的追求。人人都希冀拥有幸福，尽管其具体的内涵与方式有所差异。

自 1974 年"伊斯特林悖论"被提出以来，这一"悖论"已经引起了诸多学科研究者的兴趣。显然，如何进一步对收入与幸福之间的这种关系进行有效诠释仍是一个颇有研究价值的问题，理论意义彰著。再则，就研究的现实意义而言，自党的十七届五中全会以来，加强和创新社会管理已经成为我国经济社会发展的一项重大战略任务，党的十七届六中全会又提出"文化强国"的奋斗目标。本书对"伊斯特林悖论"进行以（经济）社会学为主的多元诠释具有相当大的现实和理论意义，部分研究结论可能有助于关注"民生、尊严与幸福"的社会建设与"文化兴国"战略布局的实施，有助于保持社会发展活力与实现社会和谐稳定发展。

第二节 "伊斯特林悖论"概念的厘定与使用说明

传统经济学中有一个核心命题，即"财富增加将导致福利或幸福增加"。然

---

[1] 改革开放以来，珠三角的经济建设成就一直处于领先位置，基本已经具备了"伊斯特林悖论"的发生条件。同时，珠三角的发展模式又可以分为东岸模式和西岸模式，其中，西岸地区在岭南传统文化保护继承方面相对扎实，积淀深厚。此外，从现代文化（如社团价值）角度审视，西岸地区的顺德区目前是广东省社会组织与社会建设改革的重点试验单位，享有"科学发展、先行先试"的优势。

[2] 传统经济学、主流经济学研究的焦点为致力于稀缺资源的配置与利用效率等问题的解决。

而，一个令人迷惑的重要问题是，为什么更多的财富并没有带来更多的幸福？而这正是"伊斯特林悖论"或"幸福—收入之谜"的表现所在。1974 年，美国南加州大学经济学教授理查德·伊斯特林（Richard Easterlin）在其论文《经济增长可以在多大程度上增加人们的快乐》中提出了一个有悖于传统经济学认知的"伊斯特林悖论"（Easterlin paradox）[1]：有经验数据证明，收入和幸福之间并不存在明显的正相关性。即收入增加并不一定导致幸福快乐的增加，在收入达到某一值以后，收入与幸福快乐之间的关系不再明显。调查数据表明，在不同人均收入水平的国家，其幸福感知差异并不明显，即便是在同一国家的内部，人均收入与平均幸福之间没有明显的相关性。居民幸福水平和收入水平背离几乎是一种世界性的普遍现象，相对于财富而言，美满的婚姻、健康、事业与良好的社会关系等要素可以带来更加持久的快乐。

"伊斯特林悖论"的提出引起了经济学及其他学科领域一些学者的深切关注，学者们纷纷撰文予以回应。例如，荷兰社会学学家、"快乐年数"（happy life years）提出者魏和文与其合作者哈格蒂撰写的《财富与幸福的再追问——国民收入增长能够带来更多的幸福吗？》一文部分验证了伊斯特林的"幸福—收入之谜"（Hagerty，Veenhoven，2003）。他们的文章认为，国民收入的增加有助于国民幸福水平的提升，但就一个给定的收入增长期而言，其短期影响要远大于其长期影响。该文还从相对效用观出发指出，就收入对幸福的影响而言，人们的幸福水平受制于社会比较意义上或适应性期待意义上的收入变动关系（如与他人收入或者自己过去收入相比较）。著名行为经济学家丹尼尔·卡尼曼与其合作者安格斯·迪盾认为，主观幸福（subjective well-being，SWB）研究应当包括两个部分，即情感幸福（emotional well-being）与生活评估（life evaluation）（Kahneman，Deaton，2010）。他们利用盖洛普幸福指数（Gallup-healthways well-being index）对 450000 名被试的应答资料进行统计分析，发现在 2008 年的美国，当对收入取对数时，幸福指数稳步上升。同时，情感幸福感也会因为收入的对数化而上升。但当家庭年收入达到 75000 美元这个值时，情感幸福感便不再有明显提升（2008 年，美国家庭平均收入为 75000 美元，其中有三分之一家庭的年收入超过 75000 美元）。再如，美国宾夕法尼亚州立大学的经济学者 B. 史蒂文森（B. Stevenson）与贾斯汀·沃尔弗斯（Justin Wolfers）合作的《经济增长与主观幸福：对伊斯特林悖论的再评估》一文指出，经济增长与幸福

---

[1] 关于"伊斯特林悖论"的英文对应词，也有英文文献写作"paradox of happiness"。如联合国首届世界幸福研讨大会颁布的《世界幸福报告》（2012）即将"伊斯特林悖论"表述为"paradox of happiness"。

水准的提升有关，收入（人均 GDP）的增加有助于幸福水平的差异化，差别在于是绝对收入还是相对收入，尽管随时间的变动，收入变化对幸福的影响尚不明确；同时，在幸福测度方面，虽说自我报告的主观幸福及生活满意度的测量可能与福利效用有关，但其效用测度比不上对于健康和物质消费等维度的测量。关于此方面的阐述，澳大利亚昆士兰大学经济学院的保罗·弗里吉特斯与其合作者克拉克·安德鲁以及米歇尔·希尔兹也有相应的补充回应。他们指出，应当更多关注相对收入对于幸福影响的多重功用分析（Clark, Frijters, Shields, 2008）。而英国当代著名经济学家理查德·莱亚德（Layard，2009）则论证了，在"收入—幸福"关系中，相对收入指标（比如"与其他美国家庭相比，你认为你的家庭收入属于下列中的哪一个：远远低于平均水平、低于平均水平、平均水平、高于平均水平、远高于平均水平）较绝对收入指标或平均收入指标能更好地体现"伊斯特林悖论"。

此外，心理学界也开始密切关注对幸福及其悖论的研究。如幸福心理学研究权威迪纳及其团队（Diener et al., 2010）的研究证实了卡尼曼的幸福二分法。其研究发现，生活层面的幸福预测依赖于物质繁荣（如收入），而正面积极的情感幸福预测则依赖于（社会和心理层面的）精神繁荣。这表明，关系生活品质的不仅仅是金钱，情感幸福与经济发展水平只有适度的相关性，社会发展必须对社会和心理的变量予以密切关注，而不只是专注于经济成就。再如心理学的期望水平（aspiration levels）理论对"伊斯特林悖论"的回答：适应现象导致人们产生更高的期望，幸福由期望和实际成果之间的差距所决定。收入和期望水平的变化相互关联，在对现在与过去进行比较时，人们的期望值会随收入的增长而提升，从而抵消了大部分（甚至逆转了）实际收入增加产生的效用。例如，向上调整的期望促使人们不断争取越来越多的东西，而欲望是无止境的，人们得到的越多，想要的就越多。这种不知足使得人们倾向于认为，已经过去的或者拥有的还不太幸福，并期待未来可以得到更多的幸福。

面对以上心理学研究者对于其提出的"伊斯特林悖论"的诸种诠释，伊斯特林本人也有应答。通过将期望水平理论与人的生命史相结合，伊斯特林指出，人们在特定时点对幸福的判断总是基于当时的物质期望水平。在生命史早期，收入高的人会更幸福，这是因为这种成就证明他们更有能力实现自己的期望。但收入增加并不使得幸福感也相应增加，这是因为伴随着物质的增加，期望同等增加，后者的负作用减少了前者的正作用。尽管收入增加在客观上改善了人们的生活条件，但这种积极正面效果被生命史中欲望不断增长的现实所抹去了。美国马里兰大学管理学教授卡罗尔·格雷厄姆（Graham，2005）对上述相关经验研究结论进行了总结，其指出，大多数幸福研究发现，平均收入水平和平均幸福水平不存在明显相关性,这表明有许多其他的因素在起作用,其中包括文化特征。有鉴于此,采用收入之外的其他因子作为对幸福的影响因素予以分析考察也颇为必要。

再则,从国内有关研究情形来观察,已有的相关居民主观幸福调查(陈惠雄,刘国珍,2005;娄伶俐,2010;邢占军,2011)表明,在经济社会转型过程中,国内部分地区,例如经济相对比较发达的浙江省和上海市以及珠三角地区,"伊斯特林悖论"现象的存在还是比较明显的,但这类解读以经济学或心理学诠释居多,且大多围绕国际学界业已提出的相对收入、绝对收入、收入不平等、通货膨胀、失业,以及期望和适应性等主题予以论证。

同时,以笔者有限的阅读来观察,就文化维度对"伊斯特林悖论"的解释而言,现有研究大都着眼于跨文化研究中集体主义文化与个体主义文化之间的分野对于幸福的不同影响,例如,不同文化中的个体在诸如社会取向、价值观、判断准则等方面存在的差异性对其幸福感或生活满意度有着相当大的影响(Suh et al.,1998;Diener,2000;Diener,1995)。

由此可见,在目前学界关于"伊斯特林悖论"的诸种解释中,对影响机制中的文化特征值得进一步关注与研究,譬如对同一社会经济背景之下的文化及其向度展开细化研究。同时,需要指出的是,本书关于幸福影响机制要素的文化路径分析不是要取代"伊斯特林悖论"的经济学分析,而只是作为一种补充与丰富。

第三节　研究设计

一、研究框架

如前所述,本书以社会学结构功能主义理论为指导思想,采用实地研究与问卷调查相结合的方式展开阐述。其中,质性的案例研究为主要研究方法。有鉴于国内学界(尤其是社会学界)关于文化与幸福关系较为深入的实证分析探讨相对较少,本研究在整体上尚属于一项探索性研究。探索的内容为:以"广东四小虎"之顺德为例,在"伊斯特林悖论"现象产生之后,在文化层面上,民众为何不(难)幸福?如何才能幸福?探索的目的在于寻求破解此不(难)幸福困境的文化干预策略。

当然,笔者认可,幸福达致是多重因素共同限定、共同推动、共同作用的结果。不过,囿于主题、篇幅、资料以及个人认识能力局限性等因素,笔者认识到,在一项研究中,不可能全面探讨所有的幸福达致影响要素。出于研究的性质与目的，本书主要聚焦于文化类别[1]。

至于本书中使用的经验材料，主要来自笔者当时所在的中山大学社会发展研究所"幸福建设课题组"于 2011—2013 年在广东省佛山市顺德区开展的问卷调查与系列田野调查。

二、资料收集

本书主要资料收集途径包括查找基于理论分析的文献资料、问卷调查、深入访谈与座谈会、实况记录。其中，问卷调查为就居民幸福观和幸福文化公共服务需求对（村居）居民所做的现场调查；深入访谈与座谈会的参与者包括（村居）居民、公共文化服务政府机构的主要负责人及相关职能部门负责人、社会文化服务组织以及社会团体的主要负责人；实况记录主要是对调查地的一些重要民俗，例如顺德划龙舟（游龙船）活动，以及某些访问场景的实况记录，包括照片、录音和事后补记的现场印象等，兼有其他与调查地点有关联的宣传资料、家谱、村居档案等文字和音像资料。

本书中经验证据的来源如图 1.1 所示。

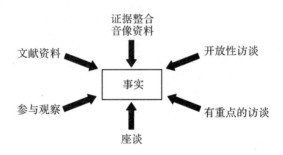

图 1.1　经验证据的来源和整合

三、研究方法

在研究方法上，虑及本研究的内容特性，主要采用对调查过程中"软性资料"（范明林，吴军，2009）进行定性（质性）分析的实地研究法（具体方式为

---

　　[1]　本书中的文化是涂尔干意义上的"社会事实"或"社会实在"。参阅卡伦，维吉伦特. 社会学的意蕴：第 8 版 [M]. 张惠强，译. 北京：中国人民大学出版社，2011。本书主旨就在于，经由案例研究法去探讨文化及其历史与现实向度如何影响幸福以及这种影响背后蕴含的社会治理意义。至于为何选取案例研究作为本书主要研究方法，详见第四章第一节。

多案例比较研究)[1]，这其中，又以无结构访谈（unstructured interview）和参与观察法（participant observation）作为主要的资料收集方式（风笑天，2005），且辅以相应的量化调查数据信息。这样操作的益处在于，在同一研究问题中，质的研究和量的研究的同时使用，有助于从不同层面和角度对该问题进行探讨，如静态和动态的统合、文化客位和文化主位的统合，以及自上而下的理论验证与自下而上的理论建构的统合等（陈向明，2000）。当然，这种结合也可能制造出半间不界的问题。为了避免这种情形，需要指出的是，就本研究关于量的结果（统计数据）和质的结果（个案）相结合的讨论而言，"个案不能代表数据所指的全部情况，只是对其中某些情况进行说明和举例说明而已"（陈向明，2000）。

在具体的经验资料整理和分析方面，既有类属分析（category analysis）也有情景分析（situational analysis）（Leininger，1985）。借助典型性案例，通过对同一社会经济背景之下文化模式及其不同向度的刻绘，具体而言，经由社区文化模式比较研究，本书希冀可以对"文化—幸福"联系给出一个比较周全的描述，并在此基础之上展开相应的理论探讨。进而言之，在实地调查基础之上，笔者和课题组从广东省佛山市顺德区总计10个街道（镇）里选择了5个案例（大致分布于5个村居）[2]，即在实地资料调查方面使用的是"非概率抽样"中的"目的性抽样"（purposive sampling）方法（Silverman，2000）。

需要说明的是，如此操作并不意味着某一调查地点只存在某一种文化模式向度，而是出于典型性考虑，在具体行文过程之中采取了某一调查点对应于某一文化向度的"单一模式"，同一地点其他文化向度恕未能一一囊括在内。这也是因为，赋予不同变项以不同的因果地位，以及因此建构起比较复杂的解释模式和理论是实现逻辑控制变化的一个途径（斯梅尔塞，1992）。

此外，在对每一文化向度对应的案例进行描绘、分析及综合之后，本书均使用"结论和讨论"的方式对关联案例中涉及的文化向度的社会功用及其与幸福之间的联系进行了归纳性分析及相应理论命题的提取，且在实证分析基础之上对全部案例展开理论性讨论。这是因为，在所有案例描述分析完成之后，有必要做一个关于案例交叉的理论总结（Yin，1989）。

---

〔1〕 本书将质性研究和实地研究略等同于定性研究，尽管学界对它们之间的关系尚有不同见解。例如陈向明（2000）认为，质性研究不等于定性研究，其覆盖范围更宽广。风笑天（2005）认为，实地研究包含参与观察和案例研究（case study）。殷（2010）认为，案例研究可以自成一体，即可独立于定性研究。

〔2〕 其中，第一个典型案例，即"不幸福，以'蛋糕危机'为例"的访谈涉及4个街镇的多个社区，但主题一致，所以归为一类。后面4个典型案例分别聚焦于祭祖、礼俗参与及社团价值等。

四、研究步骤与技术路线图

综上，概言之，作为过程不断循环往复的质性研究（陈向明，2003），本书的研究过程如图 1.2 所示。

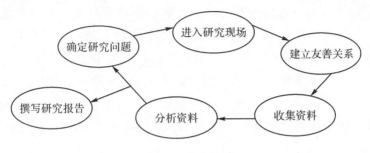

图 1.2　研究过程

同时，结合殷（2010）以及艾森哈特等（Eisenhardt，Graebner，2007）关于案例研究设计的理论阐释，本书中的比较案例研究法设计与运用可用图 1.3 予以展示。

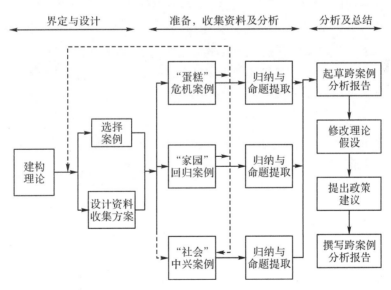

图 1.3　本研究的技术路线

五、研究创新点

1. 方法上

就国内幸福研究而言，在学科上，既有成果大多局限于经济学或心理学领域，方法上也多局限于问卷调查方式，而较少能尝试从文化维度等其他方式去展开细化研究。本书遵依"幸福广东"建设与"文化强国"的社会发展愿景，在与经济学"伊斯特林悖论"对话的基础之上，以社会学结构功能主义思想为导引，将定性的实地研究法与定量的问卷调查法相结合。[1] 在资料收集上，初步实现了罗伯特·K. 殷所倡导的策略，即将以交流与观察手段（访谈与直接观察相结合，包括对录像资料的使用）进行的资料收集与从文献和档案中采集资料的方法结合起来论述，"在案例研究中，使用多种来源的资料有利于研究者全方位地考察问题——历史的、态度的、行为的，但其最大的优点在于相互印证"（殷，2010）。在具体研究方法上，则以探索性多案例研究[2]作为经验研究的主要呈现方式，通过展示文化及其不同向度如何影响幸福以及这种影响蕴含的社会治理意义方式去探析"文化"与"幸福"之间的关系。

2. 内容上

（1）对同一社会经济条件下事关幸福达致的文化因素进行了较为细化的研究探讨。在研究的实践性方面，本书指出，为构建幸福社会，文化建设的出路在于既要夯实传统（礼乐）文化复兴之基石，也要聚焦于社会建设层面之社会中间力量（如社区/社团品质提升、慈善参与空间拓展等）的兴起，即将社会中间力量及其价值体系作为提升社会文化价值水准的新标尺，并以此两个向度的文化模型构建作为建立信任的有效工具，进而提升民众的主观幸福水平。

（2）定量部分的经验数据来自规模较大且较为专业的问卷调查。在国内社会学界，以幸福研究为主题，以当面访问法进行一手调查资料收集的探索目前尚不多。

（3）突出经济社会双转型背景，突出需求方对精神层面文化（如价值规范）与规范层面文化（如行为规范）的双重分析。

---

[1] 对于笔者的研究方法和思路，国际学界幸福研究名家、华人经济学家黄有光与加拿大不列颠哥伦比亚大学约翰·赫利韦尔（John Helliwell）教授均表示支持尝试。

[2] 关于"探索性多案例研究"的介绍，详见殷（2010）部分阐述。

第二章　文献综述

第一节　多元视野"幸福"观之比照研析

一、何谓幸福？

（一）"幸福"之名

什么是幸福？不同学科从不同角度对其有不同定义。从有关文献来看，关于幸福研究，目前涉及的学科主要有经济学、心理学、社会学、政治学及公共政策学等，关联学科在方法与理论视角之间争鸣，互有汲取与借鉴。

根据有限阅读与考察，笔者发现，幸福研究中的"幸福"一词在国际学界英文文献中一般有五个对应词，即"well-being""happiness""welfare""hedonia""eudemonia"，后两者一般出现在哲学、伦理学文献中（如"eudemonia"一词的原始含义是"精神的安宁"）。本书注意到，对于"幸福"一词，在主流经济学领域，如福利经济学，其对应的英文一般为"well-being"或者"welfare"（福利），而在非主流经济学领域，如行为经济学和快乐经济学（幸福经济学），幸福一词对应的英文一般为"happiness"（也有用"hedonics"的）。依据经济学家黄有光（Ng，2006）的观点，"well-being"一般译为"幸福"，"welfare"作为主观感受时也可以译为"幸福"或"福祉"，"happiness"一般译为"快乐"，只是"幸福"与"福祉"是比较正式的用法，通常指较长时期的快乐。除此之外，三者的意义基本一致。同时，心理学权威迪纳（Diener，1999）指出，在西方学界，学者们倾向于将主观幸福（subjective well-being，SWB）等同于幸福（well-being），用以评价人们的生活状态与生活质量。再有，如幸福经济学研究的积极倡导者、马里兰大学的卡罗尔·格雷厄姆等（Graham et al.，2004）在其行文中总是将"快乐"（happiness）与"幸福"（subjective well-being，SWB）视为同义词。这种倾向还体现在卡罗尔·格雷厄姆的其他研究之中，例如其《快乐有什么酬劳？——基于俄罗斯面板数据的探析》一文论析了幸福与收入、健康等影响因子之间的相互作用与相互影响。

有鉴于此，在以下行文过程中，如无特别说明，本书对所列文献涉及的"幸福"这一术语的诠释主要综合了黄有光教授与迪纳的观点，即暂采用国际上较通用于测量的 SWB 对应"幸福"一词[1]。相对而言，该术语也更为正规、科学，更有学术内涵。

（二）幸福之"实"

初步解决了"幸福"之名的定位问题之后，接下来即是对其内核的考察了。然而，有鉴于人们所处的社会位置、历史时代的不同，以及文化教育、收入水平、遗传、经历等的差异（用经济学术语概括就是偏好或效用的差异性），在一定意义上，可能是人言人殊，没有一个固定答案。另就社会政策层面而言，关于幸福的影响因素也存在这类差异性。但不能以此否认幸福的存在以及人们对其的追求。如，已有科学家声称，借助高级影像技术，通过观察大脑中的"快乐中心点"（joy centre），可以从客观维度测度幸福（Foroohar，2007）。荷兰社会学家魏和文（Veenhoven，1984）认为，幸福是人们对其当前生活质量所给予的正面积极的评价，由"情感构成"与"认知构成"共同组成，此二者均是可测的。从经济学界的研究成果来观察，大量跨国及历时性的横截面数据也表明，在幸福的影响因素中存在着一致且确定的联系（Graham，Pettinato，2002）。其他实证研究也证明，在充分考虑已身行为对他者和将来影响的情形下，幸福的内核是共通的，即人的幸福快乐存在共同点，不仅是序数可量的，也是基数可量的（Ng，1996）。其他相关学科的实证研究也表明，在幸福的情感体验方面存在着较高的稳定性，这种稳定性即便在人们经历一个较长的时间段之后或者经历了不同生活境遇之后也是如此（Costa，McCrae，Zonderman，1987；Magnus，Diener，1991）。迪纳及卡尼曼等关于幸福国际差异性的研究表明，幸福（SWB）包含生活评估与情感幸福两大部分，不同国家的居民倾向于分享相似的或共通的情绪。但与此同时，不同国家的居民有着不同的生活境遇和生活满意度（不同国家居民情感影响因素方面的方差低至 0.06，而生活满意度方面的方差则超

---

[1] 关于 SWB 的中译名，国内学界尚不曾有共识，有的主张译为"幸福感"，有的主张译为"主观幸福感"（娄伶俐，2009），有的主张译为"主观幸福"（方纲，风笑天，2009），等等。

过 0.25）。

因此，在一定程度上，苦与乐的感受不存在霄壤之别，不同的只是影响幸福的因素以及这些因素的影响方式与作用大小。无论是对个人追求而言，还是对一个国家的经济社会发展而言，幸福均应当是一种终极价值的诉求所在，也应是公共政策制定者的一个关注焦点。

概言之，关于幸福，本书主要采用黄有光教授的定义（兼有对迪纳等人观点的考虑），认为幸福在本质上是一种愉悦性情感体验，在充分考虑自身行为给他者和自己将来带来的影响的情形下，就幸福情感体验的稳定性而言，幸福是共通的，只不过，幸福的影响因素及其影响方式与作用大小存在差异而已。

（三）幸福之"构成"

在了解了幸福的"名"与"实"之后，还需要了解的就是幸福的具体"构成"，或言之为对幸福影响因素暨测量的考察了。同样囿于学科以及研究人员研究取向的差异性，关于幸福的"构成"，既存在着一定的共识，也存在各具特色的认知倾向。对此，本书主要对部分哲学（伦理学）、心理学、经济学、社会学、政治学、人口统计学、政治学及其他相关观点进行整理，归纳于表 2.1。

表 2.1 幸福"构成"观点之比照

代表人物/机构	学科	构成/影响因素
［古希腊］亚里士多德	哲学（伦理学）	幸福是灵魂的一种合于德性的现实活动，简言之幸福是德性
［英国］卡尔·皮特	心理学	幸福＝P＋（5×E）＋（3×H） "P"代表个性；"E"代表生存状况；"H"则代表更高一层的精神需要
［美国］赛利格曼	心理学	真正幸福（authentic happiness）H＝S＋C＋V 总幸福指数＝先天的遗传素质＋后天的环境＋你能主动控制的心理力量
［以色列］泰勒·本-沙哈尔	心理学	幸福的本义在于"我怎样才能更幸福"；幸福就是以"学习新方法、建立新习惯"方式去积极应对人生
［美国］多米尼茨，曼斯基	心理学	个性对幸福有很大的影响
［美国］迪纳	心理学	SWB，即主观性（subjectivity）、积极性（positivity）、综合性（integrity）
［美国］萨缪尔森	经济学	幸福＝效用/欲望
［澳大利亚］黄有光	经济学	娥妮（ERHNI，环保负责的快乐国家指数）＝平均净快乐年数－人均环保危害

续　表

代表人物/（机构）	学科	构成/影响因素
［美国］奚恺元	经济学	国民幸福指数＝生产总值指数×a%＋社会健康指数×b%＋社会福利指数×c%＋社会文明指数×d%＋生态环境指数×c%
［美国］卡尼曼	行为经济学	幸福等于情感幸福（emotional well-being）与生活评估（life evaluation）之和
英国新经济基金会	经济学	"快乐星球指数"（happy planet index，HPI）＝一国平均幸福年数（the average happy life years）/人均生态足迹（the per capita ecological footprint）
［印度］阿玛蒂亚·森	经济学	HDI（human development index）人类发展指数＝健康长寿指标＋教育获得指标＋生活水平指标
［瑞士］弗雷，斯塔特勒	经济学	其一，就业与通货膨胀对幸福快乐有直接关联性；其二，人民实际参与决策程度等制度因素和快乐显著正相关
［美国］伊斯特林	经济学	伊斯特林悖论；收入增加并不一定导致快乐增加
［荷兰］魏和文	社会学	幸福：SWB是人们对自身目前生活总体质量积极评价的程度，即人们有多喜欢他们的生活。幸福公式："快乐年数"（happy life years）＝平均快乐×生命年数
［美国］福代斯	人口统计学	年龄、性别、婚姻状况、教育对主观幸福感的影响
［美国］英格尔哈特，韦尔泽尔	政治学	民主化程度和公民参与度与幸福快乐有直接关联性
［不丹］不丹研究院	综合	GNH有9个维度，即生活水准、教育、心理幸福、健康、时间使用、文化多样性、善治、社区活力、生态多样性
［法国］斯蒂格利茨-森-菲图西委员会	综合	幸福测度的8个维度：物质生活水准（收入、消费和财富）；健康；教育；个人活动，包括工作；政治表达和治理；社会联系和关系；环境（当前和未来状况）；不安全状况（经济和物理的）

二、多元学科视野 "幸福" 观之比照

　　囿于 "幸福" 研究整体尚处于新生期，当前国际学界关于 "幸福" 的界定与影响因素暨测量方面的分析，大致也是仁者见仁、智者见智。以学科分野差异为出发点，本书仅对相关学科的理论观点进行简要梳理。

（一）哲学（伦理学）：幸福是德性的彰显

对幸福的哲学（伦理学）研究，在一定程度上，可以视之为围绕"德性"而展开。哲学（伦理学）层次上的幸福观大致可以分为两类，即快乐论（hedonic）与幸福论（eudemonism or eudaimonism），前者的理论渊源为伊壁鸠鲁学说，后者的理论渊源为亚里士多德学说（北京大学哲学系外国哲学史教研室，1961）。此二者幸福观的共同之处在于倡导一种至善的道德诉求。而在《尼各马可伦理学》（*The Nicomachean Ethics*）第十卷中，亚里士多德（2003）论及"幸福是政治科学追求的目标所在"，"幸福是一种合于德性的现实活动"（Eudaimonia is virtual life），认为幸福是人生最终目的与至善，幸福是世间最美好、最高尚、最愉悦的事情，一切其他东西或是幸福的必然附属品，或是为幸福本性彰显而需要的有用手段。幸福所依赖的除了物质财富和健康等工具性东西，还有美德及友谊等品质，而高尚美德的行为是出于自我满足与自我幸福实现的需要。亚里士多德还论及，虽说同一个人往往会将不同的境遇视作幸福，例如，在贫穷的时候把财富当作幸福，在生病的时候将健康当作幸福，在感到自己无知的时候将探索高深理论视作幸福。但幸福不仅仅是这些内容，幸福既具有自指向性也具有他指向性，交朋友也是人们实现幸福的手段，幸福是美好行为的彰显，美德、善良，以及二者其中之一与快乐的结合是幸福的特质所在。可见，亚里士多德的幸福观与美德、善行等社会联系相关联。

此后，在伦理学界，英国哲学家、经验主义的开创人约翰·洛克（John Locke）基于人类"趋乐避苦"的心理对古希腊先贤倡导的幸福/快乐论的"公共善"（public good）学说予以承继光大。对此，德国哲学家、数学家戈特弗里德·威廉·莱布尼茨（Gottfried Wilhelm Leibniz）予以相应支持，主张幸福即快乐最大化，是善行的彰显。实际上，古希腊幸福观中所内含的"公共善"（public good）学说，以及洛克等人对更大、更持久、更强烈快乐的追求与善行的主张直接影响到其后的杰里米·边沁（Jeremy Bentham）与约翰·斯图亚特·穆勒（John Sturat Mill）的功利主义价值说。例如，在一定程度上，边沁的"幸福最大化原则"诠释即可视为从属于幸福伦理学的研究范畴，是对人类善行的期待。而之后的经济学效用说又直接受到此二者的影响。譬如，在英文中，"效用"与"功利"可以用同一个单词表示，即"utility"。

简言之，在哲学伦理学界，对幸福的论述，不妨以关键词"德性"予以概念化，可以视作对"善行"价值的倡导。借用"资本"的"资财性"论说及价值文化论，本书将哲学伦理学对幸福构成的论说概括为文化资本视域下的幸福观。

(二) 经济学:"效用"之中显争鸣

1. 追本溯源:亚当·斯密的幸福观

谈及经济学发展历程中涉及幸福的讨论,不能不从经济学鼻祖亚当·斯密言起。一定意义上,可以说斯密的两本传世著述《国富论》与《道德情操论》[1]就是围绕"自利"与"利他"而铺陈展开的,"自利、自由、竞争"是其中的关键词,是财富和幸福的来源。但是,世人关于书中对"幸福"(happiness)的解说也存在着多种解读。

一般认为,《国富论》主要强调物质财富增加的途径,但实际上,斯密在书中也指出,人们对财富追求的本因在于实现生活幸福,但不应当为了无尽的酬劳而过度操劳,放弃应当的休闲娱乐,以至于损害了自己的健康,因为肉体上的品质离不开精神上品质的支持。至于社会幸福,斯密指出,任何社会,如果没有中下阶层普通人的幸福,就不可能说是一个繁荣公正的社会。为此,政府的一个主要职能是保护人民的人身自由与财产不受社会其他成员的侵犯,建立起坚实的国防,完善公共福利(通过公共工程和公共事业实现),实现社会公正,通过设立严正的法律体系,从而促进人的发展与社会的进步,促进个人、家庭与国家乃至全人类的幸福臻善(斯密,2011)。而在《道德情操论》中,论及"幸福"的字眼可谓比比皆是。按照贺金社主编的《经济学:回归亚当·斯密的幸福和谐框架》一书中的统计,"幸福"(happiness)一词在《道德情操论》中出现了 225 处,且几乎每章都有出现,而"快乐"(pleasure)一词在《道德情操论》中出现了 148 次。书中强调,幸福是一种心理满足感,其重要特质是快乐。在某种程度上,《道德情操论》第六卷"有关品德的美质"可以说就是有关幸福的专题讲座。例如,斯密论及"经济发展应当以公民的幸福生活为目标","个人的身体状况、财富、地位和名誉,被认为是他此生舒适和幸福所依赖的主要对象,对它们的关心,被看成是通常称为谨慎的那种美德的合宜职责","对自己幸福的关心,要求我们具有谨慎的美德;对别人幸福的关心,要求我们具有正义和仁慈的美德","对我们自己个人幸福和利益的关心,在许多场合也表现为一种值得称赞的行为准则"。幸福离不开谨慎与善行,因为"我们所依靠的增进

---

[1] 有关资料表明,亚当·斯密在《道德情操论》的修订与完善方面花费了大量心血,从 1759 年发行第一版到 1790 年去世时,其对《道德情操论》先后进行过六次修改。而《国富论》正是在修改《道德情操论》的过程中完成的,且在《国富论》第六版新增的前言中,斯密明言,《国富论》是《道德情操论》思想的继续发挥,二者并不矛盾。可见,斯密本人对待《道德情操论》远甚于《国富论》。因此,如果要做到较为完整地理解经济学鼻祖亚当·斯密的经济思想,宜将这两本书结合起来了解。

自己财富的主要方法是那些不致遭受损失或危险的方法：在自己的行业或职业中的真才实学，在日常工作中的刻苦和勤勉，以及在所有的花费中的节约，甚至某种程度的吝啬"，"这种较高级的谨慎，如果推行到最完美的程度，必然意味着艺术、才干以及在各种可能的环境和情况下最合宜的行为习惯或倾向，它必然意味着所有理智和美德的尽善尽美。这是最聪明的头脑同最美好的心灵合二为一，这是最高的智慧和最好的美德两者之间的结合"；幸福离不开友情与交往，因为"我们认为在我们必须与其共处和经常交往的人们中间已经确定和根深蒂固的我们自己的情感、道义和感受"，"在好心的人们中间，相互顺应的必要和便利，常常产生一种友谊……他们之间的情投意合对大家都有好处"（斯密，2017）。

因此，就幸福研究而言，有鉴于经济学鼻祖如是论道，探究人类幸福的产生与发展原本就是经济学研究的题中应有之义（Bruni，2006）。但是，人们通常只看到《国富论》中对资本主义生产关系若干特质的阐述，譬如重视理性经济人的谋利心理和行为，强调"自利"的外溢性，却相对忽略了其在《道德情操论》著述中所重视的社会人的伦理、心理、法律和道德情操对于经济增长的意义和价值，从而对亚当·斯密的经济学说（如其广义效用观）有所误读乃至曲解。

2. 经济学研究中的效用理论

实际上，在经济学界，从边沁与杰文斯提出广义效用观，到福利经济学之社会福利函数论派代表人物萨缪尔森最早提出"幸福方程式"（幸福＝效用/欲望），效用观已经发生重大转变，即由起先容纳物质追求与精神诉求的体验效用观（experienced utility）逐渐转向"最大福利"的决策效用观（decision utility）（Kahneman，Wakker，Sarin，1997），效用的外延呈现缩小化趋势。在这种情形下，效用已经成为失去既有道德内涵而只用于定义偏好的数字，价值判断被从（福利）经济学中排除出去，而代之以实证研究。例如，在"主流"新福利学学者萨缪尔森及其理论继承者的心目中，增加收入可以获得更高的效用，幸福、收入、效用之间几乎是正比关系，而效用又主要体现于（显示）偏好。此后的经济学界，幸福效用论的后继研究者也基本上是沿着"幸福—效用—显示偏好"的路径开展研究，只是对于偏好（效用）的内涵与外延、幅度、方式等有了进一步的细化讨论。例如，在理论层面，卡罗尔·格雷厄姆（Graham，2005）认为，经济学对幸福的研究应采用适用性更广的福利与效用观。他指出了萨缪尔森显示偏好（revealed preferences）理论的局限性（例如不能很好地测量或顾及不平等、通货膨胀与失业乃至环境退化等方面的福利效应、某特定政策的福利效应，以及个人无力变更的制度安排等因素），主张以表达偏好（expressed preferences）加以丰富，同时，采取互存效用（interdependent utility）、程序效用（procedural utility）等扩大后的效用论。

　　同时，在幸福的效用测量方面，从旧福利经济学时代的基数论到新福利经济学时代的序数论，两种效用观一直争执不下。例如，瓦尔拉斯与庇古均主张基数效用论，该效用论是以效用的可测量和可比较为前提的。而建立在帕累托理论基础上的新福利经济学学者罗宾斯、卡尔多、希克斯、勒纳等认为，效用可衡量性和个人间效用可比较性不能成立，不能用基数词表示效用数值的大小，只能用序数词表示效用水平的高低。他们主张效用序数论，把福利经济学建立在边际效用序数论的基础之上，而不是建立在边际效用基数论的基础之上；主张把交换和生产的最优条件作为福利经济学研究的中心问题，反对研究收入分配问题。

　　而20世纪90年代以后，诺贝尔经济学奖得主阿玛蒂亚·森（Sen，1995）和经济学家黄有光（Ng，1996）等一批从事幸福研究的经济学学者则开始力撑效用基数论，只是在操作化方面，森主张的是"可行能力"效用观，而黄有光则主张以"最小可感知快乐（苦痛）量"为单位对生活经历予以基数赋值。此外，在幸福效用论中还有一方较为"独特"但可纳入"基数论"的效用观，即行为经济学家丹尼尔·卡尼曼的"体验效用"（experienced utility）论，其又可以区分为即刻效用（instant utility）和记忆效用（remembered utility），以"快乐与痛苦体验效用的可测度性"证明了客观幸福的存在（Kahneman，Tversky，2000）。至于"体验效用"的测量，其依据的是卡尼曼与他人合作开发的"日重现法"（day reconstruction method，DRM）（Kahneman，2004b）。DRM具有明显的实验心理学研究色彩，把人的行为置于可重复观测的实验中，专注于对精确瞬间的情感状态的及时测度，是对Larson和Csikszentmihalyi（1983）以及Csikszentmihalyi和Larson（1987）等开发的"体验取样法"（experience sampling method，ESM）的改造，实际是对"基于当期的"和"基于回忆的"体验效用两分法的具体运用。利用专门为减少回忆偏差而设计的程序，系统地重现他们一天的活动和体验，并评估人们如何花费他们的时间、如何体验他们生活中的各种不同活动和安排。DRM注重对当下的体验价值及其与时间使用相结合在幸福测度中的功用（如特定情形下或时间内的日常生活体验）。在操作上，DRM一般是根据一定问题架构来引导被测试者以细节描述的方式对一天中有关快乐与幸福的状态进行回忆与再现（如让被试者填写前一日的事件汇总，并报告在每个事件中的感觉），并对这种状态进行实时体验的测度与评估。

　　至于为主流经济学所力撑的决策效用与为行为经济学所力撑的体验效用之间的孰是孰非，或正如与卡尼曼同属于行为经济学阵营的心理账户（mental accounting）的提出者理查德·塞勒（Thaler，1980；1999）所言，基于稀缺的决策效用归根结底是以基于快乐的体验效用为目的的。概言之，在经济学界，在幸福研究效用测度方面，基数效用论与序数效用论各有"阵地"，可谓不分轩轻，各有千秋。

简言之，在经济学界，对幸福的论述不妨以关键词"效用"予以概念化。在幸福测量方面，主流经济学中如福利经济学和非主流的"快乐经济学（幸福经济学）"对其都有贡献。某种程度上，前者的幸福观可以视作以收入为基础的客观效用幸福论，倡导经济福利测度（measure of economic welfare，MEW），而后者的幸福观则可以视作以收入和趋乐避苦为共同前提的主观效用幸福论（对心理学 SWB 的改造）。本书将经济学对幸福构成的论说概括为经济资本视域下的幸福观。

（三）心理学："天定"之命可调适

对心理学界而言，幸福研究乃属其当行本色之责。不同于经济学对影响幸福的外在性因子的关注，心理学对幸福的研究大多围绕影响幸福的先天性与内在性影响因子展开，例如，基因遗传、人格特质、体质体格等，其中也包括对诸如受教育程度、年龄、性别等社会人口特质变量的计量统计分析与运用。

心理学关于人类幸福的论说至少可以溯及 20 世纪 40 年代马斯洛的"自我实现论"[1]。参照马斯洛（1987）关于需求的"自我实现论"可以知道，人类幸福的达致是一系列需要得以满足的结果。马斯洛的金字塔式需求层次包括生理需要（physiological needs）、安全需要（security needs）、归属与爱的需要（love and belonging needs）、自尊需要（respect and esteem needs）和自我实现需要（self-actualization needs）。这些需要可以作为评价个人整体幸福水平的基础，即如果一个人拥有幸福，则这些需要必须得到满足。这种关于幸福的需求论的代表性研究还有 20 世纪 60 年代心理学学者威尔逊（Wilson）的研究。威尔逊提出了基于个体差异的两点假设，即幸福快乐与否取决于需要是否得到满足，而需要满足的层次又受到过去经验、同他人比较、价值观，以及在此基础上生成的个人适应或期望水平等因素的影响（Diener，1999）。心理学对幸福的研究内容又可以分为主观幸福（subjective well-being，SWB）与心理幸福感（psychological well-being，PWB）两大分支：前者一般指的是人们对其生活质量所进行的情感性和认知性的整体评价，具有主观性、稳定性与整体性等特征；后者更多强调人的潜能的自我展现，包含自主性、个人成长等 6 个维度（Ryff，1989）。在一

---

〔1〕"自我实现论"是人本主义心理学家马斯洛对该思想创始人、神经学家库特·哥尔德斯坦（Kurt Goldstein）的"健康人增加自我实现的需要，这是一种同生活目标一样的基本动机"动机原理学说的发展。虽说"自我实现论"特别强调人的正面本质和价值，但不难发现其中的现象学人格理论色彩：强调人格完善依赖于动机的满足和实现趋向，其学说一般围绕着主观经验展开，强调个人是如何知觉和解释事物的，重视个体在当前和未来对世界的独有的观点，致力于解决健全人格的实质问题。参阅：马斯洛．自我实现的人 [M]．许金声，刘锋，等译．北京：生活·读书·新知三联书店，1987．

定意义上，这两大研究分支均可以视作对马斯洛"自我实现论"的承继与发扬。只是，在心理学中对幸福进行解释的诸种经典理论中，无论是期望水平论（Diener, Fujita, 1995），还是设定值理论（Easterlin, 2003），抑或是目标论与适应论（Diener et al., 1999）等均倾向于认为，对于社会幸福水平的提升而言，任何经济和社会政策方面的努力都将事倍功半，幸福与否几乎是一种"天定"之命，幸福测量应突出"人格、情感与认知"的功用，应更多依赖于微观层面个体当前的感知，因为个体的"临界点""期望值"与"适应性"等均直接影响到人们对幸福感的获知与评判。

简言之，在心理学界，对幸福的论述不妨以关键词"人格、情感与认知"予以概念化，借用"资本"的"资财性"论说及诸种社会心理学的人格理论。本书将心理学对幸福构成的论说概括为人格资本视域下的幸福观。

（四）社会学："网络"之中有真情

社会学对于幸福的研究则偏向于强调运用社会网络（社会资本）的视角，突出亲情（family bond）、友情（friendship）、信仰之力（faith）、邻里守望之情（neighbourliness）等社会支持、社会参与的功用。就幸福影响因素而言，社会学高度认可心理学的人格特质与经济学的经济变量对幸福产生影响的论说，但认为，对幸福影响因素的研究不应局限于此，因为社会支持、社会参与、价值观、信任与信仰[1]等也都是重要的影响因素。

以社交生活为例，美国著名心理学家、积极心理学之父赛利格曼的研究表明，10％最幸福的人的一个共同特点是具有丰富的社交生活，他们区别于一般幸福的人和不幸福的人的一个标志是他们愿意与他人分享生活，而不是一个人独处。其他社会学相关实证研究表明，人们在婚姻、家庭、社群中所获得的幸福感会比单一个体所获得的幸福感要多很多，这说明社会关系网络（社会资本）对幸福也有着重要的影响。至于社会关系到底在多大程度上可以影响人们的幸福，就实证研究而言，伦敦大学的庞德涉维（Powdthavee, 2007）依据英国家庭小组调查（British Household Panel Survey）的调查结果，通过"影子定价方法"（shadow pricing method）和社会资本理论，发现由（亲朋、邻居）良性社会互动所造就的社会关系价值，在经济意义上可以折算为一年85000英镑（这个数字是家庭人均实际收入9800英镑的近9倍）的产出。这也提示政府应重新考虑在经济社会政策制定

---

〔1〕 信仰不一定是宗教的。从社会学视角来看，信仰可以指有利于"心灵和精神的合作"、促进感情统一的因素，而不论其是否涉及超自然神灵崇拜。正义、公平、善良、勇敢等都可以是信仰。在与笔者的通信中，经济学家黄有光教授对此也有阐述。

中只求经济增长的作为是否恰当，应同时关注有关政策中的无形成本和有形成本，从而更有效地分配资源，最大限度地提高本国民众的幸福水平。

再以社区建设对于民众幸福度的影响为例，英国的"幸福行动"（Action for Happiness）组织有大量著述论证了邻里关系对于幸福社区构建有着重大意义，假定社区层次的幸福构建可以表述为一个"公式"，则这个公式为：幸福社区＝亲仁善邻（neighbourliness）＋社区培力（community empowerment）（Young Foundation，2010b）。公式中前一部分不妨理解为利他的社会支持，后一部分不妨理解为居民的社会参与。亲仁善邻和社区培力可以在三个方面提升居民幸福感，即为居民提供更多机会以影响事关他们所居住社区的决策，促进邻里间定期接触往来，以及提升居民掌控当地发展运行形势的信心。再以"幸福行动"组织开展的"温暖"（The Wellbeing and Resilience Measure，WARM）研究[1]为例，WARM 强调的是民众在社区层次上的生活体验，强调街区邻里既作为物理空间又作为社会空间被人们体验并建构着。WARM 的意义凸显于生活在邻近区人们的人际交往及其地方身份创建（the creation of local identity），促进地理认同的物理性边界生成，并对地方的特别规则、地方神话和故事传说、与地方领导人晤谈的机会、较强的社会关系、网络和契约、仪式和节奏（rituals and rhythms）均有强调，自然，可分享的信仰体系也是其中的重要元素。WARM 的幸福架构如图 2.1 所示：其中的"社会"（social）层面包括家庭与朋友关系、社会支持和社会参与、归属感和社区凝聚力等。其内容又可以分为主客观两个向度。在客观向度的测度方面，有公民参与、志愿活动等指标；在主观向度的测度方面，有与家人在一起的时间（亲情体验测量）、认为有他人和自己一起讨论问题或者可以求助的人群的百分比、相信来自不同背景的人可以相处融洽的人群的百分比，以及认为与邻里关系融洽的人群的百分比等。

图 2.1　WARM 的幸福架构

资料来源：整理自 Young Foundation（2010a）。

---

〔1〕 关于英国"幸福行动"与 WARM 研究的更多介绍，请参阅：李敢. 英国幸福社区建设之"温暖"研究述评及思考［J］. 福建行政学院学报，2011（4）：36-40。

简言之，在社会学界，对幸福的论述不妨以关键词 "网络" 予以概念化，借用 "资本" 的 "资财性" 论说及社区建设中的 "资财"（assets）与 "赤字"（vulnerabilities）说，本书将社会学对幸福构成的论说概括为社会资本视域下的幸福观。

（五）人口统计学（社会人口学）：幸福感的 U 形曲线

人口统计学（社会人口学）视角下的幸福研究主要着力于对宗教[1]、年龄、性别、健康、婚姻状况和教育水平等影响因素的研究。以年龄为例，Blanch-flower 等（2000）的实证研究表明，年龄与幸福感之间存在着一种 U 形关系，40 岁左右的中年人幸福感最低。幸福感与年龄呈 U 形关系的发现陆续为其他研究者的研究所证实。例如，在由英国伦敦大学皇家霍洛威学院负责召集的 2011 年经济学会年会上，比利时马斯特里赫特大学的伯特·范兰德汉姆与其合作者依据他们对英国、瑞士和德国志愿者的调查获取到的数据得出，在人的一生中幸福感呈 U 形变化，20 岁出头和老年时期幸福感最强，中年人感觉最糟糕。中年人幸福感减弱可能是因为人到中年后，上有老下有小，家庭和事业对他们的要求逐渐增加，养家压力与事业压力均增大。此外，中年人往往面临其他更多的压力和生活的挫折，比如失业或是失去亲人，这也是他们的幸福感下降的原因之一。

简言之，在人口统计学（社会人口学）界，对幸福的论述不妨以关键词 "人口特质" 予以概念化，借用 "资本" 的 "资财性" 论说及人口学理论，本书将人口统计学对幸福构成的论说概括为情形/人力资本视域下的幸福观。

（六）环境（经济）社会学：继往开来可持续

在当今经济社会发展中，环境已经成为足以影响人们生活幸福感的一支力量。环境（经济）社会学视角下的幸福研究侧重于强调发展中经济与社会发展的可持续性（如生态保护），强调环境保护过程中经济组织、社区组织与政府的共同努力，凸显出人与自然相和谐的环境意识对于幸福生活实现的重要意义。这方面的研究代表主要有经济学家黄有光先生（Ng，2008）倡导的 "娥妮" 研究，"娥妮" ＝平均净快乐年数－人均环保危害。黄有光认为，从每年度国家成功指标考核的角度而言，为了考虑一国经济行为对他国环境与该国将来环境可能造成的影响，非常有必要从每个国家的平均净快乐年数中扣除这个国家的人均环保（对他国与该国将来的）危害，这样才能得出该国当年的 "娥妮" 指数。

---

[1] 此处的 "宗教" 指的是实体性宗教，如佛教、基督教等，不同于价值观层面的 "信仰"。

而由英国新经济基金会（NEF，2004）开展的"快乐星球指数"（happy planet Index，HPI）研究也是这个方面的一个典型事例，HPI＝一国平均幸福年数（the average happy life years）/人均生态足迹（the per capita ecological footprint）。此外，在国际学界新一轮的幸福研究热潮中，扮演主要推动角色的斯蒂格利茨-森-菲图西委员会在其幸福研究中指出，可持续性回应的是人类生存所面临的挑战，关系到子孙后代能否延续目前的幸福水平。要测量可持续性，至少需要弄清影响未来幸福的不同因素在量上的变化。对可持续发展环境因素的测度应是具有独立性的跟进。不同的是，可持续性要求几种"储备"同时保留或者增加，比如自然资源的数量和质量，以及人力资本、社会资本的数量和质量等。为此，需要跟进一组精选的物理指标，特别是需要可以测量环境破坏程度的清晰指标。简而言之，从生产力到幸福感的转向离不开"可持续发展测量的务实路径与环境压力物理指标测定"的实施。

简言之，在环境（经济）社会学界，对幸福的论述不妨以关键词"可持续性"予以概念化，借用"资本"的"资财性"论说及可持续发展理论，本书将环境社会学与环境经济学对幸福构成的论说概括为生态资本视域下的幸福观。

综上，影响幸福的自变量大致可以分为主客观两个维度（Diener et al.，1999）。其中，客观性因素有以下三个方面：

（1）个体性因素，包括性别、收入、年龄、教育、职业、婚姻状况、信仰、健康状况、智力等。

（2）制度性因素，包括总体环境、民主状况、集权或分权。

（3）集体性因素，包括国民人均收入、通货膨胀、失业率、邻里关系、社会宽容度、向上流动机会等。

主观性因素包括遗传基因差异、性格特质、认知特性，以及个体其他心理过程（如目标及适应力）。

三、幸福的层级性：以个体幸福感与国民幸福指数为例

基于前述学科分野的幸福观比照，可见"幸福"具有多层次特征，可以被分为不同的层面，如主观幸福和客观幸福（objective well-being，OWB），以及主观幸福（SWB）与心理幸福（psychological well-being，PWB）等，不同层面的幸福受不同因素影响，应当由不同的指标去测定。弗雷和斯塔特勒（Frey，Stutzer，2002）认为，为更好地测量幸福，不妨依据研究对象、研究单位和研究路径的不同，将幸福概念拆分成幸福指数（happiness index）和幸福感两大范畴。

个体幸福感是一种强调个体知觉与感官的体验，指的是经由感觉器官感知，

客观事物在人脑中得以直接反映出来用于衡量个人感受具体程度（积极与消极）的心理体验。它既是对生活的客观条件与所处状态的一种事实判断，又是对生活的主观意义和满足程度的一种价值判断。前述的主观幸福、客观幸福（OWB）以及心理幸福都可以视为在个体幸福感的范畴之中。经济学与社会学的幸福研究主要侧重于主客观幸福的划分。SWB 起初是心理学的专用术语，主要是指人们对其生活质量所做的认知性和情感性的整体评价，其由积极情感、消极情感和生活满意度三个不同维度组成。SWB 具有三个方面的特点：①主观性，以评价者内定的标准而非他人的标准来评估；②稳定性，测量的是个体长期而非短期的情绪反应和生活满意度；③整体性，它是一个综合评价的指标，包括情绪反应的评估和认知判断（Diener，1984）。依据由英国伦敦国王学院维克特·普润第教授与美国亚利桑那大学的罗纳德·沃森（Preedy，Watson，2009）教授编撰的《疾病负担与生活质量测量手册》（*Handbook of Disease Burdens and Quality of Life Measures*）一书中的介绍，OWB 主要关注人们所拥有的东西（如获得的资源和机会等），这些东西组成了人们可以过上好生活的客观要件。至于主观幸福、客观幸福与经济因素之间的关系，国外有学者（Gasper，2005）将其标示为"三角难题"（puzzle triangle），如图 2.2 所示。

（a）经济因素（主要是收入）对幸福的影响

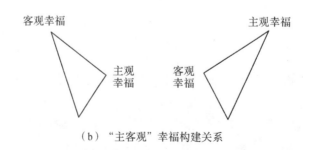

（b）"主客观"幸福构建关系

图 2.2　主观幸福、客观幸福与经济因素的"三角难题"

　　图 2.2（a）表明，经济因素（主要是收入）会影响客观幸福和主观幸福，但二者同时受到其他因素的影响，且彼此相关。

　　图 2.2（b）表明，经济因素会影响客观幸福和主观幸福，左边部分显示主

观幸福作为影响客观幸福经济因素的中间变量，右边部分则反过来。

此外，关于个体幸福感的主客观层面划分，还有一种理解，即由 2002 年诺贝尔经济学奖得主丹尼尔·卡尼曼（Daniel Kahneman）在 1999 年提出的客观幸福与体验效用，只不过，其描述 "客观幸福" 用的术语是 "objective happiness"，而不是前述的 OWB。丹尼尔·卡尼曼认为，客观幸福对应于即刻效用（instant utility）是一个 "基于当期的"（moment based）的概念，描述的是个体在某一时段的即时感觉。与主观幸福感（subjective happiness）显著的不同之处在于，客观幸福通过对精确瞬间的情感状态的即时测度而成为可用指标。主观幸福感对应于记忆效用（remembered utility），是 "一个基于回忆的"（memory-based）概念，描述的是个体对过去一段时间的情绪反应和生活评价。卡尼曼的这种划分受到不少研究人员的支持，例如安娜·亚历山德罗（Alexandrovar，2005）即认为，客观幸福（objective happiness）是接近幸福（happiness or well-being）的第一步，但并不是幸福的全部。在某些条件下，客观幸福可以作为测量 SWB 的正确途径，但具体是什么条件则是个复杂的问题。

"幸福指数" 是 "幸福学"（hedonics）[1] 研究的重要概念之一，也是 "快乐（幸福）经济学"（economics of happiness）的重要概念之一，一般指的是运用较为客观的事实（如失业率、健康与教育、医保住房等社会福利方面的数据），将其按照一定比例权重去计算出某一个国家或地区的幸福或快乐指数及其组合，从而对人们内心幸福快乐与否的体验予以描述记录，其所得赋值一般不是直接从个体感受而来。幸福指数研究有助于评估政策实现的成效，有助于凸显政府有可能做出的制度性变更，为政策评估提供了一条很好的路径，通过对比相关政策实施前后民众幸福感的变化，可以评价公共政策实现的成效如何，还有哪些值得进一步改善的地方。

在当今世界上，从政府层面最早也是最有成效地开展 "幸福指数" 工作，自上而下地以幸福社会建设作为基本国策的国家并不是普通意义上的 "发达国家" 或所谓的 "先进国家"，而是一个处于发展中的蕞尔小国——位于喜马拉雅山麓、中印之间，有着浓厚佛教信仰氛围的不丹王国。不丹制定的幸福指数名

---

〔1〕 以笔者所知，"幸福学" 一说始自芝加哥大学终身教授究中心主任奚恺元的 "国民幸福计算指数" 学说。

称为"国民幸福总值"(gross national happiness，以下简称 GNH)[1]。"国民幸福总值"这一幸福指数包含四大方面，即稳健均衡的经济社会发展（stable and equitable socioeconomic development）、政府善治（good governance）、环境保护（environmental protection），以及文化保护（preservation of culture）。具体而言，GNH 涵盖有 9 类一级指标，即心理健康、时间利用、社区活力、文化多样性及适应力、生理健康、教育、生态多样性及弹性度、生活水平、政府治理（见图 2.3），这 9 类一级指标可以进一步划分为二级指标、三级指标、四级指标等，共计可以操作化为 72 项具体指标。

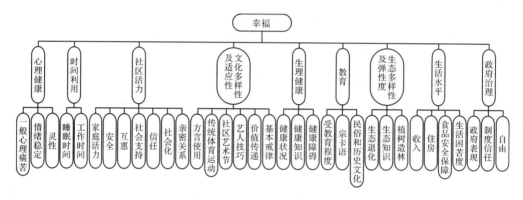

图 2.3　GNH 指标建构示意

资料来源：依据《康复与环球变迁背景下的 GNH》报告[2]译写整理。

实际上，GNH 不仅仅是一种幸福测量指数，而是一个体系，其注重价值、政策执行及指标之间的平衡。除了可以反映既定价值理念，GNH 还可以用于设定政策基准线以及对政策进行追踪调研和评估等。例如，在不丹王国，政府制定的各种政策和项目可以依据 GNH 领域中的心理健康、生理健康、文化、环境多样性、社区活力等关键要素予以检测及筛选，经过筛查，可以摒弃对 GNH 造

〔1〕"GNH"术语在国内的译名有多种版本，如"国民幸福指数""总国民快乐"等，笔者与专事 GNH 研究的"不丹研究中心"有过多次书信往来，认为译作"国民幸福总值"较好。1972 年，不丹四世国王吉格梅·辛格·旺楚克质疑当时流行的仅依赖 GDP 即可以实现社会幸福快乐的发展观，提出了以 GNH 作为衡量不丹国发展进步的建议。在他在位时，GNH 得以细化完备和贯彻落实。现在位的不丹五世国王吉格梅·凯萨尔·纳姆耶尔·旺楚克秉承其父早在 20 世纪 70 年代就提出的 GNH 比 GDP 更重要的理念，认为民众幸福是社会良性发展的符征，政府治理的终极目标是实现民众的快乐与幸福，宣告 GNH 的贯彻落实是不丹王国经济社会政治发展的方向所在，立志将不丹建设成为一个高 GNH 国家。GNH 调研主要由"不丹研究中心"承担，该中心于 1999 年由不丹内阁（不丹最高行政执行机构）推动设立。

〔2〕该报告名为《康复与环球变迁背景下的 GNH》("GNH as a Larger Context for Healing and Global Change")，为不丹研究中心的卡玛·尤拉理事长于 2009 年 9 月 7—11 日在不丹首都廷布举办的"第七届传统亚洲医药国际大会"上的发言稿。

成负面影响的政策项目，并选择有助于 GNH 理念得以贯彻的政策项目，从而对政策项目的选择和优先次序予以确定，因此。GNH 还是一种较好的政策项目评价与筛选工具。[1] 同时，作为政策及项目筛选工具，GNH 强调公共讨论、公共审议及舆情对于界定包括 GNH 自身在内的任何发展目标的裨益性，而这一切都将有助于政府政策合法性的生成与巩固。

通过对 GNH 之类国民幸福指数的使用，可以发现，如从政策导出角度审视国民幸福指数，其功用大致有：①微观个体幸福感的测量可以用于评估政府财政支出的成效。②提高就业率比仅仅增加人均收入或提供失业救济金更有利于提升人们的幸福感。③对"贫困人群"的定义应同时测量可支配收入的高低和主观幸福感的强弱。④人们的主观幸福感受到与他人比较的影响，因此有必要考虑向高收入人群收更高的税，以增加社会阶层之间的平等性（但具体仍需考虑其他很多方面因素的影响）。⑤政策制定应回归个体的"偏好"（preference）和"需求"（need）。以前的政策制定往往只考虑如何改善社会经济环境，忽视了个体偏好和需求的变化。经济学的前提假设认为，个体的行为决定遵循利益最大化的原则，然而现有的研究发现，社会比较（social comparison）和快乐适应性（hedonic adaptation）并不一定是影响个体决策的重要因素，这在一定程度上动摇了经济学前提假设的解释力。因此，政府政策的关注点应回归到个体的偏好和需求之上。⑥加快改革现行的收入分配制度。不仅需要对低收入家庭做更多的政策倾斜，中等收入水平的个体在应对市场风险时同样显得脆弱，出现向下流动的结果。这种期望与现实的差距以及以前与现在的地位落差使他们更容易感受到生活的不幸。⑦关注某一地区在其特定发展阶段中不同人群在幸福感知方面的差异性，并根据这种差异性，在政策制定方面予以调整，以求其政策导向设置更加合情与合理（Frey，Stutzer，2002b；Easterlin，2003；Graham，2005b；Bork，2010）。一言以蔽之，针对一国一地发展阶段与其特质而设置的相应国民幸福指数及其运用，有助于捕捉、追踪与测度民众幸福程度变化，如发现影响幸福提升因子的权重序列及其结构的演化，并协助政府制定可以提升民众幸福度的公共政策，从而弥补既有 GDP 核算体系的不足。

---

〔1〕 GNH 筛查工具包含项目层次和政策层次，服务的机构包括：一是服务于所有的部委（如善治）；二是服务于各自不同的部委（如教育、卫生）；三是服务于个别机构（例如青年工作、求职就业）。整个操作大致可以分为三个部分，即政策项目筛查、计算与打分。具体的评审筛选工作由"GNH 规划委员会"负责组织。供筛选的政策项目均用 4 分量表评价，其分值从低到高表示从负面到正面的变化，其中，"1"代表负分值，"2"代表不确定，"3"代表中性分值，"4"代表正分值；原则上，需检测政策项目的整体得分不能低于中间值，如果未达标，该政策项目就需要加以修正或摒弃；评价者由不同行业人员（如学者、官员、监察人员以及普通民众等）组成，以有利于多元背景者达成共识。关于 GNH 的更多阐述，请参阅丘海雄和李敢（2011）。

综上，如从测量角度考察幸福的层级性，可以发现，个体幸福感测量（偏于理论导向的）与国民幸福指数测量（偏于政策导向）的最大区别在于，前者依托于对个人（生活状况）满意度的主观调查去分析其对国家状况的满意度，强调的是从个体本身出发研究人们自身的需求和满足，其测量过程涉及的层面一般较为简单（如盖勒普幸福感调查、皮尤幸福感调查等大样本问卷调查均采用单一问题的调查法），且在大多数情况下无意于影响政策决策及执行，这个层面幸福状况的改善与提升一般是借助于个体的心理调适以及适应性行为的校正等途径。相较而言，GNH之类的国民幸福指数则多从国家（政府）治理层面出发，以求让政府更多地去关注那些令人们觉得不幸福的领域，并以此作为政策变更的着力点与突破点，进而确定哪些政策领域的问题是急需解决的，哪些领域的问题是可以稍后解决的，以求在公共领域层面更好地实现"先后有顺、循序渐进、优化生活"的目标。这类调查通常更着眼于政策规划、政策影响评估和绩效评估等层面，其幸福评估一般需要同时考虑个人满意度和公共政策满意度，兼顾主观调查数据分析与客观调查数据分析，并可以为社会福利测度提供更为准确的衡量标准，因而有助于政府制定更适宜的公共政策，并据此确定最大化实现国民幸福所需要采取的有关行为措施与方法途径。因而，这个层面幸福状况的改善与提升一般是诉诸政府公共政策层次，可以经由追加有利于社会进步的公共开支加以实现，例如资源的公正配置、职业发展、民意表达与善治的达致、教育、健康与安全的保障，以及经济绩效与社会进步的并行不悖、人与自然和谐共存理念之贯彻落实等。

四、发展趋势变迁：从"国民经济账户体系"到"国民幸福账户"体系

除却"多层次性"这一特征，从前述基于学科分野的幸福观若干比照中可以发现，"幸福"还具有复杂性特征，应当看到，对幸福的感知可能同时受制于先天遗传与后天环境的交互作用，这一过程既非纯心理方面因素作用的结果，又非纯神经方面因素作用的结果，当然也不只是社会实践因素（经济、社会与文化等）作用的结果。尤其需要注意的一点是，相关性并不一定意味着存在因果关系。参比"国民经济账户体系"，借用英国新经济基金会及Kahneman等（2004b）提出的"国民幸福账户"（national accounts of well-being，NAW）概念，本书将上述影响幸福的诸因素予以"资本"概念化，如图2.4所示。

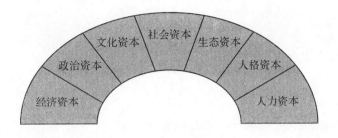

图 2.4 "资本"视域下的幸福账户

在笔者看来，幸福议题的本质依然从属于人类更好探求自身合宜发展模式的范畴之内。随着各国政府对发展认识的深化，发展将由注重经济绩效走向注重社会全面进步，由专注于经济领域的国民经济账户体系时代走向兼顾社会领域的"国民幸福账户"时代可能演化为一种新的客观趋势。美国学者德里克·波克（Derek Bok）的研究发现，人们的幸福感不仅源于对快乐的体验和凡事争第一的感觉，更为重要的是生活基本需求的满足。因此，对幸福的追求不仅是个体自利的表现，而且关系到我们是否拥有一个更为强大、美好和安全的社会。基于这样的认识，英国、法国、美国等发达国家和地区逐步将幸福研究融入政府决策考虑的范围之内。法国政府将弱势群体的生活水平纳入国家幸福感评价体系；英国的戴维·卡梅伦（David Cameron）也宣称政府需要解决的绝不是如何将金钱放入人们的口袋，而是如何使幸福深入人心。各国政府对幸福感的研究有助于其了解人们在各领域的幸福感受，有助于其根据个体的需求做出更为科学、客观的政策制定和调整。易言之，对于公共政策的制定与贯彻落实而言，幸福探寻对于政府的要义在于倡导与力行"经济与社会"的共建发展观，即在发展过程中需要兼顾经济增长、环境保护、文化发展、社会进步以及公民权利的甄善与政府责任的甄善等诉求。或正如斯蒂格利茨-森-菲图西委员会发布的《经济绩效与社会进步委员会报告》（Stiglitz et al.，2009）所言，在公共政策层面，实现"评价系统的重点由经济产出向民众幸福转变"将是考量未来各国政府治理能力的一种客观趋势所在，也将成为政府提高执行力新的挑战与动力。各国政府在公共政策的制定与评价方面推崇 GDP/GNP 至上的发展观已经主导世界六七十年，时至今日，在经济与社会发展测量体系方面，有必要也应当努力逐步实现从"生产导向"到"幸福导向"的转变。倡行经济政策与幸福政策并举已经成为时代性的潮流，为民众谋幸福已经成为政府无法回避的责任。

第二节　国内研究现状

一、国内经济学界的幸福研究

在国内经济学界，较早从事幸福（快乐）研究的当属浙江财经学院（现浙江财经大学）的陈惠雄（2003），其从 20 世纪 80 年代开始便着手相关研究，并提出一系列见解。例如，他建立了主客观结合的快乐指数体系，该体系涵盖了亲情、健康、收入、职业环境、社会环境、自然环境等六大快乐因子圈，并运用经济学的最大化原则对各因子圈中快乐因子的影响权重进行估算。中央财经大学经济学院的李涛等（2011）通过使用 2009 年中国 12 个省（区、市）41 个市（区、县）5056 名城镇居民家庭户主的调查数据，以居民幸福感为民生指标，就中国居民家庭自有住房状况对其幸福感的影响进行了实证分析，并获得了一些有益的研究结论，如不同产权类型的自有住房对居民幸福感的影响存在着显著差异，但是自有大产权住房对首次置业和二次（或多次）置业的居民幸福感的积极影响没有显著差异。另外，上海财经大学的田国强和杨立岩（2006）从社会幸福最大化的视角出发，基于攀比理论和"忽视变量"理论，运用规范的经济学分析工具研究了"幸福—收入悖论"。他们构建了一个包含收入因素与非收入因素的经济学理论模型，在个人理性选择和社会福利最大化的假定下研究人们的幸福问题。其模型在现代经济学中最为基本的帕雷托最优标准和个体自利性假设下，探讨了"幸福—收入悖论"问题并给出了相应的解决方案，得出的结论是：在收入尚未达到某一临界水平之前，增加收入能够提高社会的幸福度；一旦达到或超过这个临界收入水平，增加收入反而会降低总体幸福水平，导致帕雷托无效的配置结果。因此，随着社会收入水平的提高，一个国家不能够片面地追求经济增长，在提高国民收入的同时，政府应当注重提高非物质需要（家庭生活质量、健康水平、心理满足感等）方面的公共支出，同时还需注意收入差距过大所造成的社会公平影响（相对收入的梯度），从而提高整个社会的幸福度。其他研究，例如王冰和郝豫（2006）的《快乐经济学研究进展及其公共政策内涵》一文在回顾经济学对快乐理解的演进的基础之上，总结了影响快乐水平的多种因素，比较了研究快乐的显示偏好和明示偏好两种方法。再有，北京大学中外妇女研究中心课题组于 2006 年就"中国人生活质量与主观幸福感"进行了调查。朱建芳和杨晓兰（2009）等以有序（ordinal）回归法对这些调查所得的数据进行了处理，并对转型期国内幸福状况进行了对比和分析。他们的实证研究表明，幸福感不仅与以物质条件为基础的生活质量评价有关，也和社会价值观念以及社会发展状况有关；对于转型期的中国社会而言，"伊斯特林悖论"中的幸福与收入并不是简单的因果关系，它可能还与社会人口因素、文化因素、制度因素等作用力有关，如要较为客观全面地考察"收入"与"幸福"之间的关系，则必须对上述有关（外生）变量予以一定的结合或考虑，必须注意有关非经济的社会因素对主观幸福的影响。

此外，国内关于幸福（SWB）经济学研究的博士论文有复旦大学娄伶俐在2009年完成的《主观幸福感的经济学理论与实证研究》，其以认知评价为主线，对主观幸福感（SWB）的理论分析框架进行了探索。其幸福研究主要还是基于对"收入—伊斯特林悖论"的考察，对效用从幸福的角度进行了重新界定，只是选取了博弈论的角度，将"囚徒困境"博弈引入人们对显性收入的攀比竞争的行为分析之中，并根据SWB产生的神经心理机制将影响SWB的全部因子分为显性因子和隐性因子两大类，构建了一个SWB的经济理论分析框架，力图将幸福研究融入经济学的脉络体系之中。其文的最大特点是将人的神经心理活动规律纳入SWB的经济理论分析之中。此外，其论文还提取出幸福和效用分离的三大认知原因，证明了SWB是比效用更科学、更接近人的真实行为选择的主观体验概念，得出"经济学的效用理论应该从幸福的角度进行必要的拓展和修正""幸福是受认知心理规律影响的情感体验，是比效用更高级、更为细致的心理化概念"，以及"从需求的角度建立了边际幸福函数是经济学幸福研究的理论突破口，是SWB经济理论体系建立的基础"之类的学术观点。另一篇关于幸福（SWB）经济学研究的博士论文是武汉大学的金江在2010年完成的《主观幸福的经济学初探》。该文首先对幸福的决定因素进行了条分缕析般的考察，进而分析了不同因素与主观幸福感相互作用的微观机制，继而结合2007年武汉市城镇居民幸福感调查数据和中国社会转型的实践，从政治经济学的角度出发，就转型对中国民众主观幸福感水平的差异及其形成原因进行了分析。概言之，国内经济学界关于幸福研究的综况不妨用由贺金社（2010）主编的《经济学：回归亚当·斯密的幸福和谐框架》一书的幸福研究的"经济学的内在逻辑"（见图2.5）加以概括，其将财富的获取方式与有效利用以及财富的充分增长在逻辑上予以统一。

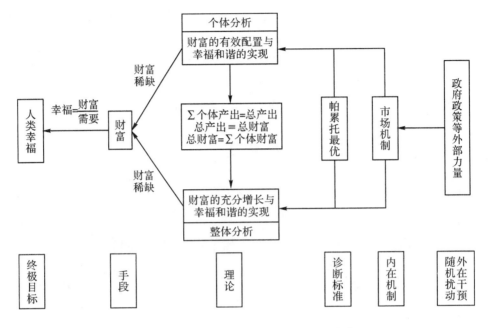

图 2.5　幸福研究之"经济学的内在逻辑"

二、国内心理学、统计学暨社会学的幸福研究

就心理学领域对幸福的研究而言，吴明霞在 2000 年发表的《30 年来西方关于主观幸福感的理论发展》对西方心理学界关于幸福影响因素的文献进行了较为全面的梳理，详尽介绍了西方 30 年来关于主观幸福感研究的理论成果，尤其是对幸福研究的心理学权威迪纳撰写于 1999 年的《SWB 的 30 年研究历程》一文进行了较深入的介绍与解读。彭怡和陈红（2010）的《基于整合视角的幸福感内涵研析与重构》一文也属于从心理学视角研究幸福的一个示范。在对现有文献进行研究的基础上，其文指出，国内外幸福感的研究主要分为两个取向，即心理幸福感（PWB）与主观幸福感（SWB），只是前者多关注个体潜能的实现，而后者多关注个体享乐层次的实现。其文还在同一系统视角下分析了 PWB 和 SWB 的特点及其之间的区别和联系，并从主体行为感知角度对幸福感进行整合，呈现了基于主体同一性的幸福感整合路径及特点，提出了个体幸福感整合模型。在此基础上，该文对幸福感概念予以重新界定，涵盖了可累积的积淀型幸福感和不可累积的体验型幸福感，从时间维度分析了个体幸福感的整体变化趋势。

　　而就国内心理学界对"文化—幸福"关系的研究而言，华南师范大学心理学系的郑雪及其合作者的研究颇有代表性。高良和郑雪（2010）认为，幸福感本质上是由文化加以定位的，中西方幸福感在本源、意义、联系与时间四个维度上存在显著差异。此外，在"文化—幸福"关系的研讨方面，华中师范大学的邹琼（2005）指出，西方现有的四个文化模型各执一端，无法兼顾主观幸福感的文化普遍性和特殊性，为此，有必要同时考虑幸福感的四个文化水平，即文化间的共性和差异以及文化内的共性和差异。

　　另就国内统计学领域而言，也有一些学者在从事幸福研究。例如福州大学统计学系的王慧红与陈楠（2008）的《中国幸福指数的构建》一文依托"幸福星球指数"理论，基于以人为本和可持续发展的原则，围绕民生问题和环境问题，从投入与产出的角度构建了中国幸福指数，并以之测量国内有关地区在追求居民幸福生活产出的同时是否关注生态资源的投入。其创新之处在于，其构建的中国幸福指数中，分母部分代表生态资源的投入，分子部分代表人们的幸福生活产出，以此衡量中国各地区追求幸福的生态效率或可持续的幸福水平。再如国家统计局统计科研所的康君研究员写了不少这方面的文章（如登载于《中国统计》的《测量你的幸福：从相对赋值谈起》），在统计学界具有一定的影响力。其刊载在国内统计学一类权威期刊《统计研究》（2009 年第 9 期）上的文章《基于政策效应的民众幸福感测量研究》可以视为这方面的代表作。该文首先对"幸福"概念给出了自己具有可操作性的界定，认为幸福就是一个相对的赋值（感受），是获得与失去的最终结果与平衡账户，是价值观的选择与实现，并结合海德的认知平衡理论与马斯洛的需求层次理论，从行为经济学角度对此进行了阐释，例如"锚定效应"（anchoring effect）和脉冲式变化。其次，构建了基于政策含义的幸福要素指标体系，包括富裕感、愉悦感、安定感、归属感、认知感、向心感、自由感、情谊感、期望感等 9 类指标。

　　国内社会学领域从事幸福影响因素研究的学者中较有代表性的有山东大学的邢占军教授及其合作者。在 2004 年，邢占军与黄立青撰写的《西方哲学史上的两种主要幸福观与当代主观幸福感研究》对于哲学心理学界两类幸福观的渊源与发展进行了较好的考察。其文章指出，长期以来，在西方哲学史上存在着两种具有代表性的幸福观，即完善论幸福观和快乐主义幸福观。其文章还指出，国外既有的生活质量和心理健康意义上的主观幸福感研究，大多依循的是快乐主义幸福观，而心理发展意义上的主观幸福感研究则依循的是完善论幸福观。2005 年，黄立清与邢占军在《国外有关主观幸福感影响因素的研究》一文中，主要从心理学角度对西方学者近半个世纪有关主观幸福感影响因素的研究进行了较为系统的梳理，重点考察了财富、人格、婚姻、年龄与主观幸福感之间的关系。文章指出，除了以上几个方面，研究者们还对社会支持、性别、教育、生活事件、职业等因素与主观幸福感的关系进行了实证探讨，但对这类关系的论证基本上还只是一种相关关系的证明，而不是因果关系的论证，而对于幸福影响因素之间的交互作用有待于深入论证。作者认为，运用结构方程建模（structural equation modeling）方法可能会有助于推动主观幸福感的影响因素和作用机制方面的研究进程。2011 年，邢占军发表在国内社会学研究权威刊物《社会学研究》上的《我国居民收入与幸福感关系的研究》一文依据已经公开的若干省份的统计数据，对我国城市居民收入与幸福感的关系进行较为深入的实证分析。文章指出，一方面，从一段时期内考察，地区居民幸福指数并没有随国民收入的增加而同步增长，地区富裕程度与居民幸福感水平之间的相关性不明显；另一方面，收入与城市居民幸福感之间具有一定的正相关性，地区富裕程度会对收入与幸福之间的关系产生影响，高收入群体幸福感水平明显高于低收入群体。这个研究结论与国外已有的相关"收入—幸福"研究结论相接近。在华南地区的社会学界，为顺应建设幸福社会的时代呼声以及完成"幸福广东"研究课题的需要，中山大学社会发展研究所也从事了较长时间的幸福影响因素研究，其"幸福建设课题"小组主要从事国外相关文献与实践经验的梳理整合，课题负责人丘海雄教授与其博士生李敢相继发表了一系列关于这方面研究成果的文章，例如，《国外多元视野幸福观研析》《从"生产导向"到"幸福导向"镜鉴：源自不丹和法国》《英国幸福社区建设之"温暖"研究述评及思考》《幸福测量探析与经济发展方式的转向——斯蒂格利茨委员会报告"经济与社会"共建理念的解读》等。

此外，依据从 CNKI 知识网络平台上查询的数据，国内在心理学、统计学及社会学领域关于幸福的研究还包括景淑华与张积家（1997）、郑雪等（2001）、赵立军与刘旭华（2002）、任志洪与叶一舵（2006）、罗书伟与尹小琳（2007）、陈有真等（2009）、曾忠禄与张冬梅（2010）、苗元江等（2011）。这些研究的总体特点是围绕特定研究对象的心理感受而铺陈，较少涉及对社会发展转型过程中公共政策的制定与实施对于提升人们幸福感功用方面的研讨。

三、国内从事幸福研究文献整理的研究概况

在国内，就关于幸福研究文献的整理研究而言，李志与谢朝晖的研究具有较明显的统计特色。李志与谢朝晖采用文献分析法，对国内近年来发表的 89 篇涉及主观幸福感研究的文献进行了统计分析。按照他们的看法，如以时间跨度划分，国内关于主观幸福感的研究大致可以分为三个时期。第一个时期为 20 世

纪 80 年代中至 90 年代中，属于对国外理论及测量量表的引进介绍时期。在此期间，幸福研究成果相对较少，零散分布于各个不同年份。第二个时期为 20 世纪 90 年代中至 21 世纪初，属于应用国外相关研究工具在国内进行小范围测查时期。在此期间，几乎每年都有相当数量的研究成果发表，但其研究对象大都是大学生、教师和老年人等特定群体，且所用样本量一般都在 400 人以下。第三个时期为 21 世纪初至今，属于快速发展时期，在此期间，国内的主观幸福感研究表现为研究者对人们主观幸福感状况的探讨，研究对象也从起先的大学生、教师与老年人群体扩展到了中学生、研究生和普通城镇居民等群体。另外，研究者开始关注相关变量对主观幸福感的影响，研究对象也有所扩展。同时，一些学者还开始了主观幸福的本土化研究，并出现了一些总结性的（跨文化）研究论文和学术专著，以求发展出可以较好适应我国社会文化特征的理论诠释与研究工具。

　　综合以上国内幸福影响因素研究概况，可以发现，除了引介国外学说，在幸福理论构建方面，国内主要是借鉴国外既有理论框架，尤其是国外心理学、社会学和经济学的研究成果。就幸福影响因素的判析而言，国内研究发现与国外同行大体一致。以影响幸福的经济因素为例，国内的研究主要也是落脚于收入、就业与通货膨胀三个方面，以效用观为核心，围绕这三类影响因素与幸福之间的相关或因果关系展开论述，其研究发现也与国外同行的研究结论大同小异。在测量方面，一种是直接运用国外量表去测度国内的调查数据，另一种是尝试在国外量表基础之上予以一定的改良，构建出自己的幸福指数方程式，例如前述王慧红与陈楠对"快乐星球指数"量表的运用。无论是经济学还是社会学或心理学，现有研究大都倾向于使用以问卷调查所获数据为基础的经验分析。相对而言，使用访谈法的较少。如果说在幸福影响因素研究过程中存在哪些中国"特色"，则这类"特色"也主要与中国的国情特色有关，譬如制度层面的二元分割即是其中的一大关注点，不少研究者在研究过程中均对"城乡分割二元经济""同城不同籍"等所谓"中国特色"的制度安排予以研究。但这类制度关注多是强调政治、经济与社会保障层面的制度安排，而对同一社会经济背景之下文化要素及其细化向度与幸福关系的探讨尚不充分，本书即尝试对此方面予以丰富和发展。

第三节　国内外研究共识与尚待丰富之处

一、共识

如前所述，国内外学界在关于幸福达致影响因素的理论与实证研究中均逐步认识到，经济因素只能解释主观幸福（SWB）变化中很少的一部分，而人格气质、人口特质、认知方式、目标期待、个人适应能力、社会网络（社会支持）、文化背景、社会治理以及生态环境状况等都对主观幸福（SWB）有着相应的影响。研究中应当结合国别地区之间的具体实际（如政治、经济、文化、社会以及发展阶段等限制）对相关影响因素或机制予以平衡，而不应夸大某些因素或机制的影响作用，顾此失彼与顾彼失此都是不妥的。同时，研究中还要充分注意到，作为影响因素的自变量与因变量幸福之间的相关性并不一定就意味着两者之间存在正向因果性，不同影响因素之间也可能存在相关性，对个中可能的反向因果关系也应予以适当考虑。

二、尚待丰富之处

就未来幸福影响因素的研究而言，需要丰富的地方也不少。总体而言，学界对幸福的研究在总体上依然处于起始阶段，例如，在测量方面有待突破。以测量的理论指导而言，如前文中庞德赛维（Powdthavee，2007）所言，在因果关系研究方面，应同时关注横向数据与纵向数据，以及天然试验法（natural experiment）或考虑工具变量（instrumental variable，IV）在处理缺失变量方面的应用。以测量实践操作层面而言，现有研究以基于问卷调查的经验性或描述性研究居多，其他或者为经验取样法（experience sample method，ESM）与日重现法（day reconstruction method，DRM）等实时度量，或者为生物神经学的脑电波测量。因此，如能将社会学研究方法中的访谈法与样本统计抽样法相结合，则不失为一个较好的研究路径，进而可以在提升研究信度的同时有效提升研究的效度。关于从社会学视角汲取营养对幸福测量予以拓展这一点，笔者在与经济学家黄有光教授及与加拿大不列颠哥伦比亚大学经济学教授约翰·霍利威尔（John Helliwell）的电子邮件讨论中，均得到首肯。本书也是对此综合研究法的一个尝试。此外，在幸福影响因素的理论解释框架搭建方面，需要进一步就有关影响因素做出细致化努力，例如文化因素的具体化。

概而言之，以社会学和经济社会学知识为主体，本书可以在幸福研究方面做出的补充丰富之处在于，遵依我国建设社会主义文化强国的发展愿景，主要在与经济学对话的基础之上，以社会学结构功能主义思想为引导，将实地访谈和参与观察等质性研究法与问卷调查法相结合，经由对发生于珠三角西岸城市顺德的"伊斯特林悖论"社会现象的分析考察，通过对幸福达致影响因素中文化变量的细化，即从文化的历史与现实向度予以综合分析，对文化与幸福之间的联系展开探讨，尝试对"为什么不（难）幸福、如何才能幸福"的"幸福悖论"做出一个文化层面的解答。

第三章　文化定向之下幸福暨幸福悖论研究的理论基础

第一节　"文化"与文化定向概念的厘定与使用说明

（一）"文化"概念的厘定与使用说明

"文化"一词，据考证，属于中国语言系统既有词语。[1]"文"与"化"，原本为两个词，"文"的本义指各色交错的纹理，"化"的本义为改易、生成、造化。"文"与"化"作为一个词语连用较早可见之于西汉刘向《说苑·指武》："凡武之兴，为不服也，文化不改，然后加诛。"易言之，在中文语言系统中，"文"与"化"连用所构成的"文化"的基本内涵就是"以文教化"。在中文系统之外，在西方各民族语言系统中也有很多与"文化"对应的词语，只是它们相互之间有着一定的差别。例如，"文化"（culture）在拉丁文中的原形为动词，含有耕种、居住、练习、注意等多重意义，而在与拉丁文同属印欧语系的英文、法文中，也是使用"culture"来表示栽培、种植之意，并由此引申为对人性情的陶冶、品德的教养，这就与中国古代"文化"一词的"文治教化"内涵比较接近。所不同的是，中国的"文化"一开始就专注于精神领域，而西文的"cul-

---

〔1〕"文"与"化"的词源考证可参阅《周易·系辞下》载："物相杂，故曰文";《周易·系辞下》:"男女构精，万物化生";《周易·贲卦·象传》:"（刚柔交错），天文也。文明以止，人文也。观乎天文，以察时变；观乎人文，以化成天下。"还可参阅我国第一部按部首编排的汉语字典《说文解字》中的相关记载等。而在社会科学中，文化研究一般有四种传统理论，即文化进化论、生态理论、功能论以及民族志理论（赵志裕，康萤仪，2011）。如前所述，本书主要取功能论，如涂尔干的文化分析就侧重于阐释文化各要素如何协助维持社会的良好运转。

ture"从人类的物质生产活动生发，继而才引申到精神活动领域（张岱年，2010）。

不过，在某种程度上，要给作为社会历史发展过程中的现象与产物的"文化"下一个严格和精确的定义是一件非常困难的事情，哲学、语言学、文化学、历史学、人类学与社会学等领域的专家学者也一直都在努力尝试从本学科视角界定出一个可以被广泛认可的文化概念，却一直莫衷一是，甚至可谓"作舍道旁，三年不成"。或许正是因其内涵与外延的丰富宽广性，文化也随之成为社会科学中最难做出界定的研究对象之一。在这一点上，或正如亨廷顿等（1993）所指出的："在社会科学上，文化是一个不易捉摸的概念，因为这概念既容易使用又难以令人满意。由于它在某种意义上是个剩余范畴，所以使用起来较为随意。当别的原因解释不通各社会之间的重大差异时，有人就喜欢将此差异归因于文化。但文化对人们试图说明的政治经济上的差异究竟起了怎样的作用，却又常常是非常模糊的。因此，从文化上做出的解释往往不确切，或者同义反复，或者两种缺点都存在。"例如，曾任中山大学副校长的著名历史学家、社会学家、民族学家陈序经教授（1996）认为，文化是人类适应时代环境以满足其生活的努力的工具和结果。而按照我国台湾著名文化学者殷海光先生（1990；2001）的论述，在 20 世纪 50 年代，美国人类学家克鲁伯（Kroeber）与其合作者克拉克洪（Kluckhohn）等在《文化：关于概念和定义的检讨》（"Culture, a critical review of concepts and definitions"）一文中统计发现，从 1871 年到 1951 年，关于"文化"的定义多达 164 种，学界在这 80 年内对文化定义的阐释，有的是记述性的，有的是历史性的，有的是心理的，有的是规范性的（这一组又分为注重规律与注重理想或价值行为两个类别），有的是结构性的，还有源自发生学的解释，等等。同样是在该文中，克鲁伯和克拉克洪在 164 种定义的基础上，提出了他们对文化的定义："文化是历史上所创造的生存系统，既包括显性式样又包含隐性式样，它具有为整个群体共享的倾向，或是一定时期中为群体的特定部分所共享。文化存在于思想、情感和起反应的各种业已模式化了的方式当中，通过各种符号可以获得并传播它。"克拉克洪还进一步指出，一种给定的文化，只有在其被定义为某一反应模式范围时，才能成就其"功能性"（Kluckhohn，1952；1960）。

到了现当代，有关文化界定的辩论依然在持续。如社会学学者苏国勋（2005）认为，在一定意义上，文化就是"秩序"，与之对应的为有意义的行为（behaviour），也就是"行动"（action），对人行动的主观意义的强调凸显出文化具有规范行动形成秩序的能力。"作为规范的文化，它是一套对人们的社会行动起到指引和限制作用的规约，目的在于保障社会形成秩序和有效运转。"哲学学者涂可国（2001）则认为，文化最根本的含义是"人类为了认识和解决人与世界之间的关系问题而进行的社会活动（主要形式为社会实践）的过程、条件和结果等社会事象，社会活动的特质是文化的哲学本质"。而联合国教科文组织将文化界定为："应把文化视为某个社会或某个社会群体特有的精神与物质、理智与情感的不同特点之总和。除文学和艺术外，文化还包括共处的方式、生活方式、价值观体系、传统和信仰。"

囿于主题、篇幅、资料以及个人认识能力局限性等因素，在以下行文中，本书主要对社会学暨人类学范畴内的文化观点加以简要梳理，对其他学科的相关阐释则基本上一带而过。

在社会学和人类学界，最早为文化做出公认度较高的文化定义的当数英国人类学家、文化学家泰勒（2005），其在著于1871年的成名作《原始文化》一书中指出，文化是包括知识、信仰、道德、法律、艺术、习俗和任何人作为一名社会成员而获得的能力和习惯在内的复合体。之后，英国著名结构功能主义人类学家马凌诺斯基（2002）在其著述《文化论》中秉承了泰勒的基本观点，也认为文化是人类一切活动的条件、方式、状态和结果的综合体，"文化包括一套工具和一套风俗——人体的或心灵的习惯，它们都是直接或间接地满足人类的需要"，文化的功能就在于"总是意味着对某类需要的满足"。再如，美国文化人类学家怀特（White）则对文化予以解构，认为文化包括技术、观念、态度与社会等四个部分。韩国汉阳大学的民族学、人类学教授赵兴胤（2001）则认为，应该从全体结构、系统中认识文化，将之视为一种网络（network）。

此外，在文化学界和人类学界，在文化研究方面较有影响力的还有摩尔根、斯宾格勒、汤因比、列维-施特劳斯、博厄斯、格雷布纳、威斯勒，以及文化人类学传播学派的史密斯、弗罗贝纽斯等人（吴兴帜，2010）。而在经济学界，著名制度经济学家康芒斯（1962）则认为，文化接近于习俗惯例，而习俗具有"强迫向同性"，是集体的强制，对市场有调节规制的功用，可以分为技术型、伦理型以及所有权型三类。林毅夫（1994）认为，文化及其价值和观念都属于非正式制度安排，它们所具有的功能类同于正式制度安排。文化体系可以对人的行为进行"纠偏"。美国管理学家、文化研究权威大家霍夫斯塔德（Hofstede，1980）认为，作为一种集体心智程式，文化可以选择性引导人们做什么或者不做什么，从而形成相应的社会认知与行为。这种程式的核心在于经由价值观的传导对行为规范进行指引与调整。

至于社会学对文化的阐释，在一定程度上，其当为上述人类学的"科学描述论"和文化哲学的"价值评判论"的统合，并突出其中的角色机制和互动功用。例如，吉登斯（2003）指出，文化的指称除了日常的文学、艺术、音乐、绘画等内容，还涉及人的生活方式、信仰、观念等方面的内容。文化是一个价值体系，文化是价值的体现，价值是文化的内在规定性与基本特征；文化对社会价值观和规范的延续起到了重要作用，但是它也提供了创新和变化的重要契机。帕森斯（2003）认为，文化就是集体表征的聚合物，它是人们所拥有的普遍与特殊的思想及价值的知识总体，可以为人们提供行为准则，包括共有信仰、情感、思想以及符号等，正是符号的组成系统影响与控制了人们之间的交流沟通。文化的重要功用在于实现社会化过程中社会新成员的"内化"，这种"内化"有助于生活在某一特定社会中的人们达成思想上的接近或者一致。"文化"是 AGIL（adaption，goal attainment，integration，latency pattern maintenace）模型中"L"（潜在模式维持）功能的主要承担者，且对于模型中"I"（整合）功能具有一定的调适功用。

　　另就文化的功能性而言，笔者有几分"穿凿"式理解，即参照帕森斯的"模式变项"理论以及滕尼斯的"公社—社会"二分法，不妨将"文化"理解为一种"准公社"类模式变项，具有特殊性、扩散性、情感性、先赋性、公益性等特质，这种模式变项有助于推动一类具有"普遍性、专一性、中立性、自致性、自立性"等特质的模式变项，即"社会"的维系与发展。

　　社会学中有关文化的定义还有美国当代社会学家波普诺（2007）的论说："社会学家与人类学家对于文化的共同定义是，文化是人类群体或社会的共享成果，这些共有产物不仅包括价值观、语言、知识，而且包括物质对象。"波普诺指出，尽管文化是共享的，但仍然需要每一位新生代通过社会交往的方式来学习，文化因此而得以累积与相传。因此，"从最为一般的意义上讲，文化是代代相传的人们的整体生活方式"。文化是一个群体或社会共同具有的价值观和意义体系，它包括这些价值观和意义在物质形态上的具体化。而美国明尼苏达州立大学的社会学系教授卡伦与维吉伦特（2011）则认为，文化是一种社会模式，是人们互动时所共享的观念、价值观、目标与规范等，是人们一致同意、同感和共享的想法观念，文化的功能就在于对相似性（相互认同）进行强调，并指导人们的大多数行为，使得人们的行为具有连续性、稳定性及可预测性。美国弗吉尼亚理工大学社会学学者休斯与克雷勒（2011）认为，文化无非是从群体中习得的集体性实践，文化的要义莫过于它为群体内成员提供意义共享，"通过提供意义共识，文化将不同个体各自的生活融合成一个整体。通过这一共享的意义框架，社会成为可能"。文化能够为个体提供用以构成其行为的一整套意义共识，意义共识维持了日常生活的秩序，帮助人们权衡相互之间行为的合理性。文化为人们提供了一套指示"做"与"不做"的框架及一组类似于"地图"或者"路标"的精神标识。易言之，文化是一套可共享的意义共识，包含符号和语言、规范与价值观，文化能够为个体提供一整套意义共识用以构成其行动，同时，通过这一共享的意义框架，社会的存在与维持得以成为可能。

在法国，社会学界关于文化的最早论述可能就是迪尔凯姆的"方式"说了。其在《社会学方法的准则》一书中表示，文化的范畴应当包含有物质技术和精神技术所产生的行为模式。此后，法国当代著名宪法学学者、社会学大家迪韦尔热（1987）综合了泰勒的"复合体"说与迪尔凯姆的"方式"说，认为任何一个社会群体都可以看作一种价值、准则、信仰、习惯、技术、方法、行为的集合体，而这些元素恰好可以构成一种文化；且文化是协调行动方式、思维方式和感觉方式的整体，构成了能够确定人的集体行为的角色；文化内容包含有决定社会角色和行为模式的标准，其中内含有遵从与否及奖惩机制，以及人们对此所进行的价值评判。

基于以上诸种论析，关于文化定义，本书基本上采纳的是意义共识论与价值论之综合，因为该综合对于人类学的文化"复合体"说以及社会学的文化"模式（方式）"说进行了很好的整合，可以更好地服务于本书的研究主旨，即研究文化及其向度是如何影响幸福的以及这种影响背后蕴含的社会治理意义。

（二）"文化定向"概念的厘定与使用说明

"文化定向"，顾名思义，指的是使文化转向指定的方向（orientation），易言之，文化定向就是一个文化选择定位问题。

依据本书的研究主旨，首先，本书中的文化定向指的是一国经济社会发展观的选择定位。例如，在本书的写作缘起与文献综述部分都曾论及，渐进实现发展观从"生产导向"到"幸福导向"转变对于中国社会顺利转型有着重要意义。而"幸福导向"发展观的一个构成要素即为文化。从文化层面上看，向"幸福导向"发展观转变这个过程本身就是一种文化的选择定位。

其次，本书中的文化定向指的是在确定好相应的发展观的前提之下，定位其中具体的文化价值向度，即循沿"多元文化逻辑"之文化模式路径，从历史与现代两个向度去探析"幸福导向"发展观转变的可能路径选择。这种阐释基于上述关于"文化"概念的厘定与使用说明（例如，文化的"意义共识"论以及观念和价值观的共享论），同时，参阅结构功能主义关于社会文化价值的有关论说，如马凌诺夫斯基的"装备论"（社会文化的功能在于满足人的生理、心理及其他文化意义方面的需要，即文化的功能就在于"总是意味着对某类需要的满足"），以及文化社会学的有关论述，如司马云杰的《文化社会学》与《文化价值论》阐述的价值实乃为文化研究之要义所在，孙美堂的《从价值到文化价值——文化价值的学科意义与现实意义》论述的"文化价值是一定的价值对象显现出的有益于人规范和优化自身的生命存在的特质",庞井君的《社会价值论的理论定位及意义》论及的文化意义上的"价值"在于价值主客体之间的均衡协调等。于是,本书中的文化定向的第二层意思主要指向社会文化意义上的"价值"定向,且这种价值可以为特定群体所共享。这是因为,文化是价值的体现,而价值则是文化的内在规定性与基本特征(吉登斯,2003),作为一种文化产物,其包括价值主体(行动者)与价值客体(例如"精神"以及"规范"等)的意义、效应和状态,以及其间的过程、机制与结构,其核心是个体与社会在互动之中生成的有益于人优化自身生命存在的特质属性及其之上的相互关系。例如,对经济、技术、信息等"现代化"指标的崇拜使得人们在一定程度上漠视了自身作为生命体对于生活意义、尊严、幸福等价值意义的探求寻觅。而中国政府在 2011 年的两会上提出的"让人民生活得更加幸福、更有尊严"议题所引发的幸福社会建设舆情讨论则可以看作对这一现象的关注和反馈。其实这也是一种发展转向思考。[1]

第二节　文化定向之下幸福研究的理论阐释

以文化研究著称的美国社会学家伯格(2008)曾指出,人们都是文化性的存在。帕森斯认为,社会从本质上就是一种精神秩序,于是,遵守规范的社会成员收获到的将是受尊重感与归属感(柯林斯,马科夫斯基,2006)。

文化对于幸福水平提升有着相当大的影响,这一论点已经为不少理论研究与实践经验所证明。以在幸福研究与实践方面闻名于世的不丹 GNH 为例,由 GNH 理论体系构建的"幸福大厦"共有"四根支柱"[2],其中之一即为文化保护。其 9 类幸福变量即包括"文化多样性及适应力"这一变量[3]。其研究指出,"不丹政府有责任保护好民族传统文化中的精华并使之发扬光大,倡导志愿精神

---

〔1〕 此处关于"文化定向"双重内涵的论述主要得益于笔者在写作与修改过程中向中山大学蔡禾教授、李伟民教授的多番就教,于兹深表谢意,至于理解阐释中如有不当之处,按照学术惯例,自然全部由笔者本人承担。

〔2〕 "四根支柱"对应的英文为 "good governance" "stable and equitable socioeconomic development" "environmental protection" "preservation of culture"。

〔3〕 在 GNH 的资料介绍以及不丹研究院的回复邮件中,domain(领域)、variable(变量)、dimension(向度)这三个词常常是互为代用的,本书沿袭其用法。这 9 类变量对应的英文为 "psychological well-being" "time use" "community vitality" "cultural diversity and resilience" "health" "education" "ecological diversity and resilience" "living standard" "good governance"。

及和谐合作精神,努力寻求家庭、工作与休闲之间的平衡"。其研究还表明,除了必要的物质需求,人们的需求应当指向以精神价值观为基石的发展,通过(富有弹性且多样的)文化而不只是物质中心主义将核心价值观传递下去。不丹GNH的文化研究试图经由被试对包含基本文化要素,如语言、身份、核心价值观、价值观变更、信仰、规范、习俗等的各式文化活动,如节日、运动和歌唱等的感知对文化各方面的力度与相关性进行评估。总之,对文化传统的维系是不丹王国的基本政策目标之一,因为传统文化有助于增强人们对自身身份和价值的认同以及激发人们的创造性。GNH体系中文化这一变量主要是聚焦于对文化多样性与文化传统的保护,它将文化设施、语言使用、社区节日参与和其他传统娱乐等方面都纳入考虑。这一变量及其分支指标可以用于对核心价值观以及传统价值的变迁做出评估。再如,经济学家黄有光提出了"4F"快乐论,他认为幸福文化可以包括亲情文化(family)、友情文化(friendship)、信仰文化(faith)以及健康生活文化(fit)。[1]

而以幸福调研著称的"世界价值观调查"项目组的若干调研成果表明,虽说现代社会更多依赖于理性和法治的约束去尊重人的自我发展,但是人的生存发展也离不开情感的约束。

另外,从情感社会学角度而言,作为幸福重要组成部分的(积极)情感,其本身并不仅仅是固植于大脑神经结构之中的功能模块单元,而是身体生物基础、文化和社会结构三者之间相互作用的结果,它可以充任人际关系的维系者,以及宏观社会结构及其文化生成的承担者。情感唤醒的生理基础的激活必须通过文化提供的标签和行为期望去加以描述,即情感唤醒是文化条件作用的结果(Kemper,1981;特纳,斯戴兹,2007)。

实际上,社会文化因素在好几个方面影响着人们的主观幸福(SWB)。首先,有些国家能够更好地满足其国民的基本需求,例如,食物、清洁水源、医疗保障等。这些国家证实了存在着较高层次的主观幸福(SWB)。其次,社会文化的一个影响是通过改变人们的价值观和人生目标去改变主观幸福(SWB)的关联因子。最后,对主观幸福(SWB)平均水准而言,文化影响的变化似乎源于人们的乐观主义和积极性、社会支持、应对方式,以及对个人欲望的规制程度等(Diener,2000)。还有,关于幸福的跨文化研究显示,由于文化的差异性,不同价值观下的社会成员对于幸福快乐的理解是不同的:一些国家看重"享受生活"之类的价值观,而在另一些国家,人们更看重的是"社会认可"一类的

---

[1] 黄有光教授认可本书的幸福文化架构。"4F"中的"健康",其原来使用"form"一词,笔者建议变更为"fit"一词更通俗易解,黄教授欣然接受。

价值观（Ahuvia，2001）。再从结构功能主义视角审视，社会所灌输的价值观对于所有社会都是非常重要的，人们的动机和行为大抵是他们所内化的社会价值观的一种功能，所有社会成员的行为都具有此类显性或潜在的"功能性需求"，受既定价值观的驱动。

简言之，通过改变人们的价值观和人生目标，社会文化可以有效影响幸福层次的高低。这是因为，在一定意义上，主观幸福（SWB）代表的是某一社会成员履行兑现该社会重视及珍惜其价值观的程度大小（Inglehart et al.，2000）。

当然，关于文化因素对幸福影响的其他关联研究还有不少。例如，苏等（Suh et al.，1998）的研究也表明，文化差异对于人们的生活满意度与幸福感的改变存在归因性影响。欧西与迪纳（Oishi，Diener，2001）的研究也表明，文化价值观的差异对个体主观幸福实现途径有影响。实际上，研究文化对幸福影响的例子在西方心理学界很普遍，其中自然包括幸福研究心理学权威迪纳的研究。他认为，对于 SWB 的变化，财富是一大影响因子，但是文化和政治也有影响。[1]

不过，笔者通过有限的阅读发现，西方心理学界跨文化语境下的主观幸福（SWB）研究大抵上还是围绕着个体主义文化—集体主义文化（如东西方文化分野）的框架开展讨论，注重国别之间的比较。而迪纳（Diener，2000）和苏等（Suh et al.，1998）的有关研究是这方面的代表。例如，迪纳研究发现，自尊和自我价值的精神需求与生活满意度及主观幸福的关联度之诉求在个体主义文化中的反映要比在集体主义文化中的反映强烈得多，而在另外一些文化中，这种自我能力和自我价值的评价性情感体验与生活满意度关联度可能并不高。迪纳还曾做过一个有关集体主义文化国家与个体主义文化国家在不同幸福指标方面的比照研究。他发现，在个体主义文化社会，人们的生活满意度较高，但是其自杀率也较高；人们的婚姻满意度较高，但离婚率也高。这种现象似乎表明，个体主义文化社会中的成员更易对他们的生活感到满意快乐。但如何解释上述那些看似自相矛盾的现象呢？迪纳以为，大概在个体主义文化社会中，当人们对其婚姻或工作觉得满意时便予以保持，但个体主义文化的特性又决定了，当他们不如意时，他们相对较容易改变其处境。而集体主义文化社会的成员更多可能选择留在不好的婚姻或者工作之中，只是因为出于对他人的考

---

〔1〕　另一方面，在西方心理学界关于主观幸福（SWB）的研究讨论中，关于幸福心理机制是人类共有还是受制于不同文化，抑或是兼而有之，是有争议的。参阅：Diener E，Oishi S，Richard E，et al. Personality，culture，and subjective well-being：Emotional and cognitive evaluations of life〔J〕. Annual Reviews Psychology，2003，54（1）：403-425。

虑或囿于某些社会规则。因此，在集体主义文化社会中，社会成员的婚姻或工作满意度可能较低，但是他们的离婚率或者工作跳槽频率也相对较低。

此种社会文化变量对于主观幸福（SWB）的一定影响也已经为其他诸多研究所证实。迪纳（Diener，2000）发现，尽管富裕国家的人们看上去更容易快乐幸福，但也要看到，近来一些富裕国家的收入增长并未有效提升人们的平均主观幸福水平。在控制收入因素之后，有些国家的生活满意度很高，如南美的巴西、智利等，相较于其收入情况，其主观幸福平均水平较高；而有些国家则很低，譬如保加利亚，有60%的受访者处于生活满意度量表的中位值之下，40%被访者处于情感均衡的中位值之下，这意味着他们的负面情绪要远高于正面情绪。同时，调查显示，亚洲的日本是一个异常值，相较其高收入，其主观幸福水平偏低，这或许是因为日本是一个附有显性从众压力与社会期望的高度规制性社会。另外，在不同文化中，与生活满意度相关的影响因子并不相同。这是因为，文化对人们价值观和目标具有普遍性影响（例如集体主义文化与个体主义文化）。个体主义文化社会成员侧重于强调个体自身的重要性，例如自身的想法、选择以及情感等。相较而言，集体主义文化社会成员更多地迎合所处团体的需求。对此，苏等（Suh et al.，1998）有类似发现。不过，苏也发现，在韩国，现代西方文化很看重的"一致性"（congruence）对于主观幸福的重要性要远低于美国。这也提醒研究者要注意，某一为许多西方学者视为对心理健康、幸福快乐至关重要的变量，受特定文化约束影响的程度可能超出这些学者的想象。当然，在一定程度上，跨文化主观幸福模式研究发现也可从社会支持理论加以解释。集体主义文化社会的大家庭可能更易"依据他们的幸福"去干涉其成员的生活，但也有可能在其成员身处困境时提供更大的社会支持。对这种集体主义与个体主义比较层面的文化与幸福论述，国内一些学者也有论及，例如康君（2009）指出，由于拥有不同的人文环境，譬如不同的生活方式、价值观念以及思维模式等，中西方对幸福的理解必然有所不同，在许多方面甚至表现出巨大的差异性，比如中国人比较重视情感感受与体验等。

但是，也正如前文提及的，就幸福影响的文化解释而言，需要做出进一步细致化的努力，譬如在同一社会经济背景之下，对文化层面的影响予以具体化，以探究文化及其向度是如何影响幸福的以及这种影响背后蕴含的社会治理意义。

第三节　中心命题的提出

参引前面的文献综述，在幸福影响因素抑或机制的学科解释方面，不同于经济学的幸福效用说（外在性影响因子）、心理学的幸福人格认知说（内在性影响因子），在主要与经济学进行对话及前述幸福"网络说"社会学解释的基础之上，本书进一步提出"幸福达致受制于一种价值共享体系，是一种基于价值共享的愉悦性体验"这一中心命题，而价值又是文化的内在规定性与基本特征，文化是价值的体现（吉登斯，2003）。这一思路的基本线索是，在建设社会主义文化强国的时代背景下，经由对珠三角西岸地区幸福调查资料的分析，本书从社会学结构功能主义理论出发，为解释文化在中国社会转型及幸福社会建设过程中扮演的角色以及在提升社会管理暨建设智识之功用方面提供一个社会学视角的分析参考。

同时，参阅帕森斯结构功能主义论述以及其他社会学学者的功能主义著述，例如帕森斯的《社会行动的结构》《社会系统》《社会学理论与现代社会》《社会体系与行动理论的演进》《行动理论与人之处境》可以发现，结构功能主义者（尤其是帕森斯）的理论倾向主要有两点：一是关于社会价值如何引导个人行动的意志行动论；二是在后期逐渐关注个人、社会与文化三个系统的整合问题，转向更为宏观的社会系统论。而且，文化体系中内含的价值观、信仰、观念、生活方式等内容的有效整合有助于实现社会规范秩序的合法化（Parsons，2003）。而在一个给定的共同体（community）中，个体与社会关系之间又是相互构成的（constitutive），当个体行为与此种有序化文化模式接近或符合时，他们的主观幸福感知层次得以提升（Kitayama，Markus，2000）。笔者借此理论尝试将本书的中心命题进一步具体化为：在一定意义上，对幸福的感知由文化予以定位（Peterson et al.，2005），幸福代表的是社会成员对其所处社会所珍视文化价值观予以践行的程度的高低（Inglehart，Klingemann，2000），而社会文化系统中的共享价值观有助于社会团结及社会凝聚力的生成。同时，社会团结及社会凝聚力又有助于社会"共意"及"一致性"的生成。因此，此二者相辅相成的关联性对于民众幸福水平的改善有着相当大的影响。这样，本书提出的幸福与文化关系的"理论"存在三个变量：（经由文化定向机制发挥作用的）文化模式、（基于社会团结的）共享价值、幸福度（主观幸福程度）。也即文化模式是通过共享价值程度影响幸福感知的。依据本书的研究主旨，此处的理论建构也可以表述为，在"伊斯特林悖论"现象出现的情形下，文化及其历史与现实向度是如何干预幸福的以及这种干预背后蕴含着怎样的社会治理意义。

第四章　文化定向之下幸福暨幸福悖论研究的实证分析

第一节　探索性案例研究法的设计与运用

本书在研究设计部分有述及，从研究背景和对象范围来观察，使用作为质性研究法之一的案例研究法（case study）是本研究的研究特征所在。而案例研究的关键在于研究设计。关于案例研究设计，殷（Yin，1989）曾提出五个步骤，分别为：①提出一个明确且足够规范的理论问题，并由此提出问题研究框架；②清晰地界定分析单位（研究对象），如果合理的话，还可以包括可能的次级分析单位；③确定恰当的案例数量以开展研究探索；④清晰地说明案例选择的标准；⑤选择一个适当且有效的资料收集和分析策略。参照以上殷（Yin）的案例研究设计步骤指导，在经验实证环节，有关本书为何采用案例研究法陈情如下。

一、本书为何主要使用案例研究法

作为一种共识，在社会学界，"问卷＋统计"的狭义实证模式是主流的研究方法，相形之下，同样作为经验研究手段的"案例研究"，对其"负面评价"（bad press）不断则几乎已成为一种常态了（Eisenhardt，1991）。例如，案例研究常因其"主观性"造成的不可重复性或"非严谨性"受到实证主义方法论者的诘责（纽曼，2007）。案例研究往往被视作在"兜圈子"，是"组织妥善调查研究的廉价替代品"（Schostake，2002）。其他诸种指责批评也接踵而至，如"缺乏代表性及其之上的概括性"等。

但是，在社会科学中，对于某些研究任务而言，案例研究是必要且充分的研究方法（Ragin，Becker，1992）。由具体、生动、有意义的质性资料（如案例）导出的发现同样可以产生一种"不可否定性"（迈尔斯，休伯曼，2008）。这是因为，"对同一种事物，通常会有多种解释方式"。个案式与通则式推理都是社会研究的有力工具。这其中，"定性研究比较倾向于与个案式解释模式相结合"（巴比，2005）。在以案例研究蜚声国际学界的罗伯特·K. 殷看来，作为一种经验研究手段，与其他经验研究法相比较，使用直接观察方式和系统性访谈技术（direct observation and systematic interviewing）是案例研究的一大特色，且案例研究特别适用于研究现象和情景之间的"边界"难以清晰分割且经验证据来源多样化的情形。当然，所研究现象必须存在于当下真实的生活情境（real-life context）之中，比如社会组织、社区等。这其中有几个关键词，即当代（contemporary）、情境（context）、边界（boundaries），以及多样化（multiple）等（Yin，1993）。而且，对事物过程和情境的分析也是案例研究的专长所在（Crosthwaite et al.，1997），例如本书关于拜神仪式和游龙船礼俗的观察记录即属于对这一方法的运用。

本书的研究主旨，即对影响幸福达致的文化定向功用的探析和考察基本符合殷所论述的案例研究适用条件。首先，该探讨基于当下中国经济社会发展新转向情境（context）的当代现象（contemporary phenomenon）；其次，影响幸福的机制要素存在复杂交错的特性，例如，文化机制要素与其他非文化机制要素以及文化机制要素内部在"边界"（boundaries）上都有难以割舍的一面，并且，文化机制要素的某些组成部分可能同时作为社会参数而存在与发生作用，例如社会制度和社会组织就很难说是纯粹的文化现象；最后，该探讨中的文化是一个较为宽泛的研究主题，这里的文化并非仅仅是一个孤立的变量，而是包括了前后联系的复杂的多个变量，且在证据来源方面也存在多样化的选择，如本书在社区文化模式调研过程中对于文档材料、档案资料、录像，以及调查和观察访谈等多重证据来源的交错使用。

因而，本书研究的理论问题是，文化及其向度是如何影响幸福以及这种影响背后蕴含着怎样的社会治理意义。具体而言，就是在"伊斯特林悖论"出现的情形下，对"为什么不（难）幸福、如何才能幸福"做出一个文化层面的解答，即本书所要回答的是一个基于"为什么"的"怎么样"的问题。该问题的理论框架（假设）为，上述问题的解决既取决于发展观方面渐进实现从"生产导向"到"幸福导向"的转变，更取决于一个基于"多元文化逻辑"的综合性文化模型的构建，主要包括两大向度：其一为历史的向度，其二为现代的向度。

二、案例使用的数量和层次性

从案例使用的数量和层次性来看,参阅殷(2010)的相关阐述,本书属于兼有解释的探索性比较案例研究[1],其论述主要经由对多个社区文化模式的举例说明(illustrative method)铺成展开。这样做的目的在于对拟定研究问题与理论假设做出初步判断,并评估预定研究方案的可行性。这种案例类型分类,用斯泰克(Stake,2000)的话去概括,属于以用于比较或对理论及假设渐进性支持的"集合性案例研究"[2],该研究往往用于观察和理解某种特定现象或群体或形势,以便于预测更多的类似现象、类似群体或类似形势。进而言之,基于本书提出的文化定向机制分析框架,在实地调查基础之上,笔者和课题组从顺德区总计10个街道(镇)里选择了5个案例,案例的选取基本落实了殷关于多案例研究法建议之"差别复制"与"逐项复制"原则,一方面用于解决"代表性"问题,实为"典型性"问题(见下文),另一方面用于分析经验证据与理论框架存在怎样的一致性或不一致性,而不是用于从数量上对总体做出推断。

三、案例研究的研究对象[3]

本探索性比较案例研究的研究对象为社区文化模式。选择社区作为研究焦点的依据在于,社区(村落)"是一个为人们所公认的事实上的社会单位"(费孝通,2010),其间蕴含着以"小地方"反映"大社会"的意义和思路。当然,

---

〔1〕 比较案例研究也被称为多案例研究,其相对于单案例研究而言。多案例研究遵从的是"可复制法则"(replication logic),而不是抽样法则(sampling logic),前者又包括逐项复制(literal replication)与差别复制(theoretical replication)。此外,殷(2010)认为,案例研究的一个功能就在于当"因果关系不够明显、因果联系复杂多变时,对其进行探索"。笔者以为,"文化—幸福"研究正是该功能运用的体现。

〔2〕 斯泰克(Stake,2000)对于案例类型的划分,除了集合性案例研究(collective case study),还有本质性案例研究(intrinsic case study)与工具性案例研究(instrumental case study)之分。前者侧重于为某一特别案例提供深度完整的理解(in depth and complete understanding);后者也是针对某一特定案例,但侧重于从宽度上(breadth)提供与之相关的各种因素及洞识,并发展出概括性(generalization)。

〔3〕 本案例的研究对象是社区文化模式,调查对象为社区居民、社区管理者、专业社工、义工,以及负责社区建设的政府工作人员等。其中,社区居民为主要切入点,旨在探讨这些行动者的行为互动如何共同影响及构建特定社区的文化模式,并在此基础之上进一步讨论这类文化定向与幸福的关系。且本书讨论的"文化(模式)"更多为涂尔干意义之上的"社会事实",具有客观性、集体性与强制性。

"对这样一个小的社会单位进行深入研究得出的结论并不一定适用于其他单位。但是，这样的结论可以用作假设，也可以作为在其他地方进行调查时的补充资料。这就是获得真正科学结论的最好方法"（费孝通，2010）。同时，参照国际相关理论与实证经验，社区事务参与是关系幸福提升的一大要素。例如，在不丹的 GNH 体系中，幸福构建的九大领域就包含社区活力。社区活力研究通常包括对个人的社区参与程度及跨社区相互作用和关系的观察检视。社区活力这个向度通常涵盖家庭活力、安全、互惠、信任、社会支持、社会化以及亲属关系等方面，主要聚焦于社区内人际关系以及相互影响。这些指标可以用来测度信任、归属感、家庭和社区的安全性与关爱、志愿服务的提供，可以追踪那些可能对社区活力造成不利影响的因素与变化。此外，英国公共政策研究所（IPPR）将幸福划分为四个层次，即经济幸福、政治幸福、社会幸福、个人幸福，且认为经济、政治、社会的幸福康乐都应聚焦于社区层次上韧性力（resilience）的研究。而英国新经济基金会（NEF，2004）在《繁荣社会的幸福宣言》（"A well-being manifesto for a flourishing society"）中则直接宣称，一个繁荣的社会需要充满活力、能复原和可持续发展的社区，幸福社会建设少不了社区的贡献。再如，就社区文化与幸福的关系而言，由青年基金会、英国地方政府促进发展中心以及英国"幸福行动"组织开展的"温暖"研究颇具代表性。

四、案例选择标准

对研究个案的选择，必须与共性类型相联系，所选个案应具有典型性，对某类现象最具有揭示性意义，这在某种程度上符合案例研究的"可复制逻辑"（replication logic）（Eisenhardt，1989；殷，2010）。在典型性与共性类型关系方面，本研究所选社区在典型性方面基本上实现了面向三种不同共性类型之"未知类型的共性"，其对应的是启示性标准[1]（王宁，2002；殷，2010）。通过对这些具有典型意义的个案的研究，以形成对"未知类型的共性"较为深入的认识——本书关于文化和幸福（悖论）联系的探讨正是这样一个主要关于"怎么样"的解释[2]，即在"伊斯特林悖论"现象出现时，文化及其向度是如何影响幸福的以及这种影响背后蕴含的社会治理意义，而不是在"文化—幸福"的因

---

　　[1]　另外两种共性类型为"普遍现象的共性类型"与"反常现象的共性类型"，对应的典型性分别为集中性与极端性。

　　[2]　Yin（1993）认为，案例研究的精妙之处就在于对"怎么样"（how）和"为什么"（why）的回答。

果机制方面予以突出强调（这是量化研究擅长之处）。

中山大学社会发展研究所（以下简称社会所）"幸福建设课题组"开展的幸福文化建设课题，通过对同一经济社会背景之下珠三角（西岸）地区代表性城市（顺德）开展实地调研和问卷调查，是以社区文化模式比较研究的方式对文化模式及其向度与幸福关系展开的一项以探索性为主兼有解释性的研究。因此，在一定程度上，研究对象整体具有较高的同质性（如居民构成及其生活方式和文化价值观等），这一点比较重要，因为在默顿及其搭档拉扎斯菲尔德（Lazarsfeld，Merton，1954）看来，这种基于价值同质（value-homophily）和位置同质（status-homophily）的同质性有助于社会网络中行动者之间互动的生成与维系。对于这种行动者之间同质互动造就的裨益之处，林（Lin，2002）也有阐述。而在同质性程度较高的情形下，"少数个案资料也可以较好地反映总体的情况"，因为共性总是存在于个性之中，特殊性之中必定包含着普遍性因素（风笑天，2005）。例如，在本研究中，相较于佛山市顺德区其他镇（街道），杏坛整个镇都更重视拜神祭祖的文化传统，而作为社会组织改革先锋试点单位的容桂街道，其专业化社团建设在顺德乃至整个广佛地区都屈指可数。进而言之，顺德区与珠三角（西岸）其他城市之间也存在这类同质关系。

五、本案例研究的分析策略

在某种程度上，案例研究的分析策略问题一直是社会学界的一个"悬案"，其实质在于对案例研究结论概括性/扩大化（generalization）的争辩。本案例研究分析的逻辑基础在于对分析性的扩大化推理（analytical generalisation）的使用，即由案例直接上升到一般结论。这是因为，案例并非任何严格统计意义上的抽样单位，案例研究扩大化/概括性难题的解决在于厘清统计性推理与分析性推理，前者是统计调查的逻辑基础，后者是案例研究的逻辑基础（王宁，2002；殷，2010）。

尽管案例研究（个案研究）最易遭受诘责的问题之一就是其代表性问题。然而，个案研究的代表性问题其实是一个"虚假问题"，个案不一定非具有代表性不可，这是因为"个案不是统计样本，所以它并不一定需要具有代表性"，"个案研究实质上是通过对某个（或几个）案例的研究来达到对某一类现象的认识，而不是达到对一个总体的认识"，这实际上已经一个典型性问题（王宁，2002）。关于个案典型性问题，王宁认为，典型性不是个案对总体代表性的"再现"，而是集中体现某一类别现象的重要特征，毕竟个案始终与其他个体相关联，因而，个别现象研究体现出的规律和特点在一定程度上也体现了其他个体与整体的某些特征与规律。因此，"作为定性认识的个案研究对象所需要的就不是统计学意义上的代表性，而是质的分析所必需的典型性"，易言之，这种典型性在某种意义上其实也是一种代表性，即普遍性（王宁，2002）。

进而言之，通过对同一社会经济背景之下文化模式及其向度构建的理论框架与中心命题的提出，即经由社区文化模式比较研究，本书希冀可以对"文化—幸福"关系给出一个比较周全的描述，并在经验论证基础之上展开相应的理论性探讨。这样做的依据在于，案例研究设计完全可以基于证据牢固的理论框架与一组可测命题（Crosthwaite et al.，1997），且案例研究法可以提出相关证据的明确假设，继而分析这些假设与其证据有多少一致性，即假设提出与证据呈现均可以作为研究问题解决的起点（殷，2010），即案例研究可以用于先验理论（priori theory）的测试（Yin，1989）。斯格科（Siggelkow，2008）也认为，案例研究中的案例既可以用于先案例启发后理论分析的归纳性论述结构，也可以用于先理论阐释后案例分析的解释性论述结构，还可以结合使用。当然，在案例研究过程中，也可以在资料收集与分析过程之中提出和检验命题，而不只是在其前，这是因为在案例研究中，资料与新理论（命题）之间的连接是一个"迭代过程"（iterative process）（Eisenhardt，1989）。

六、本案例研究的意义与价值

经由对案例研究命题的提取与检验，本研究的意义与价值之一就在于可以为后续更有理论意义的研究提供启发性思路或为日后更周密和深入的研究提供一定的方向性指导，例如顺德之外其他地方的文化与幸福关系的研究探讨、珠三角西岸地区和东岸地区的比较、珠三角地区与广东非珠三角地区的比较等等，从而获得对粤地文化和幸福间关系较为全面的认识，进而以已有类型为基础，不断扩大实地研究范围，在追踪调研和"再研究"结合过程中渐进实现"反思性继承"（王铭铭，2008），由一点到多点，由点及面，不断扩展覆盖的范围，以逐渐深化对（中国）文化与幸福达致关系这一研究主题的认识。

第二节　文化向度与幸福达致的实地调研及发现

在章节架构上，本部分以实地调研为主，量化分析为辅，并在前述理论阐述之上，尝试主要以基于社区的案例比较研究去验证前文提出的理论假设，即在出现"伊斯特林悖论"的情形下，文化层面上不（难）幸福难题的解决，首先受影响于发展观上从"生产导向"到"幸福导向"的转变，其次在于迈向"幸福导向"的具体实施过程。从具体操作层面上看，解决问题的可能出路在于构建由历史向度与现代向度交织而成的文化模式，也即需要定位好其中的文化价值向度。当然，这种基于社区的微观着眼点并不是决意于把某个具体研究场所的方方面面说清楚，也非有意于将有关某个村/社区的研究结论推而广之。笔者的目的是通过个案观察对同一社会经济背景文化模式及其向度与幸福联系进行较为深入的把握，从而对研究中的若干概念及命题进行更好的说明和把握。

一、调研情况总体介绍

（一）调研项目概介

本研究中有关文化模式及其向度如何影响主观幸福达致及这种影响背后蕴含的社会治理意义之经验证据主要来自笔者及所在研究团队在广东省佛山市顺德区的田野观察、访谈以及问卷调查。

社会所在 2012 年春开始幸福调查有两个直接关联性因素。一是社会所承接了广东决策科学研究院发布的"广东省幸福文化政策研究项目"。该项目与广东省委省政府提出的"幸福广东"战略目标密切相关，是广东省委省政府在贯彻落实"幸福广东"过程中进一步提出的"幸福文化"建设目标的一个具体化措施。二是配合"城市升级引领转型发展，共建共享幸福顺德"战略目标的顺利实施，社会所承接了由广东省佛山市顺德区人民政府办公室发布的"顺德幸福感"课题。

在定量调查方面，根据分层随机抽样原则，并考虑到顺德各街道（镇）的经济发展水平、人口分布与人口规模情况，抽取大良街道、容桂街道、伦教街道和乐从镇下属共 10 个社区。采用一对一问卷面访的形式，对被抽中社区的 18 岁以上居民进行调查。调查共发放问卷 870 份，其中有效样本为 856 份，问卷有效率为 98.39%。

在问卷调查部分，其因变量"幸福"被拆分为四个维度：总体幸福感、生活满意度、情绪反应（积极情绪、消极情绪）和压力感知。被访者根据自己的主观感受，对每个维度在 1～10 分范围内进行打分评价。自变量分为经济发展、社会民生和文化建设三大部分。统计数据显示，衡量居民幸福感的前三个维度走势基本一致。不过，收入处于平均水平之上的居民，其主观幸福并未随收入的提高而显著增强，此判断的关联阐释如下："总体看来，以顺德地区居民人均收入水平（3000 元）为临界点，收入在 3000 元以下的居民，收入与幸福感、生活满意度和积极情绪呈现正向关系。收入在 3000 元及以上的居民，三者的差异性不大。不同收入层次的居民的消极情绪保持在 4 分左右，其中，收入在 2501～3000 元这一区间的居民消极情绪最强，均值为 4.64 分。对于收入在 3001 元及以上的居民，消极情绪明显有减弱的趋势。"[1] 关于顺德居民收入与幸福关系，可参阅图 4.1。

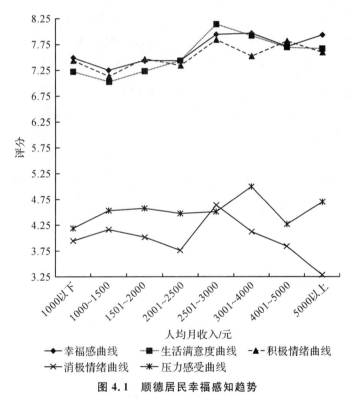

图 4.1　顺德居民幸福感知趋势

由此可见，依据此次问卷调查结果，当地居民收入和幸福的关系初步接近经济学的"伊斯特林悖论"相关论断，即收入水平与居民幸福并非呈现单纯的线性关系，对于收入处于平均水平之上的居民来说，经济因素对其主观幸福感

---

〔1〕　该部分数据分析资料为中山大学社会发展研究所所有，摘录自《广东居民幸福感调查报告》。另据佛山市顺德区统计局公布的数据，2009 年，顺德 34％的家庭年收入超过 10 万元。

知的影响效应明显减弱。对于这一群体,需要从文化、教育、公共服务等非物质层面提高他们的生活质量,进而增强他们对幸福的感知。带着对发生在顺德地区的"伊斯特林悖论"现象的思考,笔者开始探寻其背后的非经济机制要素,尤其是对文化机制要素开展了深入调研。[1]

继而,在 2012 年 1—6 月,笔者深入实地进行了资料收集工作,并一直以电话、电邮与 QQ 等联系方式同有关村居保持联系,部分村居与社会所还实现了相互回访。此种互动合作延续至 2012 年 6 月社会所专程赴顺德考察其端午民俗(6 月 23 日)以及协助顺德区委区政府政策研究室召开"顺德居民幸福感座谈会"(6 月 26 日)。

同时,借鉴英国"幸福行动"从事幸福社区建设的有关研究经验,在实地调查与访谈过程中,课题组也以社区为主要走访单位,所选取的走访社区,一类为城市型社区,另一类为乡村型社区。在城市型社区的具体选取方面,课题组选择的是经济条件相对一般的 CJ 社区(位于顺德区伦教街道),以及经济比较发达的 FY 社区(位于顺德区大良街道)与 DF 社区(位于顺德区容桂街道)。在农村型社区选取方面,我们选择的是经济条件比较好的 SZ 村(位于顺德区伦教街道),以及经济条件较为一般的 SD 村(位于顺德区杏坛镇)。期望通过比较案例研究获得文化向度对幸福产生影响的若干经验证据,并以此来验证本研究提出的影响幸福达致的文化"理论":文化模式通过(基于社会团结的)共享价值程度影响幸福感知水平的高低或正负。对具体向度的证明,将循依"多元文化逻辑"的分析框架,即循依回归传统的历史向度与壮大社会的现代向度予以展开。当然,每一社区的调查着重点有所不同,例如,有的偏向于社团考察,有的偏向于民间习俗。

(二)顺德区概况

顺德,取名自"顺天明德"之意,素有"中国岭南文化之乡"的美誉,位于广东省的南部,珠江三角洲平原中部,西北方为佛山市中心,东连广州市番禺区,北接佛山市南海区,西邻江门市新会区,南接中山市。顺德区总面积806.57 平方公里(2019 年数据),2018 年户籍人口145.26 万人,共有旅外华侨和港澳同胞超过 40 万人。顺德自古就是一个物华天宝、经济发达的富庶之地,

---

〔1〕 当然,对于"伊斯特林悖论"的回答可以有多重角度,正如本书导论与文献综述部分所阐释的。笔者也认可,幸福与否是多重机制要素共同限定、共同推动、共同作用的结果。不过,囿于主题、篇幅、资料以及个人认识能力局限性等因素,笔者认识到,在一项研究中不可能全面探讨所有的机制要素。出于研究性质与目的性需求,本书主要聚焦于文化机制要素。

岭南（传统）文化积淀深厚，有清晖园、碧江金楼、西山庙、逢简水乡等风景名胜，是古代岭南建筑文化和南国水乡风光的杰出代表。改革开放以来，顺德已发展成为一个经济发达、环境优美、生活富裕、富有岭南水乡特色和文化魅力的新兴城市，而且是中国县域经济发展的排头兵。2008 年以来，顺德区被列为广东省实践科学发展观活动试点和行政体制改革试点单位，承担起开展社会组织类综合改革试验工作的重任，迎来了"科学发展、先行先试"的发展机遇期。

二、幸福与否，以"蛋糕"危机为案例

（一）管中窥豹："蛋糕"[1] 品质萦民心

从公共政策角度看，"幸福"这一术语其实指的是一种社会发展新价值导向，是一种社会建设愿景，是对 GDP 至上发展观的补充完善，而不是指"现在完成时态"下的已有结果。因此，本书中所言的"幸福论证"更多指的是奔向幸福生活的文化机制要素研究（当然也可以从经济、政治等机制要素展开研究）。所以，对幸福生活的理解应当持有一种"现在进行时"的视野。

此外，"伊斯特林悖论"这个命题首要回答的是为什么不（难）幸福。于是，日常生活中存在哪些事情使得民众难以幸福也就需要先予以探讨辨析了。以幸福（SWB）研究享誉国际学界的荷兰社会学家魏和文（Veenhoven，2008）曾明确指出，关于幸福研究，社会学学者首先应关注不幸福（ill-being）而不是"幸福"（well-being）。

2012 年 1 月 6—15 日，在问卷组开始调查工作的同时，在被抽选的 4 个街镇，课题访谈组对相关社区居民进行了一次关于哪些因素使得生活难开心的开放性试访。出乎我们意料的是，整体上，最令社区居民忧虑的事物并不是高房价或收入差距过大，而是对每日必须面对的食品安全的议论，且这种忧虑较为普遍地存在于课题组此次问卷调查范围内的 4 个街镇的民众之中。访谈中这种对食品话题相对"聚焦"的现象可能和顺德当地社会结构的同质性有关，当地本地人居多，本地人普遍拥有房产或其他物业。这也可能和媒体有关食品安全的报道有关，毕竟食品是民众日常生活中须臾不可少的要素。以此话题为例，

---

〔1〕"蛋糕"一词在本书中为双关语用法，既可以指上述发展模式之 GDP"蛋糕"，也可以象征日常食品。另外，媒体和坊间曾就所谓的"广东模式"和"重庆模式"展开过关于"分蛋糕"与"做蛋糕"究竟何为重要的大讨论。但无论是"分蛋糕"还是"做蛋糕"，首先要保证"蛋糕"的品质，即对GDP"蛋糕"烹制过程中非经济"佐料"也应予以合理考虑，例如文化的价值功用，易言之，对于"蛋糕"不仅要考虑"分"和"做"，还要考虑具体的"生产制作方式"。

相关访谈摘录如下[1]。

我们在伦教街道 CJ 社区[2]会议厅刚落座，一位中年女性居民，直言直语说道：

> 假食品泛滥的原因很多啦，例如对名家的模仿，就是"山寨"了。还有就是现在一些无良商家只知道追逐高利润，不择手段。（访谈记录 FF 20120107）

关于伪劣食品问题，YE 社区[3]一位来自潮汕的士多店（食杂店）店主依据其多年的食品经营经验告诉我们：

> 说起前段时间那些沸沸扬扬的食品安全报道，我认为，媒体应当积极介入报道，食品行业的问题很复杂，你们不懂的啊，例如恶性竞争、监管不到位等等。再有，就是一些正牌厂也在造假。要好好杀一杀社会歪风邪气，假货害死人啊，造假者太缺德了。我自己进货是坚持不进假货的。（访谈记录 MZ 20120107）

一位刚从中国石油大学毕业的年轻人告诉我们：

---

〔1〕 根据学术规范性要求，访谈资料中被访人的真实姓名均隐略：对于不知道全名只知道姓氏的访谈对象，使用其姓氏的首字母加以代替。资料具体编号则由性别（Male，缩写为 M；Female，缩写为 F）、被访者姓氏的首字母和访谈时间构成。其中，如遇到同性别同姓氏情况，则在姓氏字母的右下角以下标方式添加 1、2、3 加以区别，例如，MH$_1$ 与 MH$_2$，即代表何先生一与何先生二，如此等等，不一而足。如果访谈对象乐于告诉其全名，则资料具体编号采用其全名字母的缩写加上访谈时间，例如 SD 村退休老支书 HSH 先生访谈资料标示为"HSH，20120427"。

〔2〕 伦教地处珠江三角洲腹地，与广州番禺一水之隔，是顺德百万人口中心城区的重要组成部分，原名"海心沙"，现在的名字据说来源于明朝景泰时期，因朝廷将"伦常教化"之匾额（另一说法为"伦常之教"匾额）赏赐予对地方治理有功的乡绅郑循斋而得名。在历史上，当地民众颇以本地所具有的礼仪文明教化史而自豪。

CJ 社区是伦教街道最大社区，共计有六个居民小组（街区），其中有两个是村，户籍人口 3 万多人，60 岁以上的大概有 4200 人。其中，第二居民小组有居民 6700 人左右，外工 1100 人左右，60 岁以上的有 900 人左右，属于老城区之一。

〔3〕 该社区为"村改居"，尚保留有"股份社"。目前有居民 1000 多户，6500 人左右，其中 60 岁以上的老人达到 1100 多人，老龄化比较严重。总资产换算为 8409 股。其中，每位老人（男性 60 岁以上，女性 55 岁以上）拥有 3 股，每股价值为 1000 元，按照村资产收益进行分红，一般是一年一次，有些效益较好的村也可能一年分红两次甚至三次。18 岁到 60 岁之间的居民，每人持有 2 股。18 岁以下的居民，每人持有 1 股。

　　我觉得啊，最近的假冒伪劣食品泛滥等社会热点话题折射出道德
教化存在缺位。不过这里面也有媒体放大报道的缘故。从根本上说，
"地沟油"之类的劣质有毒食品事件频发说明政府应当更加积极作为，
加大监管力度。（访谈记录 MZ 20120107）

　　简而言之，在顺德区幸福调查过程中，社区居民对涉及食品安全及其背后
的道德滑坡话题比较纠结。[1] 由此看来，食品安全保障对于民生改善与主观幸
福的提升有着重要功用。[2] 如前所述，在一定意义上，不丹的幸福社会建设在
世界上比较成功的。不丹的 GNH 幸福 9 个领域之中的"生活水平"一项即包含
"食品安全保障"（另外几个指标分别为收入、住房、生活困苦度）。由此可见，
近年来在国内，由于食品造假一度泛滥，食品安全问题成为民众心头一大忧患，
直接影响到普通民众的生活满意度与幸福感知的达致。关于这一现象的解释，
参引默顿（Merton，1968）等的有关论说，我们不妨将食品造假事件视作非正
常的病态行为，大抵是源自价值观和机遇之间缺乏一致性，从而导致社会成员
对自身所处社会认同的低评价，乃至负面评价，进而不愿意遵守或者背弃既有
的社会群体生活规则。或如默顿所言，这些失范产物可以视作文化结构的瓦解，
是社会系统中可以约束行为标准的去共识化，尤其是当文化规范和目标与社会
结构为社会成员所提供的实现这些目标的途径出现严重脱节时，最容易发生
（林聚任，2010）。
　　实际上，包括食品在内的系列造假本身就是社会文化价值整合失效后道德
滑坡的产物。从社会学意义看，道德是界定一个群体或社会的基础，道德基本
上和归属相关联（约翰逊，2008）。道德空间中出现的问题常常是"什么是好的
或坏的，什么值得做和什么不值得做，什么是对你有意义的和重要的，以及什
么是浅薄的次要的"，这个问题的实质是确立道德空间中的方向感（泰勒，
2005）。

---

　　〔1〕　在这一点上，无独有偶，在我们的问卷调查工作结束之后，国内一则民情调查也可以佐证一
二：2012 年全国两会召开之际，新华社"中国网事"综合新华网、人民网等门户网站开展了"2012 年
两会调查"，结果发现，"社会道德"和"食品安全"位居被调查民众关于新的两会中"五个热点话题"
的前两位（另外三个分别为缩小贫富差距、房产市场调控和加强反腐倡廉）。
　　〔2〕　南粤大地开展的"三打两建"活动其实与此也有着密切关联，此举可以看作建设"幸福广东"
的辅助措施。"三打两建"指的是"打击欺行霸市、打击制假售假、打击商业贿赂，建设社会信用
体系、建设市场监管体系"，其为 2012 年 1 月 6 日广东省委十届十一次全会制定的服务于"平安广东"
和"幸福广东"的有力保障措施之一。

（二）本案例结论：从"蛋糕"危机到社会文化价值危机

从上述在顺德关于食品安全的访谈来看，物质性食品安全危机（"蛋糕"危机）的背后实则为"精神食品"危机的反映。由此，可以得出以下思考：

在已经出现的诸种问题中，信仰缺失、诚信匮乏、信用不彰可能是突出问题了。实际上，从社会学角度审视，这些问题都可以视作反常行为，是文化规定了的追求与社会结构的实现途径之间出现脱节的缘故，即它们是由文化目标与可资利用的合法手段之间缺乏连续性造成的（默顿，2008）。同时，这类现象也是个人遭遇社会挫折后的负面性反弹。或正如美国社会学学者克拉克（Clark，1960）指出的，文化灌输的目标与制度所提供的实现方式之间的分离，即目标和手段之间的差异，是个人遭遇挫折的主要社会根源。在一个给定的社会之中，"过分看重目标便减少了纯粹参与活动产生的满足感，以至于只有成功的结果才能提供满足感……成功目标在文化上的过分夸张，致使人们在情感上不再赞同规则……由于把目的抬高而产生了手段的非道德化，即手段的非制度化"。特别强调某些成功的目标而未能相应地强调合乎制度的手段则会导致涂尔干所指称情形，即因为缺少规则或没有规则造成的"失范"。例如，视金钱成功为目标会给一个尚未能根据这一强调的含义而调整其结构的社会带来诸种负面结果。"在很大程度上，金钱超越了它的支付费用的功能，本身被当作一种价值而神圣化"，在这样一种文化结构中，"神圣"的目标实际上使得用于实现目标的手段也被神圣化了。"有几项研究已经表明，对于一个文化上强调金钱成功已经成功地深入人心，而符合常规的、合法的通向成功途径很少的情境来说，罪恶和恶性的专门化领域则构成了'正常'的反应"（默顿，2008）。

以食品安全中的制假售假为例，倘若我们的社会文化价值体系中一直充斥着金钱至上的价值观且文化目标和可用手段又相互背离，则"文化重心和社会结构两者之间结合产生了导致越轨的紧张压力"，这种结构上的不一致带来的后果是高比率的越轨行为。在这种情境中，在一个特别重视其所有成员的经济富裕和社会地位上升的社会里，当向上流动的渠道被关闭或者变得很狭窄时，不道德的智慧便能够战胜道德所限定的"失败"，或言之，越轨行为的高频出现不一定只是因为缺乏机会或者是对金钱的夸大化强调，相对固化的社会阶层结构与排他的等级秩序（a caste order）对此也负有责任。当一个文化价值系统将某些共有的成功目标（certain common success-goals）置于所有其他一切目标之上，而对其中相当大的一部分人员来说，社会结构却严格限制了能够得到认可的目标实现途径时，大规模的越轨行为便不可避免了（Merton，1968）。也即虽说成功的激励来自现存的文化价值，但是当通向该目标的途径受到社会结构的很大阻隔时，便只能借助越轨行为去实现了（默顿，2008）。这是因为，社会是一种道德的实在，是对人具有道德权威约束的经验实体。在某种程度上，社会存在取决于其自身内部社会成员的道德共识，一旦这种共识破裂冰释，即可能遭遇到社会消亡的惩罚。社会不只是系统中组织起来的社会结构，更是融进了人们彼此之间的所思所感，他们的行动模式映射了他们自身的世界观与价值观，在经济领域如此，在其他领域也如斯（格哈特，2009）。一旦系统层面的社会整合遭遇瓦解，在社会结构行动层面上的道德义务将趋于丧失，在这个过程中，价值观念的定向力和相关规范的定向力也将逐步式微。如果不对此瓦解过程及时予以遏制，如果只是指望惩罚性社会控制的引入及运用，则集体良知的衰败颓废将不可避免，可计算性沦为社会生活中的唯一规律性，社会也将陷入强力和欺诈横行的泥淖之中。而在一个社会秩序缺乏整合的社会中，强力（force）和欺诈（fraud）将肆虐于其中，而强力和欺诈的盛行将导致连接构建社会共同体纽带的有关类型社会关系被削弱，此种情形的加剧又将直接通向失范，在这样一种社会秩序之中，手段和目的、努力与获得之间的关系被倒置，人们的行为举止开始变得不知所措，将困惑于自己正在"走向何方"。同时，行动取向中缺失道德义务的可计算性成为压倒一切的风向标，挫败感（frustration）与不安全感（insecurity）也接踵而至，问题的解决之道不只是在于法律权威的树立，当然也应当涵盖其他非强制性的说服，例如习俗、道德等（帕森斯，2003）。

由此我们可以推导出命题 1a：

> 社会文化价值系统的"去共识化"将导致社会成员对自身所处社会认同的低评价，乃至负面评价，进而不愿意遵守或者背弃既有的社会群体生活规则。

综上，在社会转型变迁过程中，人的生活需要一定的本体性安全（ontological security），这种"本体性安全"指涉的是"对自然界和社会世界的表面反映了它们的内在性质这一点上的信任，个体行动者一般对对象世界的连续性及社会活动抱有信任感，这种信任感的基础在于行动者与其在日常生活过程中进行活动的社会情境之间存在着某些可以明确指出的关联性"（吉登斯，1998b）。而此种感受得以实现的基本机制受制于人们生活中"实践意识"（practical consciousness）的驱动。"实践意识"指的是行动者在社会生活的具体情境中，不用明言既可以知晓如何"进行"的那些意识，它是一种潜移默化的制约，可以对个体行动进行"反思性的监控"（reflexive monitoring of action），久而久之，使得自己与他人达成一种默会的共识，并在社会中得以定位，反之亦然，社会在个人心目中扎根也成为可能（吉登斯，1998a）。吉登斯认为，依据帕森斯的观点，"秩序问题"的解决就是与潜在的具有破坏性个人意志相协调的过程，而这又依赖于共享价值观内化于行动者的行为动机，从而社会的整合凝聚得以生成（吉登斯，1998b）。也即"生活方式源自相互协作的人际关系，并依靠这种关系得以维持"（格根，2011）。

由此我们可以推导出命题1b：

一个没有道德意识且玩世不恭的社会将是一个充溢"秩序问题"的社会，问题的解决在一定程度上取决于基于社会团结的共享价值的成功内化。

同时，依据亚历山大的理解，帕森斯业已指出，行动者为意义而奋斗可以使得自己趋向于提供（受到共同认可的）价值标准的规范，即价值，通过价值的内化，可以实现以非霍布斯的利维坦方式去解决社会秩序的问题（亚历山大，2003）。而在瑞典社会学学者乌塔·格哈特看来，关于社会秩序整合，即"社会行动的结构"涉及法律性（legality）、安全性（security）、合理性（rationality）等三类特性，其中，法律权威并不是理所当然自发起作用的，其运作离不开一个功能运转良好的道德秩序，从而确保以非契约性的规范对契约关系加以调控，因为在道德共同体的整合过程中，强力方式远不如说服的方式。同时，鉴于理性说服对于确保遵从有着固有的局限性，因而强力的诉求也是不可少的。这是因为，要说服某人做某事，不仅需要告诉他如何去做，而且还要让他明白，为何必须这样做。在一些场合下，由于所涉及的价值观念属于主观范畴，而并不从属于人人都可以通晓的正确或错误的事实，如斯，在这类场合下，不可能仅仅依赖什么理性手段即可以让另一方当事人接受目的。毕竟，社会行动的结构总是定位于特定时代之中，秩序确立不只有刚性的法律制度途径，也有柔性的伦理道德途径。在某种程度上，社会存在取决于其成员的道德共识，道德行动的基础更多根植于意见遵从的自发性。易言之，社会行动就是一种意义建构，是可以相互理解的意义建构。行动者既是理性的，也是感性的，并具有自主的判断能力（格哈特，2009）。这是因为，"每一个社会群体都总是将自己的文化目标同植根于习俗或制度的规则以及实现这些目标所允许的程序规则相联系起来"。对于这些调节性规范，其可接受性标准不是技术效率，而是取决于得到群体中大多数成员或者得到群体中可以将权利和宣传结合起来以维系负载群体价值人员的支持（默顿，2008）。

由此我们可推导出命题 1：

　　　为促进个体与社会文化价值保持一致性，基于"共意"及"一致
性"的共享价值成功内化有助于增进社会成员对社会认同的积极评价
和对群体规则的遵守。

三、礼俗参与，幸福生活的润滑剂——顺德区大良街道调查启示

正如前述，在关于生活中有哪些事使得人们难以幸福的开放式访谈过程中，不少受访者一方面表达了对食品安全及其背后的社会道德滑坡之忧虑，另一方面也认为传承中华优秀传统文化中的礼乐文化、加强公德教育、改善社会风气是非常有必要的。

实际上，在传统文化中，"礼乐"所涵盖的内容非常广泛，其内容不只局限于伦理道德层面，也可以含纳生活方式与制度规范等层面，例如，"教养、秩序、和谐"都可以是"礼乐"的价值诉求所在。而作为一种社会文化现象的礼俗自然也是"礼乐"的重要组成部分之一，这是因为，所谓"礼俗"无非就是以"礼"化"俗"。礼俗参与更多体现为一种文化传承，而文化传承则包括了社群在集体生活中形成的思维习惯与对人对事的共识，它是透过社群互动及制度化产生和传播的社群意识或社会表征（赵志裕，康萤仪，2011）。而且，按照GNH理论体系的阐释，作为其"幸福大厦"四根支柱之一的"文化保护"明确表明，保护与发扬本民族的传统文化菁华，例如传统体育娱乐、社区节日与工艺技能等都将有助于人们对自身身份和价值的认同与创造性的激发，有助于幸福水平的提升。

至于礼俗对于中国社会的重要性，费孝通先生早年即曾指出，中国具有基于礼治秩序的礼俗社会特性。时至今日，在一个经济社会双重大转型时代，费先生的这个论断在多大程度上还符合国内建设的实际情形？尤其是在经济相对富裕发达的珠三角西岸地区——基本已经具备"伊斯特林悖论"发生机制的地区，礼俗参与对于提升民众生活质量、促进文化价值凝聚、整合社会道德规范，从而共建幸福生活的精神家园又有着怎样的功用呢？带着对这个问题的思考，我们在顺德区大良街道做了相应的实地调研。

(一) 大良调查地背景介绍

大良在历史上是著名的水乡,其因地处古太艮海峡而得名。按照传说,现今的名字来自一次历史性的阴差阳错。在明朝景泰开县时,乡绅报请朝廷于太艮,但是皇帝御批时将太字下面一点写得太低,读起来好似大良,故将错就错,一直称大良。大良是顺德区政府所在地,也是顺德的政治、文化、教育、商贸中心,常住人口 40.14 万人(户籍人口 21.49 万人)。大良文化底蕴深厚,是有名的"中国曲艺之乡",其中,桂畔海既是著名水道,也是大良商贸休闲文化中心地。

(二) 传统礼俗菁华一览

案例一:端午游龙船

1. 顺德龙船礼俗简介

在舞龙舞狮、龙舟、粤剧等广东地方性礼俗活动中,扒龙舟(扒龙船)[1]是顺德当地最具典型性的民俗之一,据有悠久的历史文化传统,深受当地居民喜爱。"顺德桡法冠天下,龙飞凤舞揽月归",这是粤地民间流传的关于扒龙舟的一句歌谣。顺德的端午民俗活动通常从农历五月初一延续到初五,围绕龙舟主题进行的活动包括扒龙舟、拜龙母、饮龙船酒、吃龙舟宴、浴龙舟水,以及龙舟说唱等项目在内。仪式上一般包括起龙(粤语中"起"与"喜"读音接近)、游龙、拜神、收龙(粤语称之为"藏龙船")等环节。

为更真切地了解这一民俗,笔者特地在 2012 年的端午节(6 月 23 日)赶赴大良 FY 社区全程考察其端午游龙船活动,以下略加记叙描述。

笔者在端午节当日上午达到该社区之后,在居委会工作人员的帮助下,开办了一个小型座谈会,并观看了该社区组织的游龙船活动。说起扒龙舟活动,参与座谈人员纷纷认为这是件引以为荣的事情,其显现出的神情莫不洋溢着某种自豪感。

在顺德,龙舟分为"游龙"(扒龙船,粤语也称之为"出景"或"探亲")和"赛龙"(斗龙船,粤语也称之为"斗标"或"竞渡")两类。其中,"游龙"体积一般较大,装饰美观,被称为"龙船"。该项目活动重在游弋过程中展示服饰旗鼓之风威。而"赛龙"则一般体积较小,被称为"龙艇",其桡手数量不等,少的 10 个人以内,多的可达到七八十人。该项目活动重在速度和耐力上的

---

[1] "扒龙舟"(扒龙船),为闽粤方言词汇,大致相当于普通话中的"赛龙舟"或"划龙舟",但就涉及的具体活动项目而言又不尽相同。相对而言,"扒龙舟"活动更加丰富多彩。赛龙舟现已被列入国家级非物质文化遗产名录,且为 2010 年广州亚运会正式比赛项目。

竞争。简而言之，游龙船与赛龙船不一样之处在于，游龙船（扒龙船）更加追求装扮表演的齐整和谐之美，而赛龙船则一定要比个胜负高下。

此外，在顺德，每一村每一地的龙船都有自己的名号。例如，大良镇 FY 社区的龙船名称为"九坊紫府"，在其龙船的每一桨板上都书写有红色的"九坊"字样。按照居委会工作人员的讲述，该社区原先为行政村，于 20 世纪 50 年代初期土地改革时期设置，在 1996 年更改为社区，名称未变，目前还有股份社，包括三个村民小组，户籍人口大约 17000 人，非户籍人口大约也是这个数字。"九坊紫府"龙舟已经有 100 多年历史了。按照社区提供的文献资料记载：在原顺德县大良镇笔街华盖里一带，即现在的华盖路步行街周边，共计有 9 个"社坊"（原粤地乡村基层社会组织，人数上从 10 户到上百户不等），他们共同供奉"紫府东华帝"[1]。按照习俗，原先珠三角地区，特别是顺德，在每年农历五月初一至初五期间都会举办龙舟竞渡或者以划龙舟方式进行互访以祈求风调雨顺，且民间习惯上以"社坊"或者庙宇的名称建造龙舟，因而可以说，每一条龙船与村庄聚居的社庙都有着密切关联，龙船已经成为村社族群的精神支柱和心灵慰藉。于是，这九个共同供奉"紫府东华帝"的社坊后来共同出资委托顺德龙江知名的"金记"龙船厂建造了这条被称之为"九坊紫府"的龙舟。后几经周折，该"九坊紫府"龙舟由现在的 FY 村（社区）保管使用至今。

2. 大良游龙船实况记录

当日中午时分，我们课题组成员随同 FY 社区居委工作人员一同前往位于大良东区的宝翠花园——晚上社区举行龙舟酒会的地方。广场上清一色红色帐篷，绵延一片，位于花园一角的是由社区专门从顺德勒流街道延请来帮忙准备晚宴的餐饮服务队。只见他们洗刷煎炒、烹煮炖煨，各有分工、配合默契（顺德，别名"凤城"，有"中国厨师之乡"的称谓，所谓"食在广州，厨出凤城"是也）。午饭时分，课题组成员品尝到了地道的顺德土菜。当日 12：30 左右，我们前往游龙船活动举办地——大良河涌邮局码头。先到一步的龙船队员、居委会成员，以及几名老者正在码头处为龙船进水进行焚香祷告。经过队员中刚参加完高考的连姓同学的转译问询课题组得知，祷告者中年纪最大也是最虔诚的那位吟唱的是祝愿龙船一路顺风、村民们永葆吉祥以及子孙昌盛之类的祝福。这位老者是为"九坊紫府"龙头"开光"（点睛）的主祭人，还担当类似于"歌

---

〔1〕　紫府，按照道教说法，有两种指称，其一指的是仙人居住的宫殿或境地之类的仙人居所，其二指的是内在修仙之道的窍门。另据《三教授神大全》记载诠释，紫府为东华帝君，即东华紫府少阳帝君负责考核所辖其他神仙功行的地方。在顺德，过去各村落供奉神仙各有不同，例如后文将提及的位于大良镇的金榜社区（村）供奉的神仙为"北帝君"，每次游龙他们都将对"北帝君"行虔诚恭敬之礼节。

师"的角色。岸边停放的就是"九坊紫府"龙船了，整个船体狭长细窄，大概有 10 米长，中间有 1 米多宽，只能容纳两个人并排坐下，总体应当可以容纳 20 来人。船头已经装上红色的龙头，船尾装饰为木雕龙尾。12：36，活动负责人开始放炮，众人开始将方才供奉的神龛"请"上龙船，一并"请"到龙船上的还有直径接近 1 米的龙舟大鼓与鼓架。头戴标有社区名号的蓝帽子，身着印有赞助商名号的蓝色服装的队员们也开始陆续登船，人手一柄"九坊"桨。12：39，龙船启动（粤语称之为"龙舟进水"），船头彩旗飘扬，船中锣鼓声声，船上喊声阵阵，激情昂扬。不远处，一只"白龙"正向蓝色"九坊紫府"龙船驶来，"九坊"这边立刻鸣炮欢迎，陆续，又有"黄龙""红龙""柠檬龙"以及只有 6 名队员的"龙艇"（顺德话中，小龙舟叫"龙艇"不叫"龙船"）等游龙船只穿梭游弋，游龙船上的人员有节奏地跳跃扭动，船体身形恰如游龙，尽显活力，它们与"九坊紫府"龙船在河涌大致一共游弋了三个来回，每一条龙船驶来，岸上人员都要高抛鸣炮，名之为"接龙"。在 13：00 左右，龙船之间开始以泼水方式相互"攻击"，游龙船活动也进入了一个新高潮，鞭炮齐响，锣鼓声、欢呼声、呐喊声，络绎不绝。沿着大良河涌，一路上，其他各村龙舟也时有加入。按照居民介绍，过去，龙船驶至每一村龙王庙或其他神庙附近时，还要拜神以祈求吉祥，只是原先的神庙大都在 20 世纪 60 年代被毁坏了，这一习俗渐渐衰落。不过，沿岸村民们大都依然会为每一条驶来的龙船鸣炮欢迎，并有茶水招待，其间在大良河口水闸处依旧要进行拜庙，拜庙时，岸上村民馈赠一个礼品盒，内有白酒、利是（即红包，又称"利事"，取其大吉大利、好运连连之意）等小礼品，龙船上则反馈龙船符与茶叶。此次游龙船的终点是大良城西的"金榜"（地名，社区名，史传当地民众曾经屡获"金榜扒仔"荣誉，刻着"金榜"二字的石匾目前尚在）。

游船完毕之后就是龙舟宴了，内容包括文艺演出、"抢花炮"（指的是拍卖龙船上的"宝物"，例如龙船上的红旗、龙头上的红绸等，当地人相信它们都可以带来好运）、聚餐等。在顺德，很多人相信，"沾龙气"的龙船饭可以保一年内行事顺利、生意红火。不过，很多人借此赴宴并不是出于这类"经济理性"，正如居民们介绍，如今生活忙碌，很多老朋友、老熟人平时都很难见到，这个时候大家可以聚一聚，乐一乐，多些沟通交流，因此，龙船饭的背后还有"家园"意识的回归。可见如今，龙船这类文化传统和民间习俗的传承和弘扬其实更多是情谊汇聚，因为它们可以为居民们营造欢乐祥和的生活氛围。

综上，作为战国时代即存在于祭祀礼仪中的运动项目，既娱神又乐人的龙舟更多时候充任的是游村串寨与会亲访友的角色。龙舟不只是一项水上体育游艺项目，还可以用于联乡谊、聚民心。而且龙舟运动彰显了群体精神，例如群策群力、共同参与、勇往直前、坚毅果敢、共克险阻等，这些精神无疑增进了当地民众的社会文化认同，不仅使得传统节日的气氛更加温馨和祥乐，也共同铸建了努力奋争、拼搏向上、风雨同舟、团结奋进的生命意志感召力。所谓"端午香粽传温情，水乡龙舟聚情谊"，是为此也。

　　当然，顺德典型的礼俗活动远非只有游龙船一项，其他还有诸如伦教的"老人宴"[1]、容桂和龙江的"观音开库"、勒流的"生菜会"等，这些活动大都侧重于对尊老敬老、慈善利他、祈福守信理念的宣扬倡导，体现了当地对美好生活的期盼与追求。

（三）礼俗参与对于提升幸福水平的社会功用——来自量化调查的佐证

　　关于礼俗参与和幸福之间的关系，除却以上定性描述，本研究中还有对应的数据支持。2011年，挪威科技大学公共卫生与流行病学领域的研究人员依据一项为期3年面向50797名成年人的问卷调查的结果（在该问卷中，被试者被问及他们参加了哪些文化活动以及这些活动对于他们健康和幸福的影响）得出结论，参与社区节日与传统体育文化活动有助于舒缓人们的生活压力及提升人们的生活满意度、健康与幸福水平。

　　再如，从我们课题组的量化研究结果来看，喜欢参加传统节日活动的居民幸福感均值为7.79，不喜欢参加传统节日活动的居民幸福感均值为7.21，这说明在一定程度上参加传统节日活动有助于提高居民的幸福感。对于喜欢参加传统节日活动的居民来说，幸福感得分在5分以上的被访者为86.89%，对于不喜欢参加传统节日活动的居民来说，幸福感得分在5分以上的被访者为75.35%。二者相差11.54个百分点（见表4.1）。

表 4.1　礼俗参与和幸福感的交互分类

幸福感得分	不喜欢参加传统节日活动		喜欢参加传统节日活动	
	频数	占比/%	频数	占比/%
1	4	1.12	2	0.40
2	2	0.56	1	0.20
3	7	1.96	6	1.21

---

〔1〕　伦教有着悠久的敬老习俗，所辖的10个村（居）委会每年都定期举办敬老大会以及"老人宴"等活动，最长的已经坚持了近20年。另外，各村（居）一般还结合自己的实际情况，建立初级的老人补助金制度。"前来赴宴的老人中有些并不是为礼品和慰问金而来，他们可能借此机会与一些平时不常见面的老友聊天叙旧。"（访谈记录 FH 20120108）

续　表

幸福感	不喜欢参加传统节日活动		喜欢参加传统节日活动	
	频数	占比/%	频数	占比/%
4	4	1.12	3	0.61
5	71	19.89	53	10.69
6	43	12.05	48	9.68
7	44	12.32	62	12.50
8	93	26.05	145	29.23
9	27	7.56	75	15.12
10	62	17.37	101	20.36
合计	357	100.00	496	100.00

由此，我们可以推导出命题 2a：

> 作为一种有序化文化模式的礼俗参与有助于幸福感知层次的提升，推而广之，"参加文化活动"有助于人们生活满意度、健康与幸福快乐水平的提升。

同时，结合本部分民俗记录和相应的数据支持，可以发现，礼俗参与有助于居民生活满意度及幸福水平的提升这一认识与国际上一些理论与实证发现也有着吻合之处。例如，美国社会学奠基人之一萨默（Sumner）认为，认识社会的关键在于民俗和民德。习俗对于维持社会稳定有重要作用，社会结构与文化结构之间的整合很有必要，共享价值观是解释社会和制度如何进行运作的一个核心概念，在社会整合（团结）与社会平衡方面，所谓功能，指的是有利于社会系统提高自适应能力与进行调整的贡献或结果，在关注持续存在的文化形式对于社会整体及其组成部分的功用时需要注意发现和理解功能具体作用机制的重要性，如依据具体对象的"功能结果的净平衡"问题（Merton, 1968）。文化的功能主义观点坚持，从原则上而言，任一文明中的任一习俗、实物（material object）、思想与信仰都履行着某种重要的功能，都表现出某一活动整体中不可或缺的方面（马凌诺斯基，2002）。由此，我们可以推导出命题 2b：

> 个体与社会之间相互构成于一个给定的文化体系共同体之中，其间的信仰、价值观、生活方式等内容的有效整合有助于社会团结及相应共享价值观的生成。

另一方面，就礼俗活动及其仪式（例如本例中的"龙舟进水"等）而言，可以理解为，仪式是集体生活的关键部分，可以引导、调控社会力量；仪式活动中的系统性模式创造了"集体欢腾"的生机活力，进而激发相应的社会行动，维持、促进并表现了社会团结。在一定意义上，可映照于毛斯（Mauss）、马凌诺斯基、布朗、列维-斯特劳斯等功能学派人类学家关于婚葬礼俗与礼物交换等仪式互动在社会团结、社会纽带链接中功用的分析，基本上是对涂尔干关于社会团结凝聚过程中（肯定性及否定性）仪式功用的继续发挥（柯林斯，马科夫斯基，2006）。帕森斯认为，涂尔干所说的"仪式"不仅仅是价值态度的表现，而且对于社会的"团结"也有着非常重要的功能意义，是一种使得共同价值成分焕发出勃勃生机以及得以强化的方式——这些共同价值成分在世俗活动当中一般隐而不显（Parsons，2003）。在帕森斯看来，这种联系和感情交换可以带来归属感与社会团结感等（柯林斯，马科夫斯基，2006）。

关于社会团结于此方面的功用，还可以参阅涂尔干等人的阐释。例如，在涂尔干看来，"仪式的明显功能在于使得信仰者更加牢固地依附于他所崇拜信服的神，这就使得个体愈加牢固地依附于其所从属的社会，因为神不过是社会的形象表达"（涂尔干，2006）。实际上，社会团结（social solidarity）的实现不是卢梭的契约论、孔德的强力论以及斯宾塞的自由竞争论，而是经由社会的集体意识（collective consciousness）将社会的个体联结成为一个拥有共同信仰、情感以及道德规范的社会，社会秩序之所以得以确立正是此种"集体意识"作用下的产物（周晓虹，2006）。基于此，社会结构得以建立的元素为"集体关系"（collective relationships）与"集体表征"（collective representations）。其中，"集体表征"是精神现象，形成了一种对社会普通成员来说都是共同的"集体意识"（collective conscience），它们是存在于个体头脑中的信仰、价值、观念、符号与期望，可以一个传一个，并进而约束人们的行为，经由这种交流，各表征方得以被人们所共有，也因此才可以在一个社会中保持或多或少的普遍性。因而，"社会意识"（social consciousness）成为集体表征的全部体现，这是由更大社会交往过程的社会化及模仿过程而引起的作用物（洛佩兹，斯科特，2007）。

从另一个角度看，社会文化、礼俗及认知机制并不必然倾向于"工具性"行为或实用理性，文化存在着一个不完全由物质和再生优势控制的进化动力。个体通过多种途径获得构成文化的各种社会规则，如直接的指导和社会学习（模仿）等。尊奉传递是获得规则的有效途径，对于社会界限的保持和发展是非常重要的。在一个国家或者组织内，尊奉传递可以通过运用奖惩以及正式和非正式教育过程强化文化传递的各种特性给予文化规则以进化的动力，基于文化习得的社会规则往往对（个体和群体等）行动者的生活机会产生实际的影响，进而影响其他人学习这些规则的可能性（伯恩斯等，2000）。

由此，我们可以推导出命题2：

> 在一定意义上，对幸福的感知受制于一定的文化定位，文化活动所凝聚的共享价值可以影响到幸福感知水平。

四、归去来兮，重建"家园"——顺德区杏坛镇调查启示

前述以具体的食品安全话题访谈为例，指出其乱象很大程度上源于既有社会文化价值整合的失效，也即社会道德滑坡，如欲提升民众的主观幸福层次，则解除此难题实有必要。从文化层面上审视，道德滑坡的形成不可能空穴来风，况且世上也不存在无源之水、无本之木。如斯以来，信仰重建也就值得进行较为深入的探讨了。带着对这个问题的思考，经过与当地居民的交流，我们课题组走访了顺德区杏坛镇。

（一）杏坛镇调查地介绍

杏坛一名始自南宋，当时由夏、谭两姓族人开村，取古语"孔子居杏坛，贤人七十，弟子三千"[1]中的"杏坛"二字作为其村名。于是，杏坛之名既可以视作夏谭两姓粤语的谐音，也蕴含着其为礼乐之乡的意义。杏坛镇是一个典型的南方水乡，水乡文化氛围浓郁，其建制始于明代景泰三年（1452年）。辖下共计有24个村委会、6个居委会。截至2017年，其常住人口约为15.9万人，流动人口约为7万人，享有"中国民俗文化之乡""广东省教育强镇"等荣誉称号。目前，该镇已启动岭南水乡（逢简）文化创意公园村改造项目。该项目目标是把逢简打造成国内一流的岭南文化创意名村，以生态资源为依托，以岭南文化为灵魂，以文化创意产业为主体。

在实地走访过程中，在案例选取方面，我们的考察又集中于该镇以连片何姓宗祠建筑为特色的SD村，并偏重于考察该村落居民信仰拜祭方面的状况，即

---

〔1〕"孔子居杏坛，贤人七十，弟子三千"语出蒙学经典之《幼学琼林》，明代程允升编著。该书原名《幼学须知》，清人邹圣脉增补后改为今名，又名《成语考》《故事寻源》。《幼学琼林》是骈体文写成的，被称为"中国古代的百科全书"。

信仰皈依与宗祠祭祖。

（二）SD 村的民间信仰

1. 案例三：SD 村的民间习俗

SD 村始建于明朝弘治年间（另一说法为元朝至元元年）。村内河涌密布，旧时村民往往以"农艇"代步，颇具岭南水乡特色。地理上，SD 村位于顺德杏坛东南方。有村民 3781 余人（2014 年数据），何姓者占九成半[1]，相传为北宋末状元宰相何栗公二子十孙之八郎官的后裔。全村何姓祠堂曾达 30 多间，现存 16 间。

一进入村落，我们便发现村落门口矗立着一座高大牌坊。进入村庄后不多久，我们即发现一道"景观"，在一座红石单孔桥（名之为跃龙桥，位于前街与东边街之间，横跨环乡涌，连接东安与跃龙两地，始建于 1496 年，属于梁式单孔石拱桥，现为佛山市第四批文物保护单位）一侧的一棵大榕树旁，一名年约 50 岁的妇女正在那儿焚香，其身旁还放有燃着的香烛，还有一个放有花生及其他点心等祭品的竹篮。之后，我们找寻到当地刚刚重塑金身的文武二帝庙（文昌帝及关武帝），当时还有香正在袅袅燃着。当天是农历十五，居民有在农历初一或者十五拜神的习俗。从文武二帝庙折回的途中，我们再次遇到那个焚香祷告的妇女，当时只见她双手捧着燃着的香围绕旁边一辆还没有上牌的新车转圈，这时候我们才明白，她应当是为新买的汽车祈福。恰巧的是，这个时候有个年轻女孩走上前和那妇女讲了什么之后即转身准备离开。我们立刻上前去请教那位女孩，焚香是否为新车祈福，那个女孩子用普通话回答说，那妇女是她妈妈，是正在为新车祈福驱魔，也拜路神，并请求路上的魔鬼远离新车，人车永远平安。在 SD 村，这类拜神是很普遍的现象，譬如建新屋时，村民们一般也会焚香祷告，在当地叫作"出幽"，也就是祈求地上的鬼怪远离这里。房子盖好后要再次焚香祷告，以求平安吉利。

后来，经过随行会讲粤语的司机的问询，以及与村里有关人员的深入互动，我们进一步了解到，那位妇女正在拜祭的主神应当为当地的"社公"，即"社稷

---

〔1〕 该信息出自 SD 村福利基金暨何氏宗亲理事会赠送给我们课题组的资料。本书中关于信仰与幸福关系的实地调研素材，除了说明出处的，主要来自笔者在 2012 年 1—6 月在顺德的田野观察和访谈，内容上还包括以回访、录音录像、电话沟通、QQ 等方式收集的资料。在陈述这些材料时，按学术规则，笔者对真实地点和被访者身份进行了匿名化处理。

之神"[1]，其大致等同于地方保护神，为社神与稷神的合称，也被称为土地之神的神主。在新中国成立前，珠三角村镇的民居街巷广泛分布有此类"社公"，实际上体现古人对乡土的敬爱与感恩之情，与其对应的则是城市中的"城隍"。SD村原来的坊社（共计七坊九社）的"社公"都有石刻碑标示，可惜后来被毁掉了。根据这名妇女在跃龙桥旁拜祭这一事实予以推断，这名妇女当为 SD 村跃龙坊人，其拜祭的神应当为跃龙坊社稷之神。SD 村共分为七个坊（谷仕坊、跃龙坊、登汉坊、太玄坊、东安坊、南安坊、金龙坊），每个坊都有自己的"社公"（社稷之神），例如跃龙坊的社公就叫作跃龙社稷之神，主管所在坊居民一切平安吉凶事宜，其功能多为祈福、保平安、保收成、生意兴隆财源旺等。这基本验证了德国学者柯伍刚与史漫飞（2000）的一个看法，即"精神、身体与环境是相互依赖、相互依持的，其中，行动引发反馈和信仰，而信仰提供了行动的基础"。

此后，我们继续前行去寻找 SD 村最大的祠庙——观音祠。走了一段曲径之后，我们来到位于村大塘边（当地人美誉其为"小西湖"）香火鼎盛的观音祠。只见祠堂大门贴有对联，楹联为"紫竹大道"，上联为"莲枝路内谢神恩"，下联为"水月宫中参佛母"。进去之后，我们发现祠内主殿两侧分别书有"南海绕慈云"和"西江垂法雨"。旁侧还有一个拜祭华佗的侧殿堂，两侧分别书有"留名针砭自千秋"和"操业仁心传百世"。在不远处的另一扇大门旁也书有对联，楹联为"慈航普度"，上联为"往来都沐列恩"，下联为"出入皆是诚信士"。

后来，按照当地妇女自治组织"观音会"一名胡姓村民的介绍，在观音庙，村民们拜祭的神祇有观世音、华佗、（禅宗）六祖、伏虎罗汉、太岁、金花娘娘、三十六个奶娘、巡抚，以及"蚕姑娘娘"等。其中，前四者较广为人知，太岁，当为道教的神明，又称太岁星君，或者岁君。传统习俗认为，在每一个年头，都会有一位神明掌权当年的一切凡间事务，暗示该年的流年运转，而某位在那年当值的神明，就被称为太岁，共计有六十位，与一花甲相同，所以被称为"六十甲子神"或者"六十元辰"。民俗有"摄太岁"以求消灾化难的习俗。金花娘娘与三十六个奶娘主管孩子生育。"蚕姑娘娘"是当地"桑基鱼塘"作业的守护神。此观音庙中被拜祭的诸神最奇特的估计要算其中的"巡抚"[2]了。

---

[1] "社公"为粤语，即社稷之神。"社"，古代指土地之神，五土之神（东方青土，南方红土，西方白土，北方黑土，中央黄土），古代又把祭土地的地方、日子和祭礼都叫社。"稷"，农业之神，五谷之神，原指五谷之神中的原隰之祇。从字面意思来看，"社稷"一词指的就是土谷之神。

[2] 巡抚，一般认为是明清时期地方军政大员之一，又称抚台，其职责为巡视各地的军政、民政，因"巡行天下，抚军按民"而得名。

我们问询了村中多位村民："巡抚，应当主要为明清时代官员头衔，为何人世间的官员也得以纳入这个观音庙的众神之中呢，是不是因为历史上曾有某位巡抚有恩惠于当地呢？"可惜，在场的村民并不清楚这一神祇的来历，一位六七十岁的老人告诉我们，在他七八岁时这个神就已经存在了。估计这个神祇入此观音庙的时间较为久远了。

观音庙内一个厅堂上端挂满了香塔[1]。按照村民们介绍，全村共有村民900多户，在观音庙置香的有600多户。所有香塔大小规格一样。每个香塔的价格为18元，可以使用25天左右，逢年过节时即可以预定，善信们可以预定一整年的香，也可以买几个月的，完全听由个人意愿，然后由"SD村福利基金会暨何氏宗亲理事会"统一购置。香塔的第一炷香一定要由置香人亲自点燃，香塔上写有置香人的姓名，以求平安吉利、心想事成、万事如意等。此后的续香由观音庙的工作人员负责维系。按照村民的介绍，SD村观音庙燃"香塔"习俗的来历至少可以溯及1986年观音庙的重建，延续至今，置香人不仅有村内现有居民，还包括一些已经外迁的本村人。

观音庙及其神祇在SD村人心目中的地位非同小可。按照上面那位老者的话来说就是："它是我们SD村的乡主。"（访谈记录，MH5 20120428）在SD村，居民结婚、外出或从事其他重要事务时一般都会到观音庙先求一炷香。值得一提的是，当善信们到SD观音庙上香时，没有当下很多供信士们祈福请愿的道场中那股商业气息。在那些商业化的道场，上香前，香客们不得不先花上几十元甚至更高价格去购买所在道场出售的香火烛品，否则就被吓唬为不虔诚。

> 我们是反对神佛供奉商业化的，如果一味那样俗气，原本敬神的神圣之心也就成为只知道捞钱了，这与供奉朝拜神灵本意真是风马牛不相及，根本扯不上边了。（访谈记录，MH5 20120427）

SD观音庙内设有一个功德箱，香客们来上香时可以向功德箱随意抛予钱币，多少完全取决于个人意愿，然后即可以从旁侧香炉坛上随意取一些香点燃拜祭，一次买多少支香也完全取决于进香人的自觉自愿，观音庙秉持的是"随缘乐助、慈悲为怀"。与此观音庙有关的还有一件重要事，即"观音会"。

---

[1]　香塔，民间常用的一种祭祀物品，一般是由若干根比较细的香捆扎堆叠而成，即先将若干根细香捆扎成把，再将若干把香捆扎成大小不同的捆，其后按照上小下大的顺序、按要求将若干捆香堆叠成塔形香。

　　"观音会"为村内妇女自发自愿组建的无偿的民间组织,大概重建于 1984 年,属福利基金会管辖,负责村内一切祭祀活动,相对稳定的成员有二三十人。每逢农历二月十九"观音诞",她们就组织起二三百名妇女,买齐各式贡品,供奉各位神灵,祈求天下太平,风调雨顺,合村平安,这天就在观音庙前素食一天。此外,在农历六月十九的观音成道日、九月十九的观音出家日和十一月十九,村里也要隆重拜祭观世音。只不过观音诞是最大的节日。到年中时,观音庙内还有"拜忏"活动,也由"观音会"义工负责组织。此外,"观音会"每月还都有放生活动,SD 村的善男信女们自愿去购买一些雀鸟鱼到较远的地方去放生,例如鱼类放生一般到容桂水道。(访谈记录 MH₅ 20120427;MH₆ 20120427)

　　关于观音庙,有 SD 村民指出,有一件事不能不提出来,那是非常值得村民自豪的事,值得写入 SD 史册:

　　SD 观音庙原建于 SD 村九亩地段,后于清同治三年(1864 年)迁建于现今莲花宝地,民国十三年(1924 年)复修,至 1984 年再修。庙内菩萨本来是香灰制成的,由于日久变烂,福利会众人商议把众神换成木雕金身,于是从筹备日起村民们非常自觉帮忙打点。2010 年 12 月 20 日(农历十一月十五),是新菩萨到官之日,早上 5:30,观音会的妇女先到庙内请香,6:00 在牌坊集中出发到容桂,一行 10 辆车 30 多人浩浩荡荡出发。经过一番忙碌,把全体新菩萨请上车了,约 8:30 回到村口金龙坊。原本只安排一支锣鼓柜队迎接神灵,谁知此消息不胫而走,全村男女老少都出来迎神,场面震撼,可谓万人空巷,大路两边点起香烛,生果供奉,众人齐心协力把数百斤重的大观音及众神由村口抬到观音庙内,又万众一心地把众神安置好。此情此景,尽显村民们团结一致、众志成城、向善和谐的优良风气。(访谈记录 MH₃ 20120408;MH₄ 20120408)

　　据村民们介绍,在 SD 村,除了观音庙与文武二帝庙,还有天后宫,里面主祭的是天后娘娘,主管出海出门平安与寻人,"潮公望海"是其中的典型。天后宫里除了天后娘娘还有财神。另外,还有华光庙,里面主祭的是岗陵大帝、华光大帝(民间也俗称"马王爷"、灵官马元帅、三眼灵光、华光天王、马天君等)二位神仙,其主管曲艺戏剧界人士的衣食生活。史料记载,在过去,每年农历九月廿八为"华光诞"。粤剧艺人们都会组织举行隆重的华光大帝拜祭仪式，以祈福避灾，长年康顺。关于岗陵大帝，有村民告诉我们：

> 春天来了，春暖花开，一年一度的春节快乐日子很快地过去了，村民们随之也积极投入春耕春种、鱼塘放养的紧张工作中去了。转眼又到了农历二月十五，我村有一间岗陵庙，里面供奉着岗陵大帝和华光大帝两位菩萨。二月十五是岗陵诞辰，每年"岗陵诞"都举行"烧炮"活动，村民们踊跃参加，特别是青少年们奋勇地抢"炮"，抢到"炮"则意味着一切顺景，到晚上又是宴开百席欢兴一番。（访谈记录 MH_6 20120408）

在 SD 村，与观音庙等道场相关联的文化活动有很多，而"菩萨坐社"则是其中的代表。

> 300 多年前祖辈掀起了"菩萨坐社"活动，是集中全村四间庙（观音庙、天后庙、文武庙、岗陵庙）的菩萨一起抬到各坊坐镇，让坊内的善信供奉，每坊坐一夜一日，这叫"菩萨坐社"。每年的正月初七傍晚由登汉坊开始，正是诗云的"年宵七夜多登汉"的意思。每个坊轮着坐，正月十三夜到最后一个坊"金龙坊"连坐两天两夜。到正月十五中午开始进行"菩萨返宫"（也叫"菩萨行街"），村内的乡亲挑选 50 多位年轻力壮的村民抬着菩萨，擎着帅旗、罗伞等，舞动狮子，锣鼓队吹起音乐，从西边的金龙坊到东边的东安坊走遍大街小巷，然后抬回宫中（庙宇），进行抢"炮"活动。其间各家各户在门前摆好贡品，点起香烛，烧响鞭炮，祈求风调雨顺、人口平安。整个活动由正月初七持续到正月十五，村内的男女老少、回归的海外游子都沉浸在抬神送神的欢乐之中。
>
> 2012 年正月十五那天，SD 村举办了"列圣回銮元宵晚会"，筵开 200 多席，把原本游街完毕应回宫的菩萨们请到舞台上坐镇，也请村里 60 岁以上的老人和一向对福利事业有贡献的各界人士一起参加，并且在宴会中竞投观音神像、圣灯圣物，还有"财神"派利是，晚宴充满着祥和喜庆的欢乐气氛，竞投的声音此起彼伏。晚宴在"财神"派利是的欢呼声中完满地结束，众人又齐心协力、大锣大鼓把菩萨们分别送回庙宇里。从初七的"菩萨坐社"活动至正月十五的"烈圣回銮"活动，村民们团结、友爱，凝聚着浓浓的乡情与亲情，从另一个侧面

也充分体现村民对幸福生活的热切追求与对平安健康的美好憧憬。[1]
"菩萨坐社"与"观音会"等活动尽显村民们众志成城、团结一致、向
善和谐的优良风气。(访谈记录 MH，20120408)

在多样化民间信仰中，民众对于其中的"社公"、观音、天后娘娘等佛道教
或者其他地方神祇的信仰，是基于长期生产生活所形成的民风、民习、民俗。
这些活动仪式表达了人们对家庭美满、安居乐业、健康长寿、人财两旺、万事
如意等的美好愿望。例如，在 SD 村具有 300 多年历史的"菩萨坐社"文化活动
即成为睦邻欢聚的日子，整个活动过程充溢着欢庆愉悦之情以及对美好幸福生
活的期盼。

2. 案例三：SD 村的宗祠文化

前面文献综述论及，在社会学中，信仰不局限于宗教，从社会学功能主义
角度观察，信仰可以指有利于"心灵和精神的合作"、促进感情统一的因素，而
不论其是否涉及神灵崇拜。笔者认为，在中国传统文化中，以祠堂和家乘为载
体的"香火"观（祖宗观）是一种类宗教或宗教等价物。下面以 SD 村的宗祠文
化为例加以说明。

继造访观音庙之后，我们课题组接着造访了 SD 村大名鼎鼎的"何姓祠堂一
条街"，意即沿着前街一条路过去有很多的何姓祠堂，一间连着一间，共计有 12
间，占据 SD 村现存何姓祠堂数量的 75％。其中，最大也是最早的为颇具岭南祠
堂建筑特色的松涧何公祠。松涧何公祠右侧是丹谷何公祠、衿禹何公祠、启章
何公祠。沿着前街继续前行，还有竹溪何公祠、紫庭何公祠、月潭何公祠、玉
泉何公祠、寿柏何公祠、清仁何公祠等等，不一而足。

其中，在丹谷何公祠大门前面还保留有一旗杆夹石。其为乾隆四十五年
（1780 年）由武举人何士昌所建。旗杆夹石为明清时期珠三角地区村落中的常见
建筑（当然国内其他地区也有），一般是族姓中出了有功名的人，如某某在某某
年乡试高中第几名举人、在会试中考取第几名贡士、在殿试里高中第几名进士
（如进士及第、进士出身、同进士出身等），即可以竖起旗杆，以光宗耀祖。而
树旗杆的基石通常为两块竖在地面上的花岗岩，俗称"旗杆夹"，祠堂门前旗杆
夹多少与该家族功名显著者数量成正比，具有记载村庄荣誉以及激励村中居民
继续奋发读书以求成才立业、造福桑梓等功能。

在 SD 村现存的系列宗祠里，地位最显赫的是作为总祠的松涧何公祠。松涧

---

[1] 该信息源自 SD 村福利基金暨何氏宗亲理事会赠送给课题组的资料。

何公祠整体建筑蕴含有典型江南民居所崇尚的"四水归堂"意蕴，大门两侧的对联为"松涧传世代、德馨永留芳"，与之相应的是其堂号——德馨堂（主堂匾额），两侧又有"松林茂盛""涧水长流"对联一副（寓意"松涧"）。祠堂所用木材多为印尼的坤甸木，精工雕琢，跨梁穿柱，内墙檐下绘有山水壁画、人物，其间石雕、木雕、灰雕、砖雕等式样相互搭配。该祠堂属于三进间建筑模式，为 SD 村九世祖、明代官员何桂轩为纪念其父何松涧而于公元 1489 年开建的。为记载先祖来历及祖业分配及警示后人，何桂轩后于弘治十五年（1502 年）立《何氏家庙碑记》。此后，"松涧何公祠"历经三次重修。[1] 第一次修缮是在清朝嘉庆二十年（1815 年），由"文林郎拣选知县"、SD 村文举人何昌琼主持维护；第二次修缮是在清朝光绪二十二年（1896 年），由顺德协千总、SD 籍武举人何庆墀主持维护；最近一次维护则是在 1994 年，是由族内子孙自发组织的一次简单维护。祠堂里一些正在打牌下棋的老人向我们介绍：

> 该祠堂已有 520 多年的历史了，是村里所有祠堂中保存较为完好的一座。祠堂占地 1000 多平方米，里面存有《何氏家庙碑记》，厅墙上还贴有《SD 何氏族谱》。据族谱记载，在北宋（徽宗政和五年），状元何栗的十个孙被封为十郎，其中八郎公历尽艰辛、辗转迁徙，最后落户马村，成为 SD 何姓之始祖。（访谈记录 MH$_1$ 20120108）

作为 SD 村何姓宗祠中的总祠，松涧何公祠的原有功用在于"序昭穆，崇功德，敬老尊贤，追远睦族"。

> 从 1947 年到 1988 年，松涧何公祠还曾作为学校被使用过（新中国成立前的童子军学校和新中国成立后的 SD 村小学）。1988 年，源出 SD 的香港同胞出资捐助建设 SD 小学之后，松涧何公祠得以空置出来。1994 年以后，松涧何公祠就一直作为村内的老人康乐活动中心被使用，时至今日。（访谈记录 MH$_2$ 20120108）

至今，在 SD 村民心目中，松涧何公祠依然具有很高的地位，在一定程度上，它依然可以作为维系村民团结和睦的象征。在村民心目中，松涧何公祠的意义和价值近似于前文提及的观音庙，都是 SD 村人的"命根子"，SD 村民对其一直持有敬畏之心。因此，松涧何公祠一直为历代 SD 村民所珍视爱护。村里一

---

[1] 该信息出自 SD 村福利基金暨何氏宗亲理事会赠送给课题组的资料，兼有观察访谈资料。

位退休多年的老支书告诉我们：

> 就是因为我们 SD 人对大祠堂有敬畏之心，我们才能繁衍生息到现在。你们想想啊，如果我们没有对祖宗的敬畏之心，不知道追思怀远、睦亲尊贤，我们如何能够从北方流转迁徙到这里"开枝散叶"七八百年呢？广而言之，我们中国人的基业还都是这样发展起来的啦。例如，我们 SD 就一直信奉"珠玑世泽源流远，庐江家声万古扬"的说法（注：前者指的是广东南雄珠玑巷，是珠江三角洲一带主要族姓的祖居地与源出地；后者指的是安徽庐江府）。所以说啊，宗祠家谱维系的不只是一家一族，更是我们中国人的整体。"追远、报本"的宗祠观有助于中国人维系团结与精神品质的一致性，例如忠孝和仁义礼智信就一直是我们的道德灵魂。（访谈记录 HSH 20120427）

谈到宗祠与祖宗观的关系，这位老支书继续说，除了对神灵的崇拜，在他们 SD 就是对祖宗的崇拜了，祭祖一直是他们村中的重大事宜，"慎终追远、缅怀先祖，是中华民族的传统美德，敦亲睦族、团结和谐是 SD 何氏的精神纽带"。每年的清明祭祖及三年大拜祭则是村民志愿组织"SD 村福利基金暨何氏宗亲理事会"的核心事务之一。每逢拜祭来临，理事会就要提前十天到半个月向全村发布有关公告通知，确保祭祖信息的广为流布。

> 进入新历四月清明时节，拜祭先人表孝行的日子又到了，各家各户都把自己的祖先祭祀一番。SD 何氏二世祖至九世祖山坟都是元明古墓，虽有损坏，但墓址尚存。每年清明节后第二个星期天，是兄弟们祭祀太祖的传统大日子了。2012 年 4 月 15 日当天下午 1 点整，大祠堂门口停放着三四辆大巴车，男女老少上车后出发到中山黄圃北头村何氏大宗祠，与预先约好的外村兄弟们（由 SD 村开枝）一起抬烧猪、托鞭炮、拿香烛，高举大旗上山拜祭二世祖、三世祖、四世祖，然后回到北头村何氏大宗祠歇息。再而开车到番禺潭洲竹山咀拜祭五世祖、六世祖、七世祖、八世祖、九世祖，途中青壮年扶老携幼，一支大队伍前呼后应，大家遵守秩序，充分体现了村民们同舟共济、团结友爱的精神。祭祀完毕后，就回到 SD 村松涧何公祠（大祠堂）里聚餐。兄弟们细看族谱，追根溯源，排班论辈，共聚宗谊，其乐融融！祭祖，既表达了对先人的追思尊敬，也达到敦亲睦族、友好相处的效果，是推动社会和谐的一座理想桥梁。（访谈记录 HQB 20120427）

综上而言，祠堂，曾经是中国传统社会结构中的一个重要元素，一个深入人心的关于祖宗和香火传承的承载物，所谓"宗祠恒久远，血脉永是缘"。可惜的是，作为传统文化有机分子的祠堂，其意义价值如今不仅少为国内的年轻人所认识了解，而且相当多处于"不惑""知天命"，乃至"耳顺"阶段的民众对其也日益陌生化，或者认为宗祠文化已经不合时宜了，因为其与"现代性"是相背弃的。在这些人中，即便有知道的，其所举事例也大都与旅游经济相关联，而与宗祠文化内核关联甚少。用当代新儒家学派代表、哈佛大学杜维明教授的话来形容此情形：此实足以令人痛心疾首了，谁谓传统中国文化与现代精神就一定是相背离的呢？中国儒家传统及其人文思想完全有可能实现现代转化（杜维明，2011）。

所幸的是，在佛山市顺德区，在杏坛镇，我们课题组体验到了时下已经为数不多而较"原汁原味"的祠堂文化，借此载体，我们可以捕捉其中曾经作为中国人精神支柱之一的祖宗观与"香火传承"的意义与价值：

在传统时代，虽说祠堂主要是用于"崇宗祀祖"以及族权运用，但经由其他系列活动及仪式，例如，婚、丧、寿、喜等事的办理与族内重要事务商议等，家族成员的联系得以维持，同姓血亲关系也得以延续。因此，对于宗祠及家谱，我们除了看到其缅怀先祖、光耀门庭的宗法等级性，还应看到其道德教育功能、人生规范功能、社交文娱功能，以及激励后人互相协作等积极功能。因此，笔者倡导复兴家乘祠堂，取的更多的是其传统文化的象征意义，即齐美尔形式主义的符号意义，而不是单一鼓吹宗族、家姓势力的实体化。当然祠堂的文娱休闲功能在今日也值得适度提倡。可以说，宗祠家谱依然是中国人人心齐聚的磁石，是增进民族向心力与凝聚力的有效载体，可以为国人提供一种精神寄托与归属感，也即"家"的感觉，"没有了祖宗，也就没有了根儿，没有了着落，所以世系家谱是非续不可的"（司马云杰，2011）。即便是按照西方的幸福研究学说，例如马斯洛的层次需求论，这种"家"的归属感对于改善人们的幸福感也是非常重要的，没有归属感，何来幸福呢？

再则，实际上在宗祠家谱文化中，"光耀门楣、光宗耀祖"之类的价值观念具有不少积极正面的道德约束意义（如 SD 祭祖活动就是这方面的一个实例）。所以，关于以谱牒及祠堂为表征的"对得起祖宗与承得起香火"（李敢，曹琳琳，2012）这类文化价值需要慎重考虑，而不是继续予以狭隘化认知与宣传。这一点，作为社会学新功能主义代表之一的亚历山大（2003）的有关见识可以与之相佐证。他认为，文化环境必须在一种实体的意义中被想象成内在于行动者的组织化结构，而且文化等同于价值，主要探讨的是"人们如何使得生活有意义"（特纳，2006）。因而，以祠堂和家乘为载体的"香火"观（祖宗观）中的造福乡梓与光耀门庭具有一体两面性,有着多重社会功能,对于香火宗祠文化中这些特质需要细细权衡盘量,而不再简单地将其视为不合时宜的文化产物加以处置。鉴于今日国内社会对这类文化传统的生疏化,有必要予以适度宣传普及。

(三)讨论与结论:民间信仰的社会功用

1. SD 村民间信仰的其他方面

经由以上关于杏坛 SD 村民间信仰的概介,课题组再次领略了中国传统文化的基本精神与历史个性,即"尊祖宗、重人伦、崇道德、尚礼仪"。实际上,这类文化价值是中华民族得以延续的"生命基因"(司马云杰,2011)。而帕森斯(2003)则认为,文化体系的典型体现是信仰与理念领域,其基本功能是实现社会规范秩序的合法化。同时,我们不难发现,曾经一度被视作"迷信"或"迷信思想"的"社公"、观世音、马王爷之类的民间信仰及以宗祠家谱为载体的祖宗观和"香火"观等都具有相应的"软约束"功用。在一定程度上,它们发挥着指引民众向善以及保障社会秩序稳定的积极功能。例如,当谈及信仰的功用时,参与访谈的其他村民还认为,除了拜祭观世音、华佗,其他一般意义上的"因果报应"之类的民间信仰也有助于规范和约束人的行为,认为人多少需要一些心灵寄托。谈及此,SD 村的一些村民对我们说:

> 因果报应,一些人说那是模棱两可的,不过,宁可信其有不可信其无,至少可以对人的行为有所约束啊。甚至可以包括算命,只要不伤害别人就可以了,人总是需要点心灵寄托。(访谈记录 MH₂ 20120108)

> 因果报应,我认为还是有啊,一个人坏事做多了,肯定要受惩罚的。不过主要还是父母以及公婆,他们拜观音很虔诚的,尤其是初一和十五,那是肯定要上香的,平时也上香,主要就是求平安和守护吧。(访谈记录 FH 20120108)

实际上,如果换个角度思考一番,可以发现,"因果报应"这类思想观念的成功内化具有克服发生于特定生活情境之中的"囚徒困境"(如困境中的人们违背既定的社会约定,甚至伤害自己的同伴)之博弈成分在内,正是这些观念中所蕴藏着的"一报还一报"思想,使得相互合作成为关联方生存发展的唯一可能,也才有可能减少发生于现实生活中的诸种钩心斗角与尔虞我诈。因为,如果一方不仁,另一方必然也不义,一时的不仁必然遭遇另一时的不义,于是,逐步向善得以成为可能，因为背叛一定会受到惩罚，而合作就一定取得收益。当然，任何事物都有个度，如果缺失其他制约因素配套作用，单一指望"因果报应"观念的内化去实现社会秩序的有序化与价值规塑化，则也可能陷入恶意性循环之中，例如迷信泛滥，最终导致社会无序。

再如，以 SD 村的观音庙拜祭为例，虽说有人认为观世音信仰属于佛教，但我国民间的观世音信仰其实已经本土化了，这一点，SD 村就是一个明例。在那里，观音庙里除了观世音，华佗、"蚕姑娘娘"等非常中国化与地方化的神祇同样受到民众的广泛拜祭。因此，在一定程度上，我们可以说，尽管许多普通人对观音菩萨的崇拜不一定就是基于对佛法三昧的参透领悟，但这类民间信仰活动本身无疑是对"真善美"价值的希望和追求，是民众心灵深处对慈悲精神与祛苦祈福的期待和寄托。

关于宗祠祖宗观和拜神信仰的社会功用，可以进一步经由我们对"SD 村福利基金暨何氏宗亲理事会"的两位副理事长——老支书 HSH 先生与商人 HQB 先生——的访谈予以佐证，他们告诉课题组：

> 我们一向是很以我们的何姓祠堂街为豪的，估计在全国，一个小村落的一条街能建有如此多的祠堂，而且全为一个姓，不说绝无仅有，也实属稀罕。SD 村共计有 14 个生产队，几乎清一色为何姓，极少数为外姓，大都也有一定的姻亲关系，都是一个祖宗的后代。何松涧是有记录的始祖。宗姓里面的名人有北宋状元何栗，清代乾隆年间还有两位二品带刀侍卫。值得称奇的是，此二位二品侍卫为兄弟俩（按照其后来提供的资料中记载的"兄弟同登武进士、钦点御前侍卫"，兄弟二人名为何琼武与何琼诏，受封时间分别为 1751 年和 1753 年）。村中的何姓名人还有现代著名音乐家何安东。何安东与冼星海是同学，参与创作过很多有名的抗战歌曲，如《保卫中华》等。何安东儿子何东则是有名的小提琴演奏家，现定居于美国，来过 SD 村寻祖。在整个 SD 村，村民们总体上很团结，宗族观很强烈，认为他们都是一个祖宗的后代。（访谈记录 HSH 20120108；HQB 20120108）

> 为了维护和传承祖宗的文化遗产，2001 年，村民们自发成立了"SD 村福利基金会暨何氏宗亲理事会"，用于何氏宗祠及其他文物遗产的维护保养与宣传，中央电视台和广东地方的报纸都报道过这里的"何姓祠堂一条街"。2011 年 5 月，在老理事会基础之上成立了新的理事会，新的理事会做了几件大事，一是相关宗亲人员集资重新修缮了何松涧祠，并聘请专业人员，运用科学方法，重新绘制 SD 村的谱

系图。二是在 2011 年组织了 160 多人的何姓成员集体去（广东）鹤山祭祖（农历九月初十），老中青人员都有，很热闹啊，我们计划今年清明时分再一道去祭祖。（访谈记录 HSH 20120108；HQB 20120108）

当我们问及"村人口有多少，经济状况总体如何"时，老支书告诉我们：

村民大概有 3800 人，在杏坛算是中等规模的村庄吧，现在还有 1500 亩土地。不过 SD 村的经济估计是中下水平了，政府征地征了不少（1200 亩），2003 年、2004 年征地时给的价格是 50000 元/亩，现在都涨到每亩 15 万～16 万元了。除了 2008 年政府征的 20 多亩地，政府同意每年按照 1500 元/亩补偿，以前征的地都没有补偿了。但是 SD 村村民从未因为这件事情去闹事。（访谈记录 HSH 20120108）

"那请问，你们可能也知道，在农村地区，如今因土地问题引发争执甚至冲突的报道不少，您觉得 SD 村民没有因为失地问题而闹事的原因是什么呢？"老支书回答说：

你们可能也看到了，我们整个村庄的人对神灵是很敬拜的，神灵们是不允许暴力犯法事情发生的。（访谈记录 HSH 20120108）

"那再请问，这样一个有着浓厚信仰气息村庄的社会风气怎样？"老支书回答说：

可以说是民风淳朴，犯法闹事的极少是本村人，毕竟都是一个祖宗嘛，宗亲观还是有助于转化矛盾和净化风气的。村民之间少有欺诈和恃强凌弱的事情发生。（访谈记录 HSH 20120108）

SD 人对代表先祖的大祠堂始终有敬畏之心，对神灵的信仰之心历久相传。我们总是将平安健康的美好憧憬寄托于对神灵和祖宗的敬仰之中，拜神祭祖活动背后其实凝聚着浓浓的乡情与亲情，从另一个侧面看，这也充分体现村民对幸福美好生活和团结友爱情谊的热切追求。（访谈记录 HQB 20120427）

2. 民间信仰社会功用的理论阐释

依据现有的文献研究，在众多影响幸福的因素当中，信仰对幸福观的塑造有着不可忽视的作用。其中，追求真善美、抑恶扬善、倡导和平及崇尚和谐的价值理念，以及宗教文化中的慈善文化都对塑造幸福价值观有着显著的积极作用。而且，积极的民间信仰能够实现社会学意义上的"感情统一因素的促进"，而这种基于心灵和精神合作的感情统一性元素有助于社会秩序的缔造，是社会达到一致与和谐的基础（阿隆，2000）。而社会的秩序化与和谐能够为社会成员创设一种稳定感与归属感，进而提升人们的生活满意度及其之上的幸福感知（参阅马斯洛的需求论）。我们以为，一定意义上，信仰对于人类群体及社会的凝聚起着基础性的作用，可以促进群体认同社会行动。

据此推导出命题 3a：

> 信仰中共享价值的相似性强化了社会成员之间的相互认同与文化共识。

此外，前述关于"为善者福，作恶者灾"等所谓封建落伍因果观的积极功用可以从帕森斯的著述中找到理论依据和支持。在帕森斯看来，社会是一个由不同部分组成的系统，社会现象之间的因果关系是非常复杂的，存在着多种可能的因果链，其中政治、经济、文化、家庭、教育等机制相互影响与相互作用，可以进行功能交换。例如，按照帕森斯的 AGIL 理论，经由教育与家庭社会化的功能运作，可以实现基本文化模式的维持；经由法律体系的功能运作，可以使得社会成员较易整合进和谐的行为体系中；经由政治功能的运作，可以实现共同体目标；经由经济功能的运作，可以实现环境适应。这些功能性运作是一个社会组织成功运转的主要限制性因素，也是首要的决定性因素。于是，帕森斯所言的这些交换不只是经济性的，也是精神性的，像由联系和感情交换带来的归属感与社会团结感等。帕森斯尤其注重宗教信仰的变化，认为价值观变化是社会变迁的首要动力，社会是由其基本的价值体系决定的，社会本质上就是一种精神秩序，这与涂尔干的宗教即社会道德秩序论正好相反。于是，遵守规范的社会成员收获到的是受尊重感与归属感，而违背者则为社会所孤立。这样，帕森斯便将信仰和传统习俗中的道德教诲融入其社会学见识中（柯林斯，马科夫斯基，2006）。

据此推导出命题 3b：

　　基于信仰的共享价值体验使得人们有着更多的共享话语与认同感，使得他们在分享文化、加强团结和生命（体验）满意度方面都有所发展，这些方面有助于"为善者能得福，作恶者遭报应"价值观的彰显。

　　由此看来，经由社会化的内化，民间信仰（如祖宗观）可以成为一种植入个人内心的道德力量，足以影响人们的思想、感觉及行动的方式。信仰的树立有助于创造出有利于社会整合的机制，使人们获得一种超越世俗利害的神圣感，并在个人身上创造出力求符合社会需求的责任感和义务感。

　　由此，我们可以推导出命题3：

　　一定程度上，基于信仰的共享价值程度的高低与幸福感知难易度之间存在正相关性。

五、社团价值，成长于社会组织改革——顺德区容桂街道调查启示

　　经由"伊斯特林悖论"引出文化层面上"为何不幸福"的对话点之后，关于"文化及其向度如何影响幸福"，前述的礼俗参与和"家园"重建等几个案例主要着力于循沿理论框架中的历史向度予以考察，以下再循沿理论框架中的现代向度予以探究。此番考察适逢顺德当地社会建设暨社团改革和发展工作如火如荼地进行。

（一）容桂街道调查地情况概介

　　容桂街道是顺德10个街镇中最富裕的街道之一，地处顺德区南部，靠近广州，享有"中国书画艺术之乡""中国曲艺之乡""中国盆景名镇""中国品牌名镇"等荣誉称号。辖区面积80平方公里，下辖23个居委会、3个村委会，常住人口46.5万人，其中户籍人口20.2万人。在珠三角地区，自顺德区于2008年实施大部制改革以来，容桂街道的社会管理创新，尤其是社会组织培育与发展在珠三角地区成效显著，其改革试点愿景在于构建协同共治的"小政府、大社

会”的社会治理格局示范模板。以群团组织改革为例[1]，在引入专业社会组织参与社会管理，通过购买社会服务与完善社区公共服务以提升社区自治能力等社会创新方面，相较于顺德其他街镇，经济发展水平较高的容桂街道在这方面的努力最为成功，业已受到学界的广泛关注。

（二）社会组织培育发展与社团价值孵化器

案例五："两社三工"展风采——来自容桂街道 DF 社区的调查

作为广东"简政强镇改革试点"单位之一，容桂街道社会组织改革试点工作主要通过发展社区服务、培育社会组织、建立现代社工制度、发展义工队伍、吸收优秀外来工参与社会管理等手段，建立政、社互动的联动发展模式，即"两社三工"社区管理服务模式。其具体指的是由社会组织和社区相互支持，由社工、义工和优秀外来工相互补充支持的共建格局。其基本运行机制为"社工引领义工、义工协助社工"。"两社三工"模式是社团"联姻"社工、社工"联动"义工的一个范例，民间力量成为推动青少年社工服务的主要力量，使得社工服务真正走进了学校，走进了社区，惠及广大青少年群体。这其中，作为社团的"顺德容桂街道青少年成长促进会"与专业社工组织"顺德启创青少年社工服务中心"联袂推进当地义工建设，将政府需要转移的职能交由社会组织承担，社会力量在青少年专业化服务中发挥了显著作用。合作的大致流程为，青促会是社工服务购买方，同时负有督责权，也负责将有关情况反馈于团区委及

---

　　[1]　顺德的社团建设主要体现于其在 2012 年 1 月制定的《关于拓宽群团组织社会职能的实施方案》。该方案旨在拓宽社会管理职能，指引群团组织顺应新形势发挥自身在社会管理和公共服务中的重要作用。具体工作主要体现于遵依"一级政府、扁平管理、高效服务"理念，扩大群团组织覆盖面工作，培育和发展相关领域的社会组织，把非公有制企业和新社会组织作为重点建设领域。同时，逐步增强群团组织服务职能，进一步创新工作方式，逐步形成以各级群团组织为枢纽，以各类社会组织为载体，以项目化、社会化和市场化运作为主要方式的枢纽型服务管理模式。通过政府购买服务，依托相关领域的社会组织，将社会救援、心理辅导、文体活动等服务延伸至基层，并加强引导各群团组织根据不同群体的特点，搭建各类沟通平台，畅通渠道，收集和反映群众利益诉求，及时化解矛盾纠纷，切实维护农民工、青少年、妇女、残疾人、工商企业等群体的合法权益不受损害。由此可见，顺德社团建设实际上也是顺德推动社会建设与管理创新、深化社会体制综合改革、迈向"小政府、大社会"图景的一个有效展示。以上关于顺德社团改革的资料信息主要来自课题组参与的由顺德区委区政府办公室在 2012 年 6 月 26 日组织的"幸福顺德"座谈会及其之后的交流互动。

容桂街道办，以用作项目评估。[1]

"两社三工"的作用在于深入推动社会组织和社工参与社区服务，推动社工类群团组织更深入地代表民意民智，获得更高的社会认可度，并渐进实现由群团组织去推动社会组织参与社会建设，加强社会建设，及时传达社会诉求。

以下暂且以与容桂街道全部村居均有合作关系的 PX 社工服务中心与 DF 社区[2]的联袂共建为例加以说明：

PX 社会工作服务中心[3]注册成立于 2010 年 8 月，成立与运转均得到容桂街道社会工作局的大力支持。截至 2011 年底，由该社工组织服务的社区有 17 个，占容桂街道社区总数的 65％。到 2012 年的 4 月 18 日，则实现了在容桂 26 个社区（村）落实社工服务方面的"全覆盖"。PX 社会工作服务中心自身定位是向政府与社会提供专业社会工作服务的民间非营利组织，号称"点滴社工情，牵手向前行"。其基本理念为"人人有独特性与平等性，也具有自决、价值及尊严的特质；以人为本，发展自助潜能；开拓进取，创新本土社工"。其服务范围为婚姻家庭服务、学校社会工作、青少年服务、老年人服务、残疾人服务、医务社会工作、企业社会工作、社区矫正、戒毒及劳务工服务，以及针对其他特定人群的项目服务等。另外，还有两项面向整个容桂街道的专项服务，即"反家暴项目"与"社区矫正及信访项目"。在具体运营方式上，以政府购买服务项目的方式招收专业社工，负责向容桂街道各社区及社会工作局各相关部门派驻社工，提供相应的社工专业服务。

姑且以其社区综合服务中的"外来务工人员服务"为例加以说明。PX 社会工作服务社在当地一向致力于为外来务工人员提供就业信息和职业能力培训、规划及适应，通过诸种社区活动来增进外来务工人员对社区的认同感和归属感，

---

〔1〕"两社三工"模式的施行主要是为锻炼提升顺德本土义工队伍素质。针对顺德全区义工专业化总体水平不高的情况，借助"社工＋义工"服务模式的优势，通过专业培训力量开展义工培训，诸如"优势视角下的义工服务创新"和"增能视角下的义工管理优化"义工骨干培训，为今后推动义工骨干向专业社工过渡夯实基础。与此同时，通过义工服务促进受助者的成长，鼓励其由受助者转为服务提供者，助人的同时又是在提升自己，真正实现了青少年服务的"双向增能"。其项目内容可覆盖扶弱助困、文化娱乐、教育辅导、环保宣传、治安维权、邻里互助等方面。项目的目的为不断提升义工服务水平，切实帮扶广大群众排忧解难，增强居民对村（居）的认同感和归属感，共同营造阳光城市幸福家园的良好氛围，从而促进公民社会建设。以上关于顺德社团改革的资料信息主要来自课题组参与的由顺德区委区政府办公室在 2012 年 6 月 26 日组织的"幸福顺德"座谈会及其之后的交流互动。

〔2〕DF 社区，北临德胜河南岸，南至容奇大道中，东至凤祥北路，西起旧马路延伸至围堤，占地面积 0.6 平方公里，新中国成立初期名为圩头区，曾是容奇镇的交通、政治、经济、文化中心。社区现有户籍居民约 7300 人，流动人员约 3000 人，下设新风、旧马路、新兴、围坐、东炮楼、新街六个居民小组。

〔3〕本部分关于该社团及其案例资料的使用得到佛山市顺德区容桂街道鹏星社会工作服务社的授权，于兹深表谢意。

如"同城一家亲"外来工亲子手工活动、"想减就减"社区外来工减压小组、外来工子女暑期兴趣班及外来工子女"妙手小厨师"工作坊等。关于这一点，该社会工作服务社社工人员向我们提供了她们社工中心与社区联袂共建的以下治理案例：

> 社区外来女工芳姐，广东省化州市人，在社区的公园经营士多生意，收入不稳定。丈夫系同乡，在中山市任公交车司机。两人育有两子一女，分别是11岁、10岁及10个月龄，大儿子及幼女身体健康，次子由于出生时缺羊水部分神经发育不良，如今走路不便，幸好未影响到脑部正常发育，智力正常。2011年8月，在家乡的公公离逝后再无人照料两个儿子的生活，芳姐不得不带上二人到容桂一起生活。
>
> 由于外面出租房租金较高，因此占地不到21平方米的店铺也是芳姐一家五口的家，士多店每月的营业额只有600元左右，而月租就要700元，生活态度积极的芳姐也会接一些制衣厂的手工活在家做，既可提高经济收入，也方便在家照顾幼女，但货源往往不稳定，让芳姐感到无奈。
>
> 两个儿子就读于一间私立小学，两人每个学期的学费合计约4500元。由于次子的行动不是太方便，丈夫的工作时间又较长，芳姐也要照顾幼女，因此接送工作成为最困扰芳姐的难题，学费开支也成为这个家庭最沉重的经济负担。
>
> 芳姐无奈之下找到了我，希望能通过社工的协助，帮助两个儿子入读社区的小学，以缓解生活困难和减轻精神负担。我耐心地倾听芳姐诉说，以理解、真诚、接纳的专业态度安抚其焦虑的情绪，并运用生态系统理论引导芳姐认清产生困境的主要原因，芳姐明白是由于自己的麻痹思想，至今未有办居住证，丈夫累计也买了不到5年的社保，才导致如今的困境，希望我能协助联系有关资源解决诉求。我与芳姐共同评估可能会遇到的障碍，并定下了目标与计划。
>
> 我分别与两个孩子接触，发现哥哥的学习能力较弱，普通加法进位都要想很久，相反弟弟接受能力较强，记忆力较好，思维比较活跃。他们都知道家庭的困难，也希望能转到社区的小学接受更好的教育，但同时明白会面对的困难。沟通过程中，我与他们也建立了友好信任的关系，并勉励兄弟们继续努力读书，我会尽力争取转学的机会。我运用社会支持网络，针对两个孩子的学习问题，在暑期组织学生义工为其补习功课，加强及巩固学科知识。在这期间，也整合社会资源，

多方协助芳姐寻找外发件加工活，以提高其经济收入。同时也积极与校方沟通，希望能给予一次入学考试机会，争取让其中一个孩子能读上社区的小学。

在几经努力争取下，校方同意给哥哥入学考试的机会，芳姐一家喜出望外，哥哥也很珍惜得来不易的机会，努力做习题，希望能考上。虽然最终哥哥各科成绩都不合格，但成绩比起以前有明显的提高。芳姐虽然有点失望，但她明白儿子已尽了最大的努力，并由衷地说："从没看过他这么认真读书、做练习，不懂还会主动问，也没看过他这么着紧过一件事情。"对于孩子的进步，芳姐也非常感激社工的努力，她总对我说："在我们家乡如果遇到这样的情况，根本就没有人会帮助我们，而且会这么用心尽力切切实实地去帮！我在这里住了十几年，确实觉得这里的社会管理比家乡好，这里的人也特别有爱心，感谢周姑娘一直对我们的关心与帮助！"

我和芳姐不强求最后让儿子转到学才算成功，至少在辅导过程中，我们都看到了孩子的成长，实现了学业有进步的目标，在一定程度上也提高了家庭的收入。而我一直充当着资源联系者与鼓励者的角色，非常欣慰地看到了孩子的改变及芳姐对我付出的肯定，增添了我的工作动力，同时也让我更关注社区外来工的生活现状及其问题与需求。希望我们的绵薄之力能够给这些生活困难的人带去更多的温暖。

在"两社三工"互动模式之下，DF社区居民对自身所在社区也给出了不错的评价，认同感较强。与社区居民攀谈时，时常可以听到诸如生活在这儿"好野"（此为粤语词，大致相当于普通话的"惬意"）、"特别有人情味"之类的话语。兹摘录两段访谈文字如下：

刚下岗那一年，人都快崩溃了，当时完全不知道这生活怎么过下去，孩子很小，那时候只觉得自己要绝望了，也就是从那一年开始，我和阿萍（社区工作人员）开始熟识，她很热心地为我联系工作而且经常嘘寒问暖，当时心里那个暖啊，没有想到在最困难的时候还有一个组织在关心自己，心里说不出的激动啊。后来由于各种原因，虽然我没有去阿萍介绍的企业工作，但是对这份真诚一直牢牢记着。（访谈记录 FK 20120113）

我不是广东的，自己作为一个外来工初来乍到的时候，不但没有被街区看不起，还得到那么热心的帮助，真的感到很温暖，感受到浓浓的人情味，当初确实没有选错落脚点。（访谈记录 MW 20120113）

　　通过以上案例可以看到，联袂专业社会组织之后，社区资源调动能够为成员提供相应的社会支持网络以及社会资本的拓展，这有助于提升外来务工群体的社会认同感，有助于所在社区的和谐一致，以及共同家园归属感的凝聚。透视 DF 社区在公益性文化事业发展方面的有关作为，可以发现，"按照公益性、均等性、基本性和便利性的原则要求，执行以政府为主导，以公共财政为支撑"，经由与专业社工组织合作，辅以一定的市场化运作，共同推动公共文化服务体系的建设发展的举措均有助于提高民众的生活满意度。
　　一定意义上，就容桂街道的社区建设而言，PX 社会工作服务社与村居及政府管理部门之间的互动以及"青年坊"[1] 项目均可以视作从事社会管理创新的有益尝试，符合"先行先试"推动社会管理改革和加强社会建设的时代要求。由此可见，在社区建设方面，容桂逐步确立了服务于社区建设的"政府引导，社会参与，民间运作，项目服务"社工发展思路，参与了"党委领导、政府负责、社会协同、公众参与"的社会建设新格局的构建。同时，参照英国幸福社区建设的"温暖"理论阐释[2]（Young Foundation，2010a），上述案例可以看作一则旨在提升社区成员韧性力的实例，而韧性力与幸福密不可分。其中，决断能力、克服挑战能力、寻求帮助能力以及当失败时人们对自己的暗示等都是影响幸福的韧性行为（resilient behaviors）。WARM 尤其感兴趣的是被称为"自适应能力"的"韧性力"，其视危机、挫折如同于机遇一般；另外还有被称为

―――――――――

　　〔1〕 青年坊（Youth Square）是顺德共青团借鉴香港先进经验在社区打造的新型服务载体。青年坊的主要功能有：一是作为青年社会组织的孵化基地，吸引青年社会组织进驻，为他们提供场地；二是引领青年社会组织，依托青年坊，为社区青年和群众开展公益服务、创意文化、学习交流、休闲娱乐、社团建设、就业创业等服务，丰富社区青年生活，营造和谐社区氛围；三是依托青年坊深入社区青年，了解青年实际需求，掌握青年发展现状，倾听青年诉求，为更好地服务青年提供参考。关于青年坊的资料信息主要来自课题组参与的由顺德区委区政府办公室在 2012 年 6 月 26 日组织的"幸福顺德"座谈会及其之后的交流互动。
　　〔2〕 WARM 是用来测度社区层次上的幸福与韧性力的工具，关注的焦点是一个社区是怎样运转的（how a community is faring），强调"街区邻里既是作为物理空间，也是作为社会空间被人们所体验着"。值得注意的一个有趣的现象是，在英国地方层面上正在试点推广致力于社会治理改良和社区行动网络（社会资本）创建的"幸福行动"，既是一种社会运动形式，也是"地方幸福规划"项目及其幸福社区建设的发起者、推动者和一定意义上的支持者，其自身就是一个非营利组织，但这个非营利组织的成立和运作与（地方）政府和其他力量又存在着一定的合作互动，这本身就是社会管理中作为"第三只手"的社会力量的有效彰显。显然，在英国，由非营利组织"幸福行动"引导的幸福社区建设实质上是社会创新的一种展现。

"生存性"的"韧性力",其不过是一种简单地承受冲击的能力,而前者则是一种关键性的有助于帮助地区社区适应变化的品质。此外,伴随韧性力产生的与幸福有关的积极情感可以依次产生更高层次的主观幸福。

在容桂街道,另一个由三方共同推进社会管理创新、探索幸福广东建设路径的典型案例当为位于 DF 社区的伍威权庇护中心了。伍威权庇护中心是在香港伍威权慈善基金会的资助下,由原先的"容桂残疾人阳光之家"改造成的以服务于残障人士职业训练和康复辅导为主要功能的综合训练场所。该中心是佛山首家专门性的残疾人庇护工场。其运作采取"政府主导、民间运作、第三方监督"的模式。时任广东省委书记汪洋于 2011 年 7 月 14 日曾视察过该中心,并鼓励其积累经验,继续探讨社会组织发展的可行性路径。

综上,在经济社会转型需求推动之下,社会建设已经变得与经济建设同等重要。如 2012 年《政府工作报告》所提及的一个改革重点领域和关键性环节即为"推进社会管理创新",这其中的一个环节也就是培育社会组织——"社会"主体力量的重要构成。社会管理创新的核心莫过于处理好政府、市场与社会三者之间的互动关系,努力实现将过往以政府为主的社会管理行为逐步转化为全社会共同参与的共治行为,让社会力量有条件地活跃在前台。例如,为解决好"文化兴国"战略中叙及的"文化发展与国民素质要求不适应"问题,逐步提升民众道德水准就不只是个"管理"的问题,更是个"共治"的问题。其中的是非标准不应只由政府有关部门说了算,而是要有享有一定独立性和自主性的社会组织的广泛参与,并在互动性实施过程中逐步实现全体参与者由"要我做"向"我要做"和"我想做"的转变。同时,我国第一份关于创新社会管理的正式文件《关于加强和创新社会管理的意见》提及,社会创新管理的核心为"党委领导、政府负责、社会协同、公众参与",其中的"社会协同"首先指的是培育和发展社会组织,其次为发挥社区的作用,这其中当然少不了"公众参与"。而关于社区、社团与此处"社会"的关系,笔者以为,从培育社会组织、推进社会建设角度而言,作为社会自治类社会组织,在一定意义上,社区也可以看作一种特殊类型的社团,这是因为,社会参与型社区建设强调的也是其作为中间性"社会"力量的功用,同样也可以担当社会文化价值"中间路线化"的有效载体,例如上述的"两社三工"与"青年坊"等社会参与互动模式在新型社区建设中的发展运用。

由此可见,社团的兴盛有助于打造构建民众的平等参与意识与公民意识,而社会关系的社群化(communalization)是以团结感为基础的(互以对方为取向的)社会行动的存在(韦伯,2004),这有助于社会秩序的生成维护以及社会团结和社会凝聚的聚合巩固。

（三）讨论和结论：社团及其专业伦理价值——涂尔干"社会力量"阐释的启示

实际上，关于社团在社会建设方面的功用，学界在这方面已经有了一些研究。例如，陈建民和丘海雄（1999）通过运用"社会资本"概念对社团作用进行分析，指出社团的发展有助于建立人际互信和互惠交换规范的生成，从而有助于减少公众事务和市场活动中的"搭便车"行为或利益互损行为。

此外，就社团的社会参与积极功用而言，有研究表明，具有丰富的社交生活是幸福人群的一个共同特点，他们愿意与他人分享生活，而不是一个人独处（赛利格曼，2010）。因为，在一定意义上，人们心理机制的"意义"是由文化所赋予的，情感意义是一种社交成就而非个人成就，它是社交生活的一种突生产物。

并且，涂尔干也认为，社会道德秩序因社会结构的变化而变化。团结的缺乏可以经由将个体吸纳进各类职业协会的方式而加以解决，这是因为，在涂尔干看来，社会不是建立在理性的自我利益之上，而是建立于一种共同的道德秩序之上。如果每一个社会成员均能认可一个特定的共同的目标，则可以在此成员集体内生成很强的合作性。促进社会基本团结的力量是某种共享的情感，而不是所谓的理智上的一致性。道德感是社会互动的产物。社会的本质在于它是一种仪式秩序，是建立在人们互动情感基础之上的作为隐性秩序体现物的集体良知（集体意识），但是集体良知并不是一种任何时刻悬于脑际的群体精神，而是社会成员所具有的对某一群体的归属感，这种归属感就是那种与他人同属于某一共同体的感觉，为此，一个社会成员会觉得他有道德义务按照既定共同体的要求去行事（柯林斯，马科夫斯基，2006）。

由此我们可以推导出命题 4a：

> 社会建立于一种共享价值的道德秩序之上，此种共享情感价值是有助于社会团结的力量，促进了价值与目标的一致，有助于将个人转变为具有合作精神的行动者，进而增进了他们的归属感。

同时，前文有论及，从培育社会自治力量与加强社会建设角度看，社区也可以看作一种特殊类型的社团。需要说明的是，本书中的"社团"包括企业工会、行业协会、民间慈善组织等各种类型的社会组织。并且，作为自治类社会组织之一的社区，各色职业（专业）团体，以及其他群众性民间社团的共同点在于能够以互依参与形式关注"社会"建设，其处理应对的事宜在利害得失方面往往具有休戚与共、息息相关的特质，成员之间的交往互动具有平等性，可以用于有效弥补为传统文化所欠缺却为现代社会所必备的群己关系的处置。由此，本书认为，社团及其专业伦理（专业价值）的培育扶植对于社会道德体系的重建重整具有切实可行的意义价值。以专业团体中的行会为例，新经济史学家格雷夫（Grief，1993）的研究发现，行会起源于具有共同知识的协调、诚信与契约的强制。行会之所以成为一个制度而存在是源自 "国家困境"，与此同时，由于行会成为文化信仰的依托物，行会能够在不同的商人集团之间建立名誉机制，并对行会会员产生诚信和道德强制。另依据德国海德堡大学社会学教授乌塔·格哈特的观点，由帕森斯倡导的变迁理论观念也孕育着主张以 "经济—职业系统" 为基础去改造与重塑一国（如德国）的精神及振兴其国民士气的价值理念（格哈特，2009）。

因而，一方面，专业团体的建设即是特定类别社会网络的构建。而社会网络又是社会资本的典型表现形式。因为，社会网络的本意就是发生存在于群体之间、个人之间较为持久的具有重复性的社会联系、社会组合与社会交往，而这一切正为现代社会运转中各式各样专业领域所包括的专业团体所具备，因为现代社会就是一个高度分工与专业化的社会。这种专业团体是社会网络结构中的社会单元（social unit）。当然，某一社会单元的行动空间既产生于它在网络中的位置，也受限于其自身所处的位置及其具体的互动。在功能上，专业团体网络既是团体内的 "公共财"，也是团体间的 "公共财"，因为它们可以为其成员提供资本、信息等稀缺资源，也可以对成员的无限制个人利益的追求加以必要的限制，网络构成了影响个体目标以及手段的具体环境。通过网络还可以实现团体中成员之间的联系，这些专业性网络也有助于实现专业团体与专业团体之间的联系。与此同时，作为社会中间力量组成部分的各个业有所精的专业团体及其活动可以构成社会结构中的中层部分，它们足以形成以其自身专业价值理念为灵魂的价值体系，并与社会其他价值体系相竞争、相制衡，共同构成整个大社会的价值体系。这些专业价值体系构成了现代社会中对事物是非对错进行判别的标尺抑或参考坐标，在高度分工与专业化的现代社会，各个专业团体形成的价值体系可以普遍为社会大众所依赖，构成维持社会稳定的支柱。现代社会应当是一个多元价值的社会，而这种多元性在一定程度上其实就是指社会的各主要价值体系之间有彼此竞争与抗衡的力量。由专业领域界定维系的价值体系在社会价值结构中可以起到一种桥梁性功用。自上而下观察，由于每一个现代人几乎都直接或间接属于某一个专业，因此，以专业团体为依托的专业价值体系可以成为一般民众认同寄托的对象所在；自下而上观察，各个专业领域及其价值体系在整个社会中又可以和社会其他价值体系相互依持，构成社会价值网链，它们是个人间社会黏合剂，也是团体间社会黏合剂，还是信息交换中转站和资源共享平台，而一定的信任与义务也产生于其中。而且，这些由专业领域界定维系的价值体系是现代市场经济社会发展的自然衍生品，只要让经济活动持续有更快更广的活动空间，在达到一定的规模之后，也自然就孕育出相应的相对稳定持久的价值体系（熊秉元，2008）。因此，现代工商社会的社会文化价值重建离不开这些各具特色的专业价值体系的相互依持。在某种程度上，我们可以将现代工商社会中的专业团体比喻为传统农业社会中的宗族组织，都具有推动社会自我治理、维系社会秩序和稳定的功用。

由此，我们可以推导出命题 4b：

> 作为社会价值链构建的核心要素，专业团体及其价值体系对于社会道德体系的重建重整具有切实可行的意义价值。

另一方面，关于扶植现代工商社会中社会自治组织以及专业团体及其专业伦理（专业价值）功用阐述，有一个可资比照的对象就是中国的传统文化。我国台湾著名经济学家熊秉元教授（2008）在总结 1993 年诺贝尔经济学奖获得者、新制度经济学开创者之一的道格拉斯·诺斯（Douglas North）的成名作《制度、制度变迁和经济绩效》一书的主题思想时指出，依据诺斯之见，一个社会发展繁荣的关键在于该社会成员经由"合作"发展并维持一套共同的游戏规则。易言之，从长远来看，一个社会在未来能否步入康庄大道取决于其人与人之间的合作关系能否满足一加一大于二的特质的构建；而现代社会的一个基本特性就是在彼此平等的基础之上尝试找出可以和平共存、一加一大于二的典章制度。联结传统文化与现代社会的新纽带当是专业伦理与第六伦理（熊秉元，2008）。依据笔者的理解，这其中的"第六伦理"培育属于认知层面，而经由各式职业团体运作构建的相互依赖共存共荣的专业伦理价值体系则属于操作层面，由此，方能逐步累积酝酿出现代社会正常运转的相对客观中立的一个要件，即制衡。

再从社会学视野去观察，关于传统文化，受制于诸种因素，中国历史演进过程中未能培育出现代工商社会所必需的实体意义层面的"准则"与理念意义层面的"价值"，而此二者又都具有一定的相对客观性与中立性。数千年以来，中国的历史大抵只是一部"国"（朝廷，也是最大的"大家庭"）与"家"（宗族大家庭）的兴衰荣辱史，是一部只知有"国"有"家"，不知有"社会"的历史，而"社会"是一种足以与"国"或"家"相互借重制衡的力量与机制。社会的孕育与发展又离不开各式各样的专业团体的构成与运作，专业团体及其价值体系（专业伦理）才是现代工商社会文化价值所需要的"道德"支柱（涂尔干，2000）。笔者以为，社会学的专业团体及其价值体系功用思想正是丰富以"五伦"为标识的中华传统文化，并解决为现代工商社会所必备的"第六伦"（群己关系）事宜的不二法门。

因此，笔者以为，作为社会中坚力量的职业团体（专业团体）及其价值体系在经济社会文化三者之间有着重要的互构功用，这种功用还可以援引涂尔干的著述《社会分工论》加以进一步的诠释。涂尔干认为，社会分工是职业专门化过程的一种产物，分工具有分化与依赖双重功能，职业专门化正是此二者功能的统一性体现。同时，社会分工可以创造出职业道德规范以弥补分工对原有集体意识（同质性道德规范）的破坏冲击。而基于分工的社会团结是一种有机团结，有机团结是近代工业社会的基本特征。有机团结是一种相互依持统一的系统，其间有着相应的功能分化和专业化，有机团结随之也因为各部分的相互联系而衍生出基于分工分化的一致性。分工与社会团结的关系对于涂尔干而言具有道德层面的意义。分工的真正功能在于改变社会团结的类型，并在人们之间孕育出友爱、合作、依赖与团结，其一方面高度分化，另一方面又高度统一。这样，先前基于社会相似性与同质性的机械团结性社会（如那些非开化或趋同化社会形态）中起先无什么大差异的道德体系逐渐让位于由社会分工和分化带来的不同团体的不同道德体系，从而，更多的主动性与个性、更多的活动自由等观点开始广为接受，即通常情形下，分工有助于社会团结，由于自然分工而生成发展的职业团体可以起到一定的社会调节功能，如调节劳资关系、劳动条件等，从道德上调节经济活动并为真正的社会团结奠定基础（于海，2004）。

这种调节功用在现代工商社会中更为明显，这样也意味着，在从机械团结性社会走向有机团结性社会的过程中（其实在一定程度上，中国改革开放之路就是这样一种循序渐进的演进、一个难以逆转的历史发展趋势），社会将进一步走向多元化，将出现一种更多基于合作的新型社会秩序，这种新型社会秩序将越来越多地受专业团体及其服务于社会的伦理观念的调节，即基于分工合作的职业团体将起到维系社会团结的功用，国家难以在复杂的工业社会中继续担任道德输出源的角色，新社会秩序中的道德责任应更多地由来自社会中包含各式各样专业团体在内的社会中间力量共同形塑。

实际上，关于专业团体及其价值体系功能这一点，身处"乱世"的涂尔干非常强调处于整体社会和个体之间职业团体在社会团结中的功用，把完善中间群体的职业道德作为处理当时社会危机的济世良方。涂尔干认为，专业团体伦理观（职业团体的职业道德）可以被视为职业群体内部的集体意识，实际上这将意味着，在有机团结型社会中，原先的集体意识并没有被全部破坏殆尽，而是以一种分化的形式继续完整地存在于整体社会层次与中间社会层次之中，这样，社会的要求与个人的需要间建立起了一种新的均衡。在涂尔干看来，虽说人类社会由机械团结走向有机团结是历史发展的一般趋势，但是这种过渡仅仅是社会道德形式的转变而不是沦丧或者消失。在涂尔干的心目中，职业群体不仅仅是基于就业的社会福利制度的载体，也是作为组织经济生活、政治生活和社会生活的基本方式而存在的组织，职业群体内部实际上蕴含着"保卫社会，自由和公正并行发展，让经济发展服务于人的幸福生活"这样一种法兰西式的意义系统（肖瑛，刘春燕，张敦福，2007）。

简言之，涂尔干关于"社会力量"核心构建的职业团体及其之上的社会团结观实际上是一种社会道德类型观，强调道德信仰约束力是社会团结的一块基石，提倡社会分工结构应与多层次的社会道德体系相适应，既要重视宏观层次上具备共同的信仰和价值体系的道德规范，也要充分发展中观层次上职业团体及其他群体的非官方的道德规范。多层次道德规范体系的基本功能就在于它可以有效保证，在日益复杂的现代社会分工体系中，其间的各个组成部分能够在相互依赖的基础上有机地结合在一起（贾春增，2000）。

于是，我们可以推导出命题4：

专业团体及其价值体系可以构成现代工商社会文化价值所需要的"道德"支柱，其蕴含有"保卫社会，让经济发展服务于人的幸福生活"之意义系统。

第五章　影响幸福达致的文化模型构建

　　在问卷调查所获"伊斯特林悖论"的认知基础之上，与之对应的实地分析始于民众对"蛋糕"危机的强烈关注之案例。自然，食品安全事件产生的原因很多，笔者以为，在一定程度上，物质性食品安全问题的背后实际上是"精神食品"失去了基本的安全保障，是过往仅仅专注于"生产导向"的发展观出了问题。当然，产生这类问题的原因也颇多，但从文化层面去审视，基本上可以划分为两大类，即普遍性的信仰缺失与信任匮乏。

　　如此一来，依据实际调查情形，本书主要研究"文化及其向度是如何影响幸福达致的以及这种影响背后蕴含的社会治理意义"。进而言之，本书主要是对经济学经典命题"伊斯特林悖论"的反思以及对发生在经济较为发达的广东顺德的"伊斯特林悖论"现象的一个文化考察：民众为何不（难）幸福？解决这一问题的前景如何？

　　至于问题的解决，本书在研究设计部分提出过一个基于"多元文化逻辑"的综合性文化模型的理论框架，该文化理论框架由历史与现实向度相综合而构建。于是，在理论回归部分，本书还是先从文化层面这两个向度之下民众为何难以幸福的理论总结开始论述，继而对前述理论和经验论证进行一番简要回顾，最后论述具体构建一个什么样的综合性文化理论模型方可能有助于破解此中的难题，从而为文化在建设幸福社会过程中可以起到的作用提供一个社会学的功能分析参考。

第一节　理论与经验论证回顾

一、理论论证

　　基于前述文化定向下幸福研究的相关阐释，如依据社会学关于社会构建的

"社会特性"与"互动特性"标尺去审视，本书中论述的文化及其向度在类别归属上基本分为两大类，例如，信仰接近于"精神文化"范畴，而礼俗参与、社团及其价值体系则接近于"规范文化"范畴。依据司马云杰（2011）的见解，从社会科学史角度看，"精神文化"指的是宗教、信仰、审美意识等文化现象，而"规范文化"指的是社会组织、制度、伦理、道德、风俗、习惯、教育等文化现象。在一定程度上，此处"规范文化"接近于美国文化人类学家奥格本所言的"调适文化"，指的是可规范人们行为期望（expectations）的文化规范模式，即规范人类行为的制度、习惯等文化现象（奥格本，1989），或接近于默顿（2008）所言的"规范结构"，指的是"一套期望约束（专业）人员行为的共享和传递性的思想、价值和标准"，它们一般被看作由可规范人们行为期望（expectations）的文化或规范模式组成，经由这些期许，行动者可以把握彼此的行为并且组织起相互之间较为持久的关系（洛佩兹，斯科特，2007）。或言之，信仰隶属于心态文化层，偏指观念（mental）意义上的文化，可以涵盖价值观念、信仰、思维习惯、心态等；而礼俗参与、社团及其价值体系隶属于行为文化层，偏指结构（structural）意义上及制度（institutional）意义上的文化，包括生活方式、实际行为、人际交往等（Stern，1992）。

当然，此分类存在着不足之处。其不足之处在于，有些文化范畴相互间比较接近，例如规范文化中的法律、政治、伦理、道德等，当它们作为观念形态被使用时，都可以视作属于精神文化范畴。再则，在精神文化和规范文化两类文化因子中，有些不仅是文化现象，而且是社会参数，例如社会制度、社会组织等，它们很难被视为纯粹的文化现象（司马云杰，2011）。因而，在看待文化及其向度的类别归属上可允许一定的弹性，而不宜胶柱鼓瑟、拘泥成规，固守偏执于某一种标尺。图 5.1 显示了"文化—幸福"关系模型。

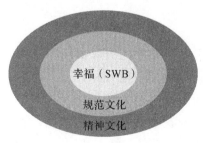

图 5.1　"文化— 幸福"关系模型

注：本图受美国著名组织文化学家艾德佳·沙因（Edgar Schein）的组织文化模型图示启发绘制而成，原图示包括精神文化层、制度文化层和物质文化层。

进而言之，就文化如何影响幸福的达致而言，在前述理论论证基础之上，本书论及，其主要体现于文化在提升人们在追求真理、价值观、目标和规则上的一致性，以及（有助于促使社会成员成功社会化）对于相关社会问题的整合功用，即指导人们在价值规范与行为规范两个层面形成共识，其中价值规范是关于什么是值得的、正确的及善的达成等概括性与抽象性的系列想法，其作用主要在于为人们提供了评估相对价值、美丑与道德性的标准与概念；行为规范是行为的准则，即在特定情境下界定行为是否得体的社会准则（休斯，克雷勒，2011）。易言之，价值规范和行为规范这两个概念有着密切联系，前者是一般意义上的指南，后者是特殊、具体的规定要求（Williams，1970）。为了使得一个系统能够在某一个特定的时间段内存在，起码其大多数成员和组成角色都能够接受系统中实际发挥效力的规范。也就是说，在一个合理而相对稳定的社会系统中的任何行为参与者，都必须在某种程度上对于该系统中有效发挥作用的规范和价值抱有共识（高宣扬，2005）。

由此，本书提出一个基于社会学功能主义关于共享价值阐释的"幸福正论"（也即"文化—幸福"相互作用理论），通过基于社会团结的共享价值，文化定向机制作用下的文化模式可以影响主观幸福（SWB）感知，这是因为，在处理复杂社会性活动（如本书提出的食品安全危机及其背后的 GDP 路径困境）的过程中，在法律和市场等机制之外，文化层面的共享价值与惯例是解决问题的有效机制（Fiske，2000）。

当然，在幸福社会建设过程中，这种基于文化的可用于协调和解决社会问题的功能主义视角"理论"的适用性尚有待于进一步研究与检验论证，毕竟这个结论仅仅局限于对中国南方一个经济相对富裕地区（顺德）的考察[1]，即本研究总体上尚属于费孝通先生所言的"微型研究"。正如前文所言，本探索性研究的意义更多在于为后续的比较研究提供启发性思路或命题检验参考。

二、经验论证

一定程度上，课题组在顺德地区的幸福问卷调查及持续近半年之实地调研的目的更多在于探讨如何破解"伊斯特林悖论"发生以后的困境，聚焦于本研究而言，就是在文化层面上去寻求人们何以不（难）幸福的原因所在（如前文指出，食品安全危机的根源在于发展观念的偏差，在于社会道德滑坡，而社会道德滑坡的诱因在很大程度上又可归结于普遍性的信仰缺失与信任匮乏），以及提供应对此类难题的探索性思考。

经过调查，大致可以发现，顺德地区的社会文化模式提供了有助于问题解

---

〔1〕 2006 年，顺德成为中国首个地区生产总值超过 1000 亿元的县级行政单位。

决的正负两个方向上的参考：从正向角度看，在整体上，顺德社会文化模式可以归纳为"乡土"（传统）与都市（现代）共存的文化类型。具体而言，一方面，传统乡土文化（如拜神与祭祖）得以延承；另一方面，现代都市文化（如社团）也得到了发展。从负向角度看，顺德这两种文化类型目前尚处于割裂状态，有待于进一步融会贯通，以互促互进。

例如，就民间信仰的社会功用而言，从访谈和音像资料去观察，杏坛 SD 村发起的"何公八郎各地宗亲祭祖"活动以及 SD 村何氏清明系列祭祖活动凸显的主题依次为"身体健康""家庭幸福""工作顺利"。值得品味的是，家庭幸福在这之中居于中心性地位，由此可见，"家"对于国人的意义非同一般，"家"文化将依然是国人团结的有效黏合剂。再就道德约束而言，传统文化中的拜神与祭祖同样可以发挥一定功效。笔者以为，拜神与祭祖等文化活动均含有"敬畏"的意义价值，在文化建设过程中，不妨将对其中"敬畏"元素的发掘视作问题解决的一个尝试性渠道，因为这类元素有助于民众生就"畏惧"性信念，即假如自己在社会互动中对他人做出不利的事情，迟早会被发现并付出代价。因而，传统文化中"敬畏"（生命、天道与历史）内涵的制度化和习俗化内含有经由人伦日用去追求仁爱心和幸福生活的价值品质。

再例如，从专业团体及其专业伦理的社会功用而言，在容桂街道，方兴未艾的社团改革必将进一步促进以社会组织为代表的社会中间力量及其价值体系与现代公民参与意识的孕育成长，从而共同推进新时代社会共治以及多重道德价值体系的铸造（实际上是基于"制衡"价值理念的社会文化的重构）。这些努力均将有助于为新转型变迁时期国内的社会建设与经济发展提供一定的价值导航。

简言之，倘若顺德乡土与都市"共生"型文化模式在未来可以有效整合而融会贯通，可以设想，这样一种融传统于现代的文化构建对当下社会文化建设具有不菲的启示意义，即传统文化与现代文化共存合力机制是可资借鉴的路径和坐标。

另外，需要特别指出的是，通观前文的理论与实证研究可以发现，本书并不只是简单化去论证，在顺德地区出现"伊斯特林悖论"现象之后，经济要素已经不再重要，而非经济要素中的文化要素与提升幸福水平有着直接的线性相关性，甚至二者之间就是线性因果关系，本书侧重的是对"为什么不（难）幸福、如何才能幸福"做出一个文化维度的解答，也即是对文化及其向度如何影响幸福达致的过程及其蕴含的社会治理意义的考察。因此，那种在文化层次上顺德民众已经"幸福"了，或者顺德民众已经拥有了"文化幸福"的观点都属于对幸福研究的误解。

第二节 影响幸福达致文化模型的提出

不言而喻，文化对社会和个体有着重要功用。对于个体来说，文化具有提供认知安全感、归属感以及充当克服存在性恐惧缓冲器等功能，文化主要是被用来处理群体生活中时常遇到的现实问题，以及适应制度与历史的变迁（赵志裕，康萤仪，2011）。而且，文化使得意义共识成为可能，文化告诉我们什么是可以相信的，它给予我们真理和价值、目标与规则（卡伦，维吉伦特，2011）。作为意义和价值的广泛符号模式，文化不仅仅可以描述特定（社会系统意义上的）互动与（人格系统意义上的）需求倾向，而且可以指出，在文化价值的一般性和特殊性之间总是存在着空白，它的意义要由社会或人格系统加以阐明。文化系统赞成个人拥有自己的思想，这样，它可以是一种被在很多方面相异的社会和人们所共识的积极普遍的和不断扩散的信仰（亚历山大，2000）。

经由对经济学"伊斯特林悖论"的理论反思以及对顺德地区"伊斯特林悖论"现象的实地考察，可以发现，此悖论存在一定的"合理性"，即在幸福达致过程中，尽管收入因素很重要，但在达到某一拐点之后，非经济因素对于幸福的影响可能更明显。学界已有的实证研究表明，平均幸福水平与平均收入水平并不存在明显相关性。因此，国家或者地区在注重经济成就扩大增长的同时，更需要关注其他因素，例如文化特征（Graham，2005a）。

而至于文化定向作用之下的幸福，前文有论及，幸福代表的是社会成员对其所处社会所珍视文化价值观予以践行程度的高低（Inglehart，Klingemann，2000），对幸福的感知在本质上是由文化定位的，社会团结及社会凝聚有助于社会共意与一致性的生成，同时，社会文化系统中的共享价值观又有助于社会团结及社会凝聚的生成。因此，此二者相辅相成的关联性对于民众幸福水平的改善有着相当大的影响，后续对发生在顺德地区的"伊斯特林悖论"现象的实地考察对此论断也有所佐证。不过，为更确切把握本书提出的幸福与文化关系之"理论"（中心命题），有必要就命题中的社会团结与共享价值关联性再予以进一步说明：

社会团结是一种最基本的社会事实，它影响且决定着其他社会事实。在英文中，"社会团结"（social solidarity）与"社会凝聚力"（social cohesion）较为接近，是指将个体结合在一起而形成社会联结纽带，是建立在共同的道德、情感、信仰或价值基础上的个体与个体、个体与群体、群体与群体之间，且以结合或吸引为特征的联系状态。这种联系（"集体意识"或者"集体良心"）存在于一个处于其中的成员不一定相识的社会共同体之中。这种联系以一种无形的力量牵引与控制着该共同体中的社会成员，正是靠这种联系，社会才获得完整的存在与独立的生命。然而，帕森斯认为，涂尔干的"集体良知"（conscience collective）不应表达为一般英译本中的"集体意识"（consciousness collective），因为涂尔干看重的是其伦理学上的意义，而不是心理学上的意义。该术语指的是，同一社会的成员共同的信念和情感的总体构成了一个有其自己一定生命力的体系，这个体系也被称为共同的良知。作为与"集体良知"状况之主要标志的惩罚，除去其本身固有的作用，更重要的在于惩罚的象征意义，即其对于"集体良知"共同价值的坚持，即"涂尔干在论述他的集体良知思想时，从一开始就在经验层次上非常注意共同道德价值在行动方面的作用，这确是事实"（帕森斯，2003）。

不过，在社会由机械团结向有机团结过渡的过程中，如从传统农业社会向现代工业社会或由计划经济向市场经济转型变迁的过程中，就全社会范围来看，集体良知（集体意识）在内容与性质上均发生了相应的变更，即由起先那种神圣和集体尊崇式类型逐渐向世俗的、理性的、个体主义类型转化，社会的集体意识也由全面渗透社会一切领域并控制个人全部活动的共同行为规范演变为高度抽象的共同价值观，例如自由、平等、公正等原则（贾春增，2000）。

基于以上论述，笔者认为，这种新型共同价值观还可以包括对幸福的寻觅与追求，这是因为，无论是对个人追求而言，还是对一个国家的经济社会发展而言，作为一种愉悦性情感体验的幸福均应当是一种终极价值的诉求所在，也应是公共政策制定者关注的一个焦点，因为在充分考虑己身行为对他者和将来影响的情形下，就幸福情感体验的稳定性而言，幸福是共通的，即苦与乐之间的感受是不存在霄壤之别的，不同的只是影响幸福的因素以及这些因素的影响方式与作用大小（丘海雄，李敢，2012）。

当然，这种基于社会团结及社会凝聚的共享价值与主观幸福之间的关系并不是简单直线型的，实际上它是一种曲线型的，强调的是适度，也就是说，在一个社会的两端，（基于社会团结的）共享价值程度的过高与过低都不利于幸福水平的提升（因为这将导致"互动"与"社会"的失去，而如果没有互动和社会，人类就难以为继了）。如帕森斯认为：其一，文化的某些部分是互动得以发生的必要资源，只有通过向行动者提供公共文化资源，互动才能成为可能；其二，文化模式中的某些观念，例如信仰、价值观、意识形态等，可以为行动者提供共同的"情景定义"，进而促使互动得以在阻力最小的情况下顺利地进行。这样，人格系统和文化系统被成功整合到社会系统，这保证了规范的某种凝聚力与行动者遵守规范和扮演角色的基本责任感（特纳，2006）。自然，如果共享价值程度过高，则整个社会近似于铁板一块，缺乏必要的社会性互动；过低，则社会陷入一种失范状态，没有了合适的社会引导，如果没有稳定感，则生活在其中的人们便会惶恐不安，"脱嵌"于既有社会模式之中，失去了群体归依的方向，也失了人生之价值所在，继之，人的社会性受到极大的破坏，而作为社会性存在物的人，其社会本质也因之蜕变，如斯一来，谈何幸福呢？"一个社会要运作，就必须强化它的规范。人们被迫遵从，或者说以一种社会可接受的方式去行动，即使这样做对他们来说是困难和不愉快的。"（波普诺，2007）当然，也不是说，规范就应当永远被人们所恪守，不得有丝毫变更。实际上，文化与社会都需要能适应变化了的环境。"允许对现行规范的一定偏离，有助于社会保持灵活性。"（默顿，2008）

不过，就面临多重转型的中国而言，整个社会现在存在的问题不是社会团结整合过高，而是过于松散（大概是正处于急剧转型时期的缘故），需要增进基于共同价值诸如信仰、认同感、归属感、信任感等方面的社会凝聚。只有有效解决这些问题，才有可能真切提升人们的幸福感知。

有鉴于此，为有助于解决当前中国社会文化发展过程中存在的问题，出于对中国阴阳和合[1]思想及前文经验与理论论证的汲取，在国家发展观由"生产导向"向"幸福导向"渐进转变的同时，本书提出一个"多元文化逻辑框架"，即由历史向度和现代向度共同构建的文化模型。

该文化模型的构建意图在于尝试回答前文论及的影响幸福达致过程中的文化层面的难题，即尝试对"伊斯特林悖论"之下"如何才能幸福"给出一个文化层面的回答。笔者以为，在后续的实证研究过程中，该"幸福—文化"理论框架可更多致力于验证殷所倡导的逐项复制原则（literal replication）与差别复制原则（theoretical replication）（Yin，1989；殷，2010）。

此处的"历史向度"约等同于传统文化向度（侧重于对传统礼俗社会的承继与改良），典型代表可为"家园"意识的回归以及礼乐教化的复兴，例如重振"家"文化的价值导向功用。当然，"家园"意识不只是宗教观念，还可以涵盖"尊祖宗、重人伦、崇道德、尚礼仪"的礼乐教化以及既有民间信仰等，因为，从社会学角度看，它们都有助于心灵和精神的合作，都可以纳入信仰范畴。

现代向度略等于现代文化向度（侧重于现代工商或法理社会的建设与丰富），典型代表可为社团价值与"社会"中兴（如顺德区容桂街道融合专业团体

---

〔1〕 中华和合文化源远流长，和、合二字都见之于甲骨文和金文。"和合"中的"和"指和谐、和平、祥和，"合"指结合、融合、合作。《尚书》中的"和"指对社会、人际关系诸多冲突的处理，而"合"指相合、符合。

运作的新社区建设），以协助解决信任难题。这是因为，社会之所以成为社会，不仅离不开信仰层面的价值观和人生追求的塑造，也离不开基于人际信任的互动。以社会参与为中心的社团振兴，有助于注重权责一致的现代公民意识与注重秩序和保存的市民精神（桑巴特，1958）的培育。需要指明的是，这里的"社团"既可以包含职业（专业）团体，也可以包含群众性民间社团，二者共同点是以辅车相依的形式去共同关注"社会"的发展建设，成员之间的交往互动具有平等性，其处理应对的事宜在利害得失方面往往具有息息相关、休戚与共的特质，因而可以用于弥补丰富为传统社会和文化所欠缺，但却为现代工商社会所必备的群界与己界关系和社团化专业伦理（专业价值），以及由之构建的操作性较强的中观层面的多层次道德规范体系。

笔者不揣浅薄地认为，经由社会组织的培育和发展，从社会创新视野着手，不妨以拓展慈善活动空间、提高社区品质、加大公共文化供给等方式去壮大社会的力量，鼓励发展中观层次的非官方的道德规范，譬如以社团化促进社会信任水平的提升。本书认为，经由各类专业团体及其价值体系（专业伦理）的循序渐进建设是有效解决问题的选择之一。其具体操作在于渐进实现社会职业团体的制度化建设，即通过培育社会中间力量（如行业工会或同业公会）提升社会道德水准，推进多层次道德规范体系的建设，并以之作为改善当前社会信任度的有效工具，逐步实现从身份信任到制度信任的过渡（龚长宇，郑杭生，2011）。

至于此文化模型中历史向度与现代向度之间的关系，笔者以为，其犹如太极图之阴阳鱼和合共生一般，二者相互依存、相互促进、相互作用，只不过，前者侧重于"敬畏"的理念原则，后者侧重于"制衡"的理念原则，或言之，前者着重于（信仰）价值体系的构建，服务于上文提及的文化构建之价值规范（对应于精神层面的文化），后者着重于社会组织方式的构建，服务于上文提及的文化构建之行为规范（对应于行为层面的文化），以共同推动当前社会文化价值体系信仰力和信任力的整合。在一定程度上，由"敬畏"理念价值融合"制衡"理念价值的社会建构可以指向礼俗社会融于法理社会（现代工商社会）之制度设计。

如此一来，本书提出的基于"多元文化逻辑"的文化构建实则演化成一种"对称文化"模型，这也算是对国内新锐经济学学者陈世清（2010）所倡导的"对称逻辑"的一个运用了。易言之，从文化层面而言，"如何才能幸福"难题的解决取决于一个综合性文化机制的构建，主要包括两大类别：其一为历史向度，即致力于传统文化复兴（如礼乐文化与"家"文化）；其二为现代向度，即专注于社会建设（如社区与社团建设）之上专业团体价值体系以及现代公民参与意识的培育。

概而言之，在"伊斯特林悖论"出现的情形下，本书提出，由历史向度综合现代向度的文化模型构建是对"为什么不幸福、如何才能幸福"问题的一个文化层面的解答，其用意在于探索如何克服当前中国社会的文化价值危机，因为"价值是文化的内在规定性与基本特征，文化则是价值的体现"。此种文化模型构建其实也正是对当前中国社会需要什么样的核心价值以及什么样的道德体系问题的一个回应，其核心思想在于对价值规范层面的"敬畏"理念与行为规范层面的"制衡"理念的共同强调。易言之，可持续发展不只是经济环境等物质层面的可持续性，也包括社会文化层面的可持续性。

自然，就幸福的诸种诠释而言，单一依赖文化（定向）解释显然不可能解决幸福达致过程中的全部问题，但缺失文化审视的幸福研究肯定不是完整全面的研究。

第六章　从"生产导向"到"幸福导向"：关于中国社会发展新转向的思考

第一节　对 GDP 指标的反思：从"生产导向"到"幸福导向"

一、关于发展趋势变迁的国际与国内反思[1]

（一）国际层面

国际层面的反思不妨以斯蒂格利茨委员会报告的发布为例：2008 年，金融危机在世界范围内引发了一场二战以来最严重的金融、经济和社会危机，同时，环境危机，特别是全球变暖问题也迫在眉睫。在诸种问题面前，经济社会发展水平的 GDP 衡量体系的局限性日益显现（例如，医疗、教育、安全以及社会联系对于生活质量都很重要，但这些并没有在 GDP 中得到有效充分的体现）。因此，对既有经济社会发展指标统计体系的改革值得探讨。

为建立一个可以更好衡量经济绩效与社会进步的综合指标，以弥补 GDP 衡量体系的不足，在 2008 年，经济绩效和社会进步委员会（CMEPSP），即斯蒂格利茨-森-菲图西委员会得以建立，该委员会由诺贝尔经济学奖 2001 年获得者约

[1]　关于本节更多信息，请参阅斯蒂格利茨-森-菲图西委员会于 2009 年发布的《经济绩效与社会进步委员会报告》（"Report by the Commission on the Measurement of Economic Performance and Social Progress"），http：//www. stiglitz-sen-fitoussi. fr/en/index. htm，以及丘海雄，李敢. 从"生产导向"到"幸福导向"镜鉴：源自不丹和法国［J］. 改革，2011（6）：60-66；李敢. 幸福测量探析与经济发展方式的转向——斯蒂格利茨委员会报告"经济与社会"共建理念的解读［J］. 经济界，2011（4）：82-87.

瑟夫·E. 斯蒂格利茨（Joseph E. Stiglitz）担任主席，1998 年诺贝尔经济学奖获得者阿马蒂亚·森（Amartya Sen）担任顾问，巴黎政治学院教授让-保罗·费图西（Jean-Paul Fitoussi）担任联席协调人。2009 年，斯蒂格利茨委员会报告面向全世界发布。

报告在开篇即指出，人们使用 GDP 和 GNP 等国民收入数据最初只是为了衡量包括公共部门在内的市场经济活动，但目前 GDP 和 GNP 指标越来越多地被视为衡量社会福祉的指标，幸福（福祉）会随着 GDP 和 GNP 的上升而增加。但从世界范围内来观察，这并不符合实际情形。GDP 通常只是衡量市场生产和经济绩效的最佳标准，只能捕捉经济中的最终产品，也不考虑这些产品的消费者到底是家庭、公司，还是政府。并且 GDP 一般只是衡量国富与否的标准，而不能反映经济增长的社会成本，不能反映经济增长的质量，不能从本质上衡量社会福利水平和人民的幸福程度。因此，在诸种经济社会问题面前，对既有衡量经济指标统计体系（GDP 衡量体系）的改革值得期待。譬如，在很多情况下，GDP 的增长可能隐藏了人们福利的下降，因为健康的身体、愉快的心情很难被体现在某一个数字之中。可以说，用测量生产力的 GDP 来测量幸福，可能是社会经济进步与个体生活感受之间反差的直接来源。因此，斯蒂格利茨委员会报告倡导实现对经济发展测量体系重点的转向，即从"生产导向"转向聚焦于当前和未来福祉（well-being of current and future generations）。因为社会进步并不只是意味着财富创造或革新，更意味着苦难减少和幸福增加，（生产性）财富是（人本）幸福的手段而不是目的，财富是幸福的必要条件而不是充分条件。幸福除了"福利"（基于收入或财富）因素，更多涉及非收入因素（例如健康状况、职业发展、家庭关系等）。

斯蒂格利茨委员会报告还从 GDP 标准的缺陷、生活质量以及环境与可持续发展这三个方面，建议主要国际组织和各国政府调整 GDP 的算法，用 GNH 之类的指标替补 GDP 指标，以及设定可持续发展的恰当标准。"国民幸福总值"（GNH）（国内一些文章采用"国民幸福指数"译名，从 GNH 理论体系架构去审视，似有不妥）可以成为衡量人们幸福感知与社会发展运行状况和民众生活状况的新标尺。与衡量经济发展水平的 GDP 相比，GNH 的精华之处在于，它可以反映未来的发展。该报告提醒各国政府，既要有能力测量市场生产状况，评估经济绩效，监控整体经济状况，更要有能力评估当前幸福，关注未来幸福。对幸福的衡量，既是发达国家应对危机的机遇，也是发展中国家制度转型的挑战。斯蒂格利茨委员会报告还区分了对当前幸福的评估和对可持续程度的评估，关键是哪一个更持久。当前，幸福既与经济资源方面的收入与财富相关，也与诸多非经济因素相关，比如人们做过什么、能做什么、感受如何，以及所处的自然环境。转移重心不是放弃 GDP 和生产标准，它们仍是衡量市场生产和就业所不可或缺的标尺，它们也是解决经济状况监控等很多重大问题所离不开的参考。GNH 与 GDP 二者也是互助关系，发展经济在很大程度上有助于幸福感知层次的提升。在社会发展实践中，GNH 应与 GDP 有机结合，这样可以更好地构建衡量一个国家社会经济发展水平的新指标体系。这意味着，各国政府和国际组织需要改进统计体系，用以人的幸福为中心的、能够捕捉可持续性的标准来弥补市场行为标准的缺陷。

为此，报告建议各国政府将"生产导向"的标准体系转向"幸福导向"，建立覆盖面更广的社会进步测量标准体系。实际决策者也需要对决策所需统计数据和指标加大研究力度，这样才能找到更好的指标，更好地设计、执行和评估政策，改进人类福祉和促进社会进步。

（二）国内层面

改革开放以来，在专注于经济增长的市场化改革方面，中国已初步取得了重大成就，综合国力也大大增强。尤其是在 1992—2001 年，我国 GDP 年均实际增长率达到9.7%，在 2008 年国际金融危机之后，我国经济仍保持较为高速的增长，在一定程度上，堪称世界经济发展的一个奇迹。有关数据显示，2002—2007 年，中国年均经济增速高达11.65%，尤其是 2004 年、2005 年这一轮增长比较明显，增速甚至超过 10%，2006 年、2007 年增速更是达到了12.7%和14.2%。2010 年，我国 GDP 总值增长到39.7983万亿元（约合5.88万亿美元），超过日本的 5.47 万亿美元，成为世界第二大经济体。同时，2010 年，中国经济总量已占到世界经济总量的9.27%，人均达到 4283 美元[1]。这样，中央在改革开放之初关于在 21 世纪中叶人均 GDP 达到 4000 美元的规划目标已经提前近 40年得以实现（周瑞金，2011）。

但在国内经济建设取得不菲成绩的同时，也应看到，过度关注 GDP 所衍生出的诸种负面影响，这是因为，中国经济建设正处于一个社会经济急剧转型的时期，面临多重挑战与压力。转轨期的中国正处于一个社会冲突频发时期，各式社会矛盾突显。还应看到，自 20 世纪 90 年代中期一系列经济改革开始，国企、教育、医疗、房地产、股市等改革无不伴随着巨大的社会争议。因此，虽说中国经济发展已经取得了巨大成就，但仍存在一些社会问题。

因此，为共享改革与发展成果，寻求使社会和经济协调且可持续发展的有效路径，需要渐进转变既有经济发展方式，在由"生产导向"走向"幸福导向"

---

〔1〕 资料来源：http：//news．sohu．com/s2010/chinajpgdp/。

的过程中逐步实现社会公共资源配置（如公共服务）的公正化与合理化。而实现这种公正化又需要从主观认知差异与客观制约的双重性出发，在三个维度方面有所突破，分别为：在宏观层次，也就是制度结构层面，要广辟渠道，有规划地逐步追加有利于社会进步（教育、健康、安全、职业发展、民意表达与善治等）的公共支出。在中观层次，即制度安排层面，需要通过相关具体制度的建设和相关标准细则的制定与应用，以求获得相对公平的社会产出，而这一切并非形而上学的抽象论说即可以解决处理的，而是需要建立在相对完整的基础数据和信息的收集之上，建立在对成本—收益予以选择和比较的基础之上。在微观层次，要注意培植民众稳定平和的心态，如对法律法规的完善持以可循序渐进的进步观，关注民众个体的心理调适与适应性行为（adaptive behavior）的校正，以使其对社会机会的获得拥有良性预期。倘若展开论述，主要体现于既有发展模式（"中国模式"）之下的可持续性探讨：

国内改革开放已 40 年有余，中国业已成长为世界经济大国。若对以 GDP 为标准的经济总量进行核算，中国在 2010 年已位居世界第二，且有望在将来实现经济总量世界第一的目标。中国经济建设之所以有如此成绩，离不开对既有发展模式的臧否评议。

本部分关于"中国模式"的探讨主要集中于经济社会学视野之下其与现行经济制度关系的探究，并借助于对转型升级这一"具体而微"的经济学议题的重新讨论予以铺陈阐释，以求关于"中国模式"的探讨得以建立在相应具体化的实证研究基础之上。

需要指出的是，本部分关于转型升级的研究不同于经济学侧重于物质产出可持续性的研究，而是更多兼顾到对社会产出可持续性的探讨。这是因为，从经济社会学视角审视，转型升级涉及的并不只有经济管理问题，也包含社会治理问题。笔者的这一认识主要是来自对广东实践的观察。基于此，笔者以为，转型升级议题相较于"中国模式"研究而言具有"管中窥豹，可见一斑"之意义。尽管如此，书中提出的分析模型依然较为粗糙，实际上仅仅只是提供一个有助于提炼和定义研究问题中相关概念暨命题的分析视角，即侧重于强调对"中国模式"的研究应从现有注重"自然变量"角度的观察考量转向同时注重"社会变量"角度的观察考量。

本部分相关经验资料主要取材于中山大学社会发展研究所暨珠三角改革发展研究院在 2010—2013 年从广东省政府有关部门承接的关联性研究项目。其中，转型升级研究与幸福社会建设研究两大项目为主要来源。

1. 模型建构

促进转型升级有序展开是目前社会发展的重要议题。一方面，转型升级议题的焦点为经济发展模式的转变，如逐步实现从资源投入型向效率提升型转变；另一方面，转型升级议题直接关联到经济暨社会发展的可持续性，而可持续发展则是防止中国发展落入"中等收入陷阱"的有效手段甚至是不二法门，这将促使人们对于转型升级议题的认识从关注经济绩效的单维度转向同时关注社会进步的多维度。相应于转型升级任务，"中国模式"在"更新换代"方面与之有着类似的功能诉求，以用于提升过往被长期忽视的一些目标的重要性。

所以，对于"中国模式"研究而言，转型升级议题是一个可以着手的具体切入点，其可以成为"中国模式"研究领域的一个主题，就"中国模式"与现行经济制度关系而言，对转型升级议题的描述、分析有助于人们把握二者之间的关系。因而，对增长过程中转型升级问题的反思与考察将有助于增进对"中国模式"与现行经济制度辩证关系的解析，增加其中变量分析的实用价值与方法论意义。

由此，我们可以提出总结之二：虽为窥豹一斑，但转型升级议题的引出使得关于"中国模式"的探讨有了具体可观察的实际领域，对这一特定领域中"中国模式"的认识有助于我们把握和预测关乎其可持续性的相关建制，从而使得"中国模式"研究得以建立在实证研究基础之上，并可以对既有大而化之的笼统式研究予以补充完善。

同时，为便于阐释本书主旨，受启发于桥梁学原理、德国"社会市场经济"理论（尤其是其自由、公平与效率相权衡及向社会负责等原则）（艾哈德，1998），以及法国斯蒂格利茨委员会报告的基本内容暨核心主旨，关于"中国模式"（以转型升级议题为例），本部分提出一个兼顾"自然变量"与"社会变量"的"经济绩效—社会进步"组合变量分析模型，并将其绘制为一个类似于"双墩拱形桥"的图形（见图 6.1）。值得一提的是，该分析模型的提出不仅来源于相关文献研读所带来的逻辑思路，在很大程度上也得益于我们的实地调研，尤其是转型升级与幸福社会建设两大研究项目的启迪。

笔者不揣浅薄地自忖，在一定程度上，该分析模型可用于诠释"中国模式"（以转型升级议题为例）同现行经济制度之间的关系，遂权且抛砖引玉，以求业内方家赐予批评指正。

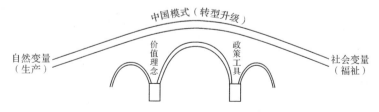

图 6.1　可持续性"中国模式"的"组合变量"分析模型

在此兼顾经济与社会可持续性的 "经济绩效—社会进步" 组合变量模型（也可以称之为 "生产—福祉导向" 分析模型）之中，"自然变量" 主要指经济总量意义上物质生产的可持续性，其侧重于经济发展的 GDP 类 "硬指标"；而 "社会变量" 则主要涉及与社会进步有密切关联的 "软指标"，如分配正义、社会保障、公共服务和公共产品，以及良好生态环境的可持续性等。而此模型之中的两个 "桥墩"，即 "价值理念" 与 "政策工具" 则主要受启发于社会学学者丁学良在其著作《辩论中国模式》中的相关阐述。本部分阐释借用此二者术语且加以补充丰富，并将其视作关乎 "中国模式" 发展前景的两大 "支柱"。整个分析模型的核心思想旨在强调，尽管 "发展才是硬道理与第一要务"，但在经济社会加速转型时期，适时转变发展观念，实现发展 "硬指标" 与 "软指标" 相统一尤为重要，即将过往发展过程中软硬指标衡量标准的 "表里不一" 调整为 "表里一致"。

因此，在此 "生产—福祉导向" 组合变量分析模型之中，多重变量相互作用下的动态过程可以成为理解 "中国模式" 走向未来可持续性发展的一个重要着眼点。其中，自然变量重在求效率，社会变量重在求公正。所以，有必要深入分析这一不断演变的过程，以求对其主要驱动机制加以合理的分析解释。如斯，方有可能较为有力地解释该分析模型中变量之间的相互作用。

基于以上 "组合变量" 分析模型对经济和社会共建理念的概介，关于 "中国模式" 发展前景同现行经济制度之间的关系，我们可引出总结之三："中国模式" 的更新将同时依赖于 "自然变量" 和 "社会变量" 的可持续性，既有经济（产业）层面的改造，也有社会层面的改造。进一步而言，"中国模式" 的前景在于校正以往在发展手段与目的方面相混淆的理念与实践，而将 "生产性产出" 经济绩效立足于为民众谋福祉的社会进步之上。

下面将通过经济社会学关于 "国家（政府）、市场、社会" 三者力量嬗变的分析路径对本书 "组合变量" 分析模型加以进一步阐释。值得一提的是，按照本书的分析模型思路，此博弈规则将文化变量及其子变量，如价值理念、思想观念等纳入第四种力量加以分析，笔者以为这第四种力量可以充任前三种力量的黏合剂，四种力量合力具有促进中国经济社会转型的独特价值。我们的研究工作可以分为两个组成部分：一是关于分析模型 "组合变量" 的理论讨论；二是基于本分析模型及 "中国模式" 与转型升级议题类比意义，对广东转型升级实践中 "组合变量" 机制的具体分析。

2. 理论讨论："中国模式" 的转型逻辑

承上讨论，首先应当看到，"中国模式" 体现了改革开放以来世界和中国的时代精神和进步内容。[1] 因此，"中国模式"研究既要立足于对中国发展模式的反思和总结，关注模式中的中国特征，也要着眼于对世界的意义和影响，关注模式中所包含和指向的普遍性内容。[2]

从本部分"组合变量"分析框架来审视，现有"中国模式"导致的结构性矛盾也主要体现于对应的两类变量之中：在"自然变量"层面，主要体现于物质生产过程中土地、水源能源、环境、劳动力等资源的使用现状，基于拼资源、拼环境与廉价劳动力的经济发展结构亟待调整；在"社会变量"层面，主要体现于财富分配的不均，人均公共品供给不足，以及作为社会建设重要力量的社会自组织的虚弱无力，基于财富配置与公共产品配置的社会利益与社会力量结构亟待调整。

概而言之，"中国模式"面临着调整的诉求，除了经济的发展，也应兼顾到社会的发展。

基于以上讨论，本书的中心命题是："中国模式"的转型前景将取决于其自身的升级换代，在经济产业层面之外还有社会建设层面的升级换代——既涉及价值理念变革也涉及政策工具变革的升级换代。这是因为，从经济社会学视角看，"中国模式"的未来走向不仅仅是对经济管理领域自然变量的探求，也是对作为社会治理事实而存在、体现社会进步的社会变量的探求。在经济社会急剧转型时期，对社会性因素的探讨理应成为题中之义。

（1）从自然变量到社会变量："中国模式"转型的此岸与彼岸

中国 40 多年改革开放历程及由其凝合而成的"中国模式"本身就是一场既涉及经济体制层面又涉及社会体制层面的"持续转型"。

对"中国模式"的调整必须破除既有不合理的利益格局，也必然引起利益格局的深刻调整，它是一场涉及经济社会领域的重大变革，即涉及从"自然变量"到"社会变量"过渡的变革。但要做到一点，离不开国家（政府）、市场和社会之间权责利关系的厘清，以求在限定各自权力边界过程之中达成某种制衡性构建。

一方面，如果说处理好政府与市场的关系是经济体制改革的核心问题，那么，处理好政府与社会的关系则是社会体制改革的核心问题。这是因为，"中国模式"的转型既牵涉经济体制改革，也牵涉社会体制改革。况且，国家（政府）与社会之间并不是一方对另一方的挑战或控制，也有可能为辅车相依的互补关系。所以，"中国模式"的转型升级应兼顾"自然变量"（"生产"层面）与"社

〔1〕　胡乐明，刘志明，张建刚. 国家资本主义与"中国模式"[J]. 经济研究，2009（11）：31-37。
〔2〕　蔡拓. 探索中的"中国模式"[J]. 当代世界与社会主义，2005（5）：12-14。

会变量"（"福祉"层面），以效率和公平为中心，既求速度也求质量，既需要坚持市场化改革，也需要加强社会建设以完善社会制度。

另一方面，在一定程度上，"中国模式"转型实则是一个转变经济发展方式的问题。转变经济发展方式的一个主要途径在于实现从依靠外需型转为依靠内需型，但内需型经济增长依赖于社会基本制度的构建，即有助于社会进步且可持续的"包容性体制"的建立，如此一来，才能有社会和经济协调发展的"包容性增长"，它是一种基于对机会平等（equality of opportunity）的倡导的增长。用吉登斯（2011）的话来概括，这种平等就是"包容性"（inclusive），与之相悖的是"排他性"（exclusive），其意味着社会成员在权利和义务上的一致性。[1]这种基于社会包容性与公平性的增长与单纯追求经济增长相对立，其目的在于使得普通民众可以公平合理地分享经济增长成果。与此同时，要看到，转变经济发展方式其实是要解决既有发展中所面临的不平衡、不协调等不可持续问题。实际上，党中央早在党的十七大时已经提出"加快转变经济发展方式"的目标，"加快转变经济发展方式"的背后实际上是加快转变社会治理方式，遵行经济和社会共建的发展理念。多年来，一直是社会全力以赴地支持经济，现在是经济反哺社会的时候了。

社会改革可以为未来经济增长奠定新的制度基础，这是因为，一套良好的基本社会制度是保障其市场运行和社会稳定的制度基础（郑永年，2009）。为此而加强社会的自主创新能力将有助于经济效应与社会效应的双重增长（丁学良，2011）。同时，面对多元社会现实，应当认识到，这是一个"远离平衡态"的时代，需要赋权，让各式各样的"实验"出现，使得各个自组织自我演化、自我适应，找到适应新环境的生存之道。[2]

综上，如果还只是从经济视角看"中国模式"转型已远远不够，在现行经济制度之下，经济意义上的改革只剩下一些技术层面的内容了，如今制约进一步发展的重要因素是其之外的社会制度的改革了，其应当是未来"中国模式"转型的重点目标。进一步而言，如果以中共中央制定的基本路线一百年不动摇的远景规划为参考依据，前三十年主要聚焦于经济改革，现在及将来主要聚焦于经济改革成果之上的社会改革（社会制度建设），从而奠定可以更好地服务于生产、交换与分配规则的基石，在提升（包含基本经济社会规则在内的）制度环境质量的过程中进一步推动"中国模式"的深层次转型。

依据以上讨论，我们提出：其一，"中国模式"纵然成绩卓著，但仍存在不

---

〔1〕 吉登斯. 现代性的后果 [M]. 田禾，译. 南京：译林出版社，2011.

〔2〕 罗家德. "远离平衡态与系统转型"[J]. 管理学家（实践版），2012（8）：110-111。

少问题，亟待改革寻求出路。其二，在"中国模式"的多维建构中，依据国内实际，服务于社会制度建设的社会改革可以是一个突破口。

（2）价值理念与政策工具："中国模式"转型的两大"支柱"

前述论及，"中国模式"由"此岸"到"彼岸"的转型过渡在于国家（政府）、市场和社会三方权责利关系的厘清，在于经济改革成果之上社会改革（社会制度建设）的深化，即实现从关注"自然变量"到关注"社会变量"的转变，但这种转变需要经由具体运作去完成。笔者以为，上述分析模型之中的价值理念与政策工具正是有助于实现这种转变的两大支柱性力量。

3."中国模式"转型的价值理念：从生产导向到福祉导向

承上所论，关于"中国模式"向何处去的讨论，其核心是经济发展方式的转变，而转变经济发展方式的必要前提是发展理念的更新，如从过往专注于自然变量意义之上物质财富的生产积累过渡到对社会变量意义之上社会进步的重视。

于是，为规避"中国模式"转型过程中可能陷入的上述风险，在价值理念层面，"中国模式"转型的"正道"在于努力实现从专注于经济绩效的发展观转变为同时专注于社会进步的发展观，例如，从市场与效率观念转向法治与公民权利观念，将公权力合法性建立逐渐从对"生产"的依赖转向对"福祉"的依赖。因而，尽管"发展才是硬道理"这一原则依然不变，但其内涵需要从经济发展（GDP至上）转向社会整体发展、由经济成就转向社会成就。

为此，有必要制定出一个既重速度也重质量、可以更好兼顾经济和社会均衡发展的测量体系，渐进实现基于此的财富和公共产品配置的日益公正化，以及其他民生福祉指标的显著改善，最终促进民众生活质量的提升。这个覆盖面更广的经济绩效与社会进步测量标准体系应有一个重点价值转向，即从聚焦于"生产导向"（production-oriented）的测量转变为聚焦于当前和未来"福祉导向"的测量（well-being of current and future generations）。这是因为，在经济社会转型时期，衡量一种经济发展模式成功与否的标准主要与普通人可以分享到经济增长成果的水平有关。

概言之，"中国模式"是全方位改革开放的一个体现，但这个全方位需要以循序渐进的方式开展，按照党的基本路线，经济（制度）建设之外的社会（制度）建设正是当前"中国模式"的发展重点。在新一轮的市场化改革过程中，只有创新经济发展和社会治理模式，秉持"生产—福祉导向"发展观，将经济绩效有效融合于社会进步之中，才能促进经济社会协调发展及解决当下发展中的诸多经济社会问题。

4. "中国模式"转型的政策工具：从"硬指标"到"软指标"

上述提及，"中国模式"转型的核心在于经济发展方式的转变，在于发展理念的更新，例如，树立从"经济绩效"到"社会进步"的发展观。但就经济发展方式转变的落实而言，其关键是政府职能的转变。就经济发展与政府关系而言，"分权式威权制"激励机制在促进经济发展方面自有其非凡之处。[1] 但也应见到，其仅仅只是一种物质激励。实际上，政府的职责应当是搭建有利于财富创造的平台，而不是直接去创造财富。所以，未来政府职能改革应明确政府的权力边界，政府严格遵守己身的权力边界（如对"有限政府"法则的恪守），既不越位（如不对微观经济市场过度干预），也不缺位（如有效履行供给有质有量的公共产品的职能），在社会治理理念方面秉持"从工具可控变量论到价值协调机制论"的新思维。只有摆正政府在经济社会领域中的位置，才可能最大限度地正确发挥市场在资源配置中的基础性作用，推动生产大发展，也才可能不断提升民生福祉水平。在这之中，政府在经济社会领域应扮演中立者的角色，遵循政企分开、政资分开、政事分开、政府与市场中介组织分开的原则，其主要职能也相应转变为市场监管、经济调节、公共服务与社会管理，把公共服务和社会管理放在更加重要的位置。同时，还要支持社会组织参与公共服务和社会管理，渐进形成公共服务供给的社会和市场共同参与机制。[2] 如此一来，即有望达成"多元化"与"社会化"的公共服务供给模式。[3]

因此，在政策工具层面，"中国模式"的前进方向应更多关注社会进步事宜，如医疗、社保、教育、环保，以及公正、文明等社会共意的凝聚，而构建一个可以更好兼顾经济和社会均衡发展的"经济绩效—社会进步"测量标准体系也随之成为必要。而作为其有机构成之一，调整既有以经济发展为主要"硬指标"的政府绩效机制势在必行，以更好推进社会公正、公共服务和环境保护等"软指标"考核的"硬化"。既然实现从对经济绩效单维度关注到对社会进步多维度关注的一个关键是政府绩效考核体系的调整，那么新的考核体系中就应既含纳以经济发展为标准的"硬指标"，也含纳强调分配正义、社会保障、环境保护等内容的"软指标"，并推动软硬指标从"表里不一"到"表里一致"转变。进一步而言，此新测量体系应可用于测度人们对政府效力、信誉度、服务质量以及其他功能的评价，它不应只是一种测量指数，也应是一种发展转向的

〔1〕 Landry P F. Decentralized Authoritarianism in China: The Communist Party's Control of Local Elites in the Post-Mao Era [M]. Cambridge: Cambridge University Press, 2012.

〔2〕 参见 2013 年 2 月 28 日公布的《中国共产党第十八届中央委员会第二次全体会议公报》。

〔3〕 赵其国. 和谐社会构建中的政府管理创新研究 [M]. 北京：经济日报出版社，2008.

价值体现，注重价值、政策执行及指标之间的平衡。概言之，其政策意义与其价值意义应齐头并进。以曾引发热议、对空气质量有严重影响的PM2.5指数监测为例，公布PM2.5浓度值的阻力主要来自地方，这是GDP独大政绩观的直接表现，但公布PM2.5浓度值在一定程度上也可能有助于刺激地方经济的转型（李晓东，2012）。实际上，周雪光与练宏（2011）关于政府环境政策执行的"控制权"理论也是对这类问题的剖析。在实现"软指标"可以"硬化"的情形下，政府的单目标激励与社会和谐的多目标之间的冲突方有可能得到缓解乃至解决（石磊，张翼，寇宗来，2010）。而为实现软硬指标之间从"表里不一"到"表里一致"的转变，参照"经济绩效—社会进步"之组合变量分析思路，我们以为，调整后的政府绩效考核体系可以涵盖以下要点。

第一，强化从服务需求方的视角评估政府服务的水平与绩效。对政府公共服务和民生建设的考察，既有政绩考核体系中指标多数是侧重从服务供给方（政府）的角度来进行，欠缺从服务需求方（民众）考察公共服务的可得性、便捷性和有效性的视角。

第二，明确绩效考评定位并列清考评目标。作为政府的考评体系，为了更好地发挥新政府绩效指标体系的政策导向功能，宜阐明每一个评估指标对应的社会发展目标（一级指标）、政策目标（二级指标）以及具体政策目标。以民生建设为例，虽然现有客观指标基本涵盖了政府公共服务的各个方面，但是绝大多数指标是对服务"数量"方面的考察，缺乏对"质量"的考核。

第三，清晰定义各指标，明晰指标的分解问题。对于每个指标，应明晰其定义、使用的缘由、计算方法、数据的收集方式和来源、计算周期，以及局限性（指标的信度和效度问题）。详细列明这些信息，有助于各政府部门更科学有效地分析、比较和利用各项指标进行政策诊断评估，防止由对指标结果的片面解读而造成的政策误诊和政府绩效考核失效。例如，涉及公共服务供给和资源分配的指标测量均应区分不同收入群体、社会群体、户籍与非户籍人口、性别、年龄、城乡地区之间的差异性，以更便于对资源配置、政府服务均等化进行全面评估。

综上，"价值理念与政策工具"对于"中国模式"转型的功能价值可用下列五个要点加以概括：第一，简单使用测量市场生产的GDP体系来测量发展，这可能是"中国模式"之下社会进步与经济绩效之间不尽一致的直接原因。第二，在转型时期，关于"中国模式"的测量体系应逐步实现从"自然变量"到"社会变量"的转变，相应公共政策制定除了"生产性产出"的经济绩效，更要注重立足于为民众谋福祉的社会进步。第三，"生产—福祉导向"价值理念对于"中国模式"转型的功能价值在于推动一个衡量经济绩效与社会进步的综合指标体系的建立,这样一种指标体系可用于弥补单一 GDP 标准的缺陷、提升生活质量以及促进环境与可持续发展之间的融合。第四,为了满足当前经济社会转型中经济增长方式和社会管理方式双重转变的需要,政府应当由发展型政府向服务型政府转变。第五,在"价值理念与政策工具"推力之下,"社会变量"层次上社会进步的实现与提升,有赖于全面均衡经济社会政策的制定与落实,为此,有必要设定相应的政策基准边线和对应的政府绩效考核体系,并对发展历程展开历时跟踪调研,以及制定配套的政策项目评价与筛选工具。

上面关于分析模型的理论阐释虽然为基于国家、市场、社会力量博弈的经济社会学传统分析路径(融入了第四种力量——理念价值),但在很大程度上也受启发自过去几年笔者对广东实践的观察与思考。为进一步阐释此分析模型,下面谨对"具体而微"的"中国模式"——广东省的转型升级——这一案例的经济社会治理意义予以论述。

(三)个案选取的经济社会背景

此处,我们以 2012 年对广东顺德地区的一次生活质量调查为例展开论述。

此次调查地点为曾为"广东四小虎"之一的顺德。在调查地选取方面,根据顺德各街道/镇的经济发展水平、人口分布和人口规模,采用分层随机抽样的方法,共抽得大良街道、容桂街道、伦教街道和乐从镇下属的 10 个社区。具体采取了一对一面访的方式向 18 岁以上居民进行资料收集。在排除存在缺失值及误答等缺陷的问题问卷之后,课题组最后得到有效问卷 856 份(实抽样本 870份,问卷有效率为 98.39%)。当地居民收入数据信息呈现如下:

顺德居民人均月收入水平以 3000 元为临界点,收入水平处于平均水平以下的居民占样本总量的 73.2%。这说明,即使是在以"富裕"著称的顺德,也存在一定的居民收入差距,部分居民难以充分享受经济发展成果。

实际上,广东省处于新旧发展模式交替的关键时期,其发展正从高速增长期转入平稳增长期,在此过程中面临不少问题,例如,发展方式总体粗放,科技创新能力不强,资源环境约束趋紧,贫富差距、区域差距、城乡差距仍较大。

以上省情特征的结构性变化表明,广东省经济社会发展已经步入转型期,尽管广东的经济总量连续多年排名全国第一,但提高发展质量的要求也日益紧迫。对此,广东省采取了"加快转型升级"的解决路径。需要指出的是,此次转型升级与此前类似工作一大不同之处在于,其明确定位"转型升级是手段,幸福广东是目的"。广东历来是中国改革开放事业的"试验田"与"排头兵",笔者以为,此发展定位包含了政府已经开始真正正视其新的政策需求之意蕴,体现了未来公共政策选择、制定与评估的可能性转向，是对发展路径方向与发展价值取向的统一。

笔者以为，广东转型升级实践较好地体现了发展目标与手段之间的融合，其实践可经由上述"组合变量"分析模型加以考量。这是因为，经济持续健康发展的目的在于保障和改善民生，实现社会公平与共同富裕，以及基于此的社会和谐与稳定。

（四）从自然变量到社会变量

实际上，对广东而言，"加快转型升级"不仅仅是一项重大经济管理任务，也是一项重大的社会治理任务。这是因为，相较于国内其他地区而言，在经济发展方面先行多年的广东在社会治理方面更面临着社会发展和谐均衡的重担，此前发展模式留下的负面烙印同样存在于此。面对珠三角地区出现的"幸福悖论"现象，需要新的治理思路与策略，如跳出拘泥于GDP方面"做蛋糕"的窠臼，既要重视速度，更要重视质量，在"做蛋糕"的同时重视"蛋糕"的品质以及"分蛋糕"过程之中的社会公正原则。

就自然变量而言，体现在经济领域，为促进"加快转型升级"目标的实现，广东提出把建设现代产业体系作为战略重点、把创新作为核心推动力、促进内外需协调拉动、推动区域协调发展、强化绿色发展、夯实"三农"基础等工作重点。同时，为应对国际金融危机冲击及省情特征的结构性变化所造成的倒逼机制，广东采取"提升珠三角，带动东西北"战略，加快转变经济发展方式，大力实施扩内需稳外贸，以及"双转移""腾笼换鸟""三促进一保持"等战略措施。

就社会变量而言，体现在社会领域，加强以民生为重点的社会建设，着力完善社会保障和公共服务体系，并开展以培育和规范社会组织等为突破口的改革。广东在转型升级实践中逐渐认识到，只有改革和创新社会管理，主动学习与适应市场经济条件下的社会多元化格局，才能确保经济与社会的活力和秩序。

依据我们的调查，广东的转型升级分三步走，第一步是工业产业的转型升级，第二步是生态环境的转型升级，第三步是生活质量的转型升级。其中，在工业产业领域（自然变量），广东改变过往过渡依靠大规模投入与空间扩张的经济增长路径，迈向现代制造业和先进服务业，用增量稀释存量。相关工作主要分为两个方面：一方面是提升原有加工制造业附加值，向产业链高端提升，鼓励从事延伸"微笑曲线"（smiling curve）两端的实践；另一方面是在电动汽车、电子信息、平板显示和半导体照明等领域实施战略性新兴产业的创建扶持。与工业产业领域（自然变量）作为对应的是，在社会建设和社会管理创新领域（社会变量），一方面，积极构建以机会公平、分配公平、规则公平为主要内容的社会公平体系，并以《广东基本公共服务均等化规划纲要（2009—2020年)》为准则推动民生保障与改善，努力缩小基本公共服务差距；另一方面，深化社会组织管理体制改革，培育发展和规范管理社会组织，强化服务职能，构建枢纽型社会组织体系，加快政府职能转变，推进政府将行业管理、社会生活事务管理等职能向具有资质条件的社会组织转移，充分调动社会组织参与社会管理和公共服务的积极性。

（五）价值理念与政策工具

如上所述，广东省的转型升级实践是一个有机整体，其既关注经济发展，也关注社会发展，是对以加快转变经济发展方式为主线的科学发展的具体化，也是对发展目的与手段异化的一次矫正。

在价值理念层面，广东省确立了转型升级的目的在于"建设幸福广东"，其体现了转型升级的价值追求和目的依归，也是对以人为本执政理念的深化，即建设幸福广东的关键点在于明确一种发展方向，一种为民众谋福祉的发展方向，关于社会发展的价值导向，而不是急于打造什么一蹴而就的"幸福"政绩工程。因而，"幸福社会"建设并不是一种"完成时态"下的既有结果，而是一个"进行时态"下的发生过程。

在政策工具层面，为实现经由转型升级以增强广东经济社会发展的协调性、均衡性与可持续性，也为了不断创造财富，公平地分配财富，进一步缩小基本公共服务差距，让民众共享经济发展成果，有必要构建一个统筹经济绩效与社会进步标准的测量指标体系，政府绩效考核依然是其中一个关键组成部分。关于这个新的指标体系的构建，我们给出了以下原则建议。

1. 以家庭为单位综合评估民众的生活质量

鉴于中国对"家"文化的重视，我们建议以家庭为单位开展问卷调查，综合评估家庭在日常生活、教育、医疗、休闲等方面的开支，统观家庭收入、消费和财富，考虑政府公共服务和公共政策对家庭收支账户的影响。

2. 把"软指标"纳入公共政策（项目）制定和绩效评估体系，并使之成为常态

该建议是考虑到，目前广东省各层次的绩效评估主要集中于对政府整体绩效的评估，而对政策（项目）层面的绩效评估没有引起足够的重视，且在政策出台前引入民意测度进行民众需求和可行性研究的先例也不多，虽然偶尔也有些针对政府项目的评估，但多数是属于"走形式"的项目验收，而不是对照政府投资项目预期绩效目标对实际绩效结果的有效评估，而且各级政府中的项目绩效评估并不存在一套相对统一的绩效评估体系。因此，为突出社会进步方面的诉求，我们建议，对不同政策项目在调查阶段就应评估其影响生活质量不同领域之间的关联度，并把"软指标"纳入公共政策评估体系中，根据不同的政策问题设计相应指标，使之服务于政府的日常决策。

3. 指标选取宜注重科学性和有效性，注重差异化分析和公平性评估

一方面，选取的指标宜最大限度地展示政府政策成效并考虑其信度和效度，选取的权重宜反映政策的优先次序。换句话说，如果政府目前或将来的政策规划几乎不能影响某个指标的数值，则即使这个指标符合政策制定的"四可"原则（可比、可得、可行、可公开），也应尽量避免；如果某个指标能有效衡量政府的表现和政策的有效性，即使从现有统计指标体系中不可获得相关数据，也应该采用问卷调查、电话访问等方式收集数据。如果确实需要利用现有的统计数据，必须明确指标的局限性。另一方面，结合基本公共服务均等化的政策思路，幸福社会建设指标体系的核心应该是公平。因此，无论是主观指标还是客观指标，都应按照不同收入群体、社会群体、户籍人口、性别、代际、城乡地区等分开核算和比较。

综上，转型升级本是经济学研究领域的一大议题，主要指的是工业、产业结构的合理化与高级化及其之上的产业结构优化，例如实现产业类型从高能耗、高污染转向低能耗、低污染的升级，从粗放型转向集约型的升级，从低附加值转向高附加值的升级，终而实现生产要素的合理配置，使各产业协调发展，其中技术进步与效率提升是产业转型升级的关键所在。但是，基于对广东实践的观察，我们发现，此处的转型升级并不只是经济学意义上增长的维持，更有社会管理创新之丰富内涵在内，这是因为"加快转型升级是手段、建设幸福广东是目的"，经济可持续增长服务于社会可持续发展。（广东）转型升级实践的理论意义就在于其指出，转型升级不只是经济（产业）层面的改造，同时也是社会层面的改造（李敢，2013），也即转型升级不仅是经济问题，也是关系民众福祉的重大社会问题。易言之，转型升级不是背离人本治理理念去片面地追求经济增速和总量增加，只有以人为本，方可以促进经济社会发展的良性循环。在目的与手段的一致性方面，不妨对比前面关于"中国模式"前景的阐释——"中国模式"的出路在于"升级换代"，在于统合经济管理于社会治理之中。因而，广东省的转型升级与"中国模式"具有一定的类比意义，两者共通之处在于都以经济建设为中心，以增进民生福祉为发展的根本目的。

对于以上观察和讨论，我们可以用下面两个要点加以概括：其一，转变经济发展方式既是转型升级的主线，也是完善中国发展模式的主线。两者在深化改革方面有类似之处。其二，由于"中国模式"深化改革的实质是利益结构的调整，即结构性利益的再组合，基于类同关系，转型升级也是一场经济社会领域的重大变革，必然引起利益格局的深刻调整。

（六）讨论与结论

关于"中国模式"与现行经济制度的关系及其未来前景，本部分提出了一个理论分析模型，把"组合变量"作为分析着眼点来认识和解读其可能的转型过程。引入这一分析模型的一个重要意义在于引导从更为广阔丰富的社会背景来认识和理解"中国模式"的渊源、初始条件及发展方向，尽管其目前尚不是一个具体的理论模型或因果机制的完整呈现。

我们通过对广东省的转型升级这一具体而微的个案的研究来阐述这一分析框架所提出的研究课题、分析概念及理论思路。这是因为，从很多方面来看，转型升级议题可以视作"中国模式"未来发展的一个缩影。同时，因篇幅所限，我们的个案描述比较简略，存在相应的不足之处，例如，未能展现出广东转型升级工作在完善市场经济方面所表现出的丰富内容，而是用了较多篇幅去刻绘与之对应的社会变量方面的努力，力求在经济与社会共建过程中更好推进这项工作的前行，从而增进关于"中国模式"多重转型的认识。所以，书中"组合变量"分析模型与个案的运用旨在突出"中国模式"转型过程的动态性，以求在相关研究命题与有关分析概念澄清基础之上较好地阐释此分析模型对于解读"中国模式"在经济社会学之上的分析价值。经由对上述"组合变量"分析模型与个案研究之间的综合分析，对于"中国模式"的研究，我们可以得出以下结论。

第一，"中国模式"的发展是个持续动态的过程，作为一种经济发展模型的"中国模式"是一种客观性的社会事实，是中国改革实践的成果之一。

第二，一方面，需要改变的是使"三高三低"（高投资、高耗能、高污染；低工资、低地价、低福利）走向"五个文明"（经济、政治、社会、文化、生态）共建；另一方面，不需要改变的则是坚持中国道路。进而言之，在一定程度上，"中国模式"的可持续性受制于一场内涵与外延均更为广阔的转型升级。

第三，承上，"中国模式"的发展路径在于"转型升级"，不仅是经济层面的转型升级，更是社会治理层面的转型升级，在于从过往专注于"自然变量"的发展模式渐进过渡到同时关注"社会变量"的发展模式，在于全面深化改革，包括经济体制改革、文化体制改革、社会体制改革等。

第四,进而言之,转型升级即在于实现从技术追求到价值追求的转变,既要争取技术成功,也要争取价值成功,这是一种利益格局的调整。正因如此,只有树立合理的价值理念(科学政绩观),建立健全利益引导机制,实现对(地方)政府的激励与鞭策从物质到价值层面的转变,执行经济与社会共建的价值理念与政策工具,才可能真正落实为民众谋福祉的目标,终而实现治理意义之上真正的长治久安与和谐繁荣。

第五,概而言之,关于"中国模式"向何处去的经济社会学研究取向,本部分主张市场化和社会化"两条腿走路"。一方面,从深化市场改革方面加以规范,如采取产权关系清晰化、国有企业改革,以及调整优化产业结构、需求结构、要素结构增长格局等方式;另一方面,也要从加强社会改革、社会建设方面加以规范。为此,有必要构建一个更完善的综合评价体系。当然,在这之中,有作为衡量市场生产和经济绩效标准的 GDP 衡量体系依然很重要,但是必须进行改革与转向(如从生产导向转向福祉导向),以建立起覆盖面更广的社会进步测量标准体系。新的经济社会发展综合指标体系应能够以适当方式展示与当前经济绩效有关的综合性统计信息,除了关注生产性产出,还应含纳那些与社会进步有密切关联的指标,以评估社会进步的可行性并探求有哪些可供选择的测量工具,以更好反映经济增长过程中的经济社会成本,即新的衡量体系应是一个可以同时衡量经济绩效与社会进步的综合指标体系,从而推动社会进步综合指标与提升生活质量内容相协调。

二、幸福社会建设的现实价值

(一)中国现有经济社会发展中的深层次问题

改革开放以来,经过 40 多年的快速发展,中国社会经济发展所取得的成就足以成为世界经济发展史上的一桩里程碑式事件。一方面,中国已经成长为世界第二大经济体,GDP 总量居世界第二;另一方面,中国社会经济正处于新一轮的转型时期。在这个经济社会双转型时期,努力实现"经济增长速度与结构质量效益相统一"已经成为中国当前经济社会建设一个刻不容缓的任务。这是一个发展机遇与挑战并存的时代。所有这一切都推动着中国经济社会发展走向新的转型,踏上一条从"生产导向"到"幸福导向"的转型之路,因为经济发展只是社会发展进步的必要条件而不是充分条件,经济只是为人类谋福利的一种手段,除却经济因素,人们的生活质量和幸福水平在很大程度上取决于非财富因素(Ng,2003)。而在发展的诸多要义中,确保高质量基本社会服务的全面惠及是达成发展目标最有效的方式之一(托马斯等,2001)。

从实际情形观察，现有发展中的困境促使中国加速将社会建设、社会管理与社会服务议题提上日程，因为造成当前经济社会发展所面临的深层次问题的一个重要因素就是此三者关系亟待改善与加强。在笔者看来，社会建设、社会管理和社会服务相互促进且相辅相成，缺一不可。不过，通览国内社会建设现状可以发现，虽然社会主体的多元性、独立性、选择性有所增强，但社会建设远不到位，经验缺乏，人才也不足，社会建设在总体上依然滞后于经济发展（李克强，2010）。有鉴于斯蒂格利茨委员会报告中关于幸福社会建设的建议，例如第 6 条论及影响人们生活质量和幸福水平的一个重要因素是基于"可行能力"的"功能性活动"组合，我们可以推出，提升社会管理水平的一个有效方式就是深入推进以公民权利臻善和政府责任臻善为愿景（融社会管理和社会服务于一体）的社会建设。例如，有研究证明，人民对发展决策在制度层次上的实际参与具有程序效用（procedural utility）作用，这种政治参与可以直接提高公民的幸福水平（弗雷，斯塔特勒，2006）。同时，纵览全球经济社会转型变迁的经验与成果，在致力于社会公共服务供给的社会管理与社会建设中，政府的角色均不可缺失。在新的形势下，如要满足当前社会经济转型中经济增长方式和社会管理方式转变的需要，既有的具有经济至上单一性的"法团主义"政府建制显然已经滞后于社会要求了，新的转变应当趋向于丰富和完善社会管理与社会服务职能的社会建设型政府建制（李敢，2011c）。

因此，在当前经济社会秩序变迁之中，超越 GDP 与测量幸福已经成为一种客观的压力和需求，加强社会建设已经成为时代的呼声。在这个寻觅幸福的"后 GDP"时代，经济社会发展测量指标的选取宜转向社会成员能够"参与"和"共享"的"包容性增长"目标，注重"权利公平、机会公平、规则公平、分配公平"，如更多关注实际人均国内生产总值（财富分配公允性），关注诸如人文发展指数（HDI）、国民幸福总值（GNH）等非货币性指标对于社会发展的意义和价值，关注社会与个人权利增进与政府能力臻善的统一性，从而努力实现经济社会长久协调的可持续发展。

（二）幸福社会建设与中国现有经济社会运行的契合度

正如斯蒂格利茨委员会报告提出的基于经济绩效与社会进步相统合之下幸福社会建设的 8 个维度和 12 条建议所言，每个国家在幸福探求中都需要找到适合自己的可行路径。对中国而言，尤其要审慎思虑如何实现将幸福要义与中国的历史文化及现有经济社会发展阶段及其运行特征相统合。一方面，要重视中国传统文化的力量，如其中对教育的重视、对家风的重视等。另一方面，要正视现实生活中诸多由制度安排造成的缺憾，如城乡分割的二元经济、（就业、婚姻登记、同城同业不同籍的市民待遇等方面的）户籍地域阻隔等。相信，在基本社会保障层面的大幅改进将从主客观维度有力提升国人的幸福水平。简言之，从政府视角来看，幸福社会建设就是基于本国历史文化背景对经济社会协调发展的一个努力，是为了解决发展过程中遇到的诸种社会管理难题。

（三）发展导向转变与可资借鉴之处

在一定程度上，依据世界各国对 GDP 指标体系的一致性反思（法国设置斯蒂格利茨-森-菲图西委员会即为一明证）与对国民幸福总值 GNH 之类衡量经济社会发展新指标体系的研究热潮，在一定意义上，可以说"如何提升幸福"议题在不久的将来极可能成为考量各国政府治理能力的标尺之一，将成为衡量各国政府行为的新指标。经济政策与幸福政策的并举已经成为时代的呼声。如今，政府已经无法回避其担负为民众谋幸福的责任，从"生产导向"到"幸福导向"的公共政策转向将是世界性潮流所在。

以幸福指数编制为例，从公共政策制定的角度来看，幸福指数的使用需要同时注意到其中的政策规划、政策影响评估和绩效评估三个层面（Bork，2010）。在政策规划层面，一方面需要识别潜在的幸福源并确定最低水平幸福的优先权；另一方面，在设计政策时应认识到幸福水平是不断递增的，要能考虑到该政策设计对幸福不同维度（例如斯蒂格利茨委员会报告所列举的影响幸福的 8 个维度或者不丹研究院 GNH 研究中心所提供的影响幸福的 9 个维度）的影响。在政策影响评估层面，为保障幸福政策项目的有效性，要能根据对过去经济发展情形的分析做好幸福调查事前和事后的评估工作，例如不同制度、文化和发展水平的地区或社会对幸福的可能性理解和影响幸福的因素以及同一地区不同阶层对幸福抑或不幸福的看法，个人层次与组织层次的幸福抑或不幸福将导致的社会（经济）后果是什么。在绩效评估层面，规划设定的幸福指数考评体系应具有可操作性，可以对政府机构及其组成人员的绩效进行测度和赋值，以便于作为下一步发展调整的参考依据。

再以幸福政策制定为例，在制定立足于为民众谋幸福的"幸福政策"的过程中，不妨加入对个体"偏好"（preference）和"需求"（need）的均衡性考虑。这是因为，以前的政策制定往往只考虑如何改善社会经济环境，却忽视了个体偏好和需求的变化。经济学的前提假设认为，个体的行为决定遵循利益最大化原则，然而，现有的研究发现，社会比较（social comparison）和快乐适应性（hedonic adaptation）并不一定是影响个体决策的重要因素，这在一定程度上动摇了经济学前提假设的解释力。因此，政府政策的关注点应回归到个体的偏好和需求之上（Easterlin，2003）。有效的幸福政策将有下列产出：可以通过测量微观个体的幸福来评估政府财政支出的成效；提高就业率比仅仅增加人均收入或提供失业救济金更有利于人们幸福水平的提升；定义"贫困人群"时应该同时关注可支配收入的高低和主观幸福的强弱；人们的主观幸福受到与他人比较的影响，因此应该向高收入人群收更高的税，促进社会平等（但具体仍需考虑其他很多方面的影响）（Frey，Stutzer，2002b）。进一步而言，"幸福政策"不仅可以构成政府执行力新的挑战与动力，还可用作一种新的政策评估标准和未来政府绩效考核标准的组成部分，可以涵盖经济增长、文化发展、环境保护以及政府责任的臻善等诸多方面。

简言之，幸福政策的研究与幸福指标体系的建立要在既有发展成果基础上围绕现有政策的需求（短板）、政策制定、政策执行与评估进行操作。幸福探寻对于政府的一个基本要义就在于推进法治、高效、廉洁、深孚众望、高度负责的良性政治建制与治理。

第二节 "中和·'社会'主义"文化模型构建：一个具体运用

综上，幸福暨幸福社会议题，特别是"影响因素"研究于近年一度非常热门，不少成果专注于数理分析工具或模型的打造，以实现论证逻辑性和结论可重复性的双重加强，但其内蕴的思想性差强人意，从而使得原本颇有哲理思考特质的幸福研究大有沦为局限于工具技术层面、自娱自乐的学界游戏之嫌疑。

与此同时，就在幸福研究在学界成为热门议题时，受制于种种限定性机制，该项研究屡屡遭遇"被幸福"回应的窘尬。其中一个原因可能是，为数不少的研究成果在专注于"科学分析"时，或多或少地忽视了对政府推出这一研究课题社会实践紧迫性的认知。

因此，非常有必要重新审视国内幸福研究骤发的社会语境。在笔者看来，一定意义上，幸福研究上承"建设和谐社会"议题，下接"民生、尊严与幸福"议题，具有很强的现实主义诉求意蕴，是一个颇具政治、社会、文化实践操作性色彩的课题。"幸福社会"的实现或更需要正本清源，例如，适应新发展格局下社会文化价值体系的培育塑造，以及整体文化价值层面的社会关怀。

于是，对于幸福社会建设研究而言，在一定意义上，倘若缺失文化价值重塑方面的社会实践改革，匆忙之下纷繁多样的"数量化"路径可能只是担雪塞井罢了。相较于此，对当下中国社会文化价值系统的深度讨论或许是诸种变量模型、假设命题研究路径之外的有益尝试，否则，未免有本末倒置之嫌。这是因为，如果缺失对致力于推进良性发展社会文化价值观这一核心要件的聚焦，势必无助于让政府和全社会真正掌握诸种可操作的参照体系，无助于致力于国家现代化生活参照坐标的设置，也无助于在高屋建瓴层面给出一个可实现的幸福社会建设和发展目标。

基于以上论述，为全面准确理解"伊斯特林悖论"，有必要在文化价值重塑基础之上推动建立新的价值观体系，有必要聚焦于"调节性元价值"的设立论证[1]。在国家发展观渐进由"生产导向"向"幸福导向"转变之时，这一方面的诉求尤为迫切。这是因为，"无论是对个人追求而言，还是对一个国家的经济社会发展而言，作为一种愉悦性情感体验的幸福均应当是一种终极价值的诉求所在，也应是公共政策制定者的一个关注焦点"（丘海雄，李敢，2012）。

有鉴于此，在充分汲取中国优秀传统文化营养之基础上，本书提出一个基于"中和·'社会'主义"共生理念的文化图示，并借此说明可适应于幸福社会构建的新的价值观体系及其内蕴（见图6.2），如有不当之处，还请业内方家批评指正。

现代向度
拥抱：社会：

历史向度
回归：家园：

图6.2　"中和·'社会'主义"文化图示

"中和·'社会'主义"文化图示旨在回答前文论及的幸福社会建设过程中文化定向层面的难题，即尝试对中国语境下"伊斯特林悖论"之上的"幸福社会何以可能"问题给出一个文化层面的回答，也可作斯密关于幸福社会建设四原则（人性、财富、美德、制度）之外的一个补充——基于文化定向的文化价值重塑原则。

如图6.2所示，历史向度主要在于倡导回归"家园"的传统文化，例如"中和"类价值观，侧重于对传统礼俗社会文化价值的继承与改良。现代向度主要

---

〔1〕 按照中山大学社会学教授王宁的观点，调节性元价值并不是在关于未来的终极目标或理想蓝图的基础上所形成的价值，而是一种着眼于调节个人自由与社会秩序之间、个人利益与社会整体利益之间的关系的一种根本性的价值。

在于倡导拥抱“社会”的现代文化，侧重于现代工商或法理社会文化价值的建设与丰富。例如，在此图示中，前者主要着力于精神归属的关怀，后者主要着力于推进对现当代各司其职的专业主义团体价值的认可与放大。因此，该文化图示构建的整体立意在于，尝试同时汲取传统乡土社会与现代工商社会的文化价值精髓，以求促进传统性与现代性相融合，也尝试说明，在当代社会文化价值体系的建设过程中，传统乡土文化或农业文化与现代都市文化或工业文化具有共存互补的可能性。

简言之，在多重社会转型背景之下，“中和·‘社会’主义”文化图示旨在展示由乡村经济时代精神（传统理念价值）融合市场经济时代精神（现代理念价值）的社会文化建构。此种文化模型构建其实也正是对当前中国社会需要什么样的道德体系问题的一个社会学回应。在笔者看来，只有文化价值定向问题得到有效解决，才有可能将社会建设真正推向“幸福导向”之路径。

(一)“中和”之道在何处

“中和”，字面意思为中正、合作与和谐。从中国传统文化角度去理解，“中和”可用于指代忠孝友悌信、德诚恕节和、仁义礼智勇，以及至善、至诚、至仁、至真等“中庸之道”[1]，如“太平和合”即是其一种理想境界。在笔者看来，“中和”之道的最大功用在于有助于“敬畏”理念原则的培育和运作。这种敬畏的对象至少包含生命、天道与历史等几个维度。传统文化中“敬畏”理念价值内涵的制度化和习俗化有着明显的社会教化功用，例如，内含有经由日用人伦去追求仁爱心和幸福生活的价值品质。

对“中和”一类传统文化价值的强调是因为，中国儒家传统及其人文思想在新的历史条件下可以完成现代转化。早在 1935 年，吴文藻先生即指出，“事实上，我们对于固有的文化已经缺乏正当的认识，在我们的意识中，已铸下了历史的中断。因此，对于我国传统文化中的精华元素，我们如不再奋起直追与审慎复兴，必将造成历史与现实的重大遗憾”（吴文藻，2010）。

在经济建设进入新常态发展阶段后，文化建设是否有必要也迈入一种“新常态”，而不是“静止态”？比如，适当回归中华传统文化谱系，并以此为基石，进行新时代文化价值重塑。这是因为，在很大程度上，中华传统文化依然是增

---

〔1〕“中和”之道在某种程度上即“中庸”之道，整个体系堪称博大精深。受制于主旨和篇幅影响，本书简介如下，细节则不作铺陈。《论语·雍也篇》有云：“中庸之为德也，其至矣乎！”意思是说人的道德如果能达到中庸，就是最高的道德。中庸之道是人生的大道，其理论基础是天人合一。具体内容有三达德、五达道、九经三重等。中庸之道的主要原则有三条：一是慎独自修，二是忠恕宽容，三是至诚尽性。

进民族向心力与凝聚力的有效载体，可以为国人提供一种精神寄托，也即精神"家园"的归属感，是幸福社会建设开展的一个有效前提。在这一方面，即便是按照西方的幸福研究学说，例如马斯洛的层次需求论，这种精神"家园"归属感对于改善人们幸福水平也非常重要，没有心灵的归属感，何来幸福社会呢？而且，应当说，一定程度上，建设优秀传统文化传承体系与重振国民精神有着密切联系。这也是因为，在很大程度上，传统文化中的价值理性正可以弥补当代科学理性或知识理性的不足，其蕴含的人文精神仍然难以为单纯追求经验实在的科学理性所超越（司马云杰，2011）。

不过，此处的"中和"一词，更多属于一个文化类别意义之上的"理想型"，可用于指代广义之上中华传统文化的菁华内容。除了儒家"中庸之道"以及释墨道等诸子学说的主要内涵，还可以作为一种方法论，指对思想多元化、世界多元化，以及不同意见的认可与包容。例如，当运用本书构建的阴阳鱼文化模式时，"中和"本身即可以用于表示中国优秀传统文化中"阴"和"阳"两类文化之间的互动平衡，同时，"中和"也可以表示为尝试推进传统文化价值（可表示为"阴"）与现代文化价值（可表示为"阳"）之间的融合互动。

（二）"'社会'主义"文化的价值魅力在何处

"'社会'主义"文化，顾名思义，强调对市场经济中以专业团体为代表的社会力量及其价值意蕴的发掘，其最大价值魅力在于有助于"制衡"理念原则的培育与运作。这种认知启发主要来自涂尔干关于（职业社会）"社会力量"的阐释，并融合有对杨小凯先生所言的各司其职（专业主义）团体价值的理解与运用。[1]

笔者以为，除了以"中和""敬畏"理念为标志的传统文化，随着市场经济的发展，在推进"社会"中兴过程中，基于专业团体一类"社会力量"及其价值体系的多层次道德规范体系建设可以充当破解当前社会文化价值危机的另一类有效工具。这是因为，致力于市场、产业和分工互动，以及"社会力量"构建的各类职业团体及其之上的社会团结观实际上是一种社会道德类型观，其不仅强调道德信仰约束力是社会团结的一块基石，也提倡社会分工结构应与多层次社会道德体系相适应，例如，既要重视宏观层次上具备共同信仰和价值体系的道德规范的构建，也要充分重视发展中观层次上职业团体及其他群体非官方道德规范构建。而多层次道德规范体系的基本功能就在于它可以有效保证，在日益复杂的现代社会分工体系中，其间各个组成部分可以在相互依赖的基础上

---

〔1〕 关于这一点，笔者与杨小凯先生生前主要搭档黄有光教授有过讨论。

有机地结合并发挥各自的道德规范作用（贾春增，2000）。

为对基于专业主义团体价值体系的"'社会'主义"文化进行有效阐释，有必要对此处的"专业团体"加以进一步阐释，其突出的是职业团体及其专业伦理的社会功用，涉及现代工商企业以及其他各式各样行业的"中立性"组织，例如行业协会、商会、非营利组织等。这些组织的共同之处在于，可以对当代公民参与和平等意识进行有效强调，并能够推动社会成员以互依参与方式去关注社会的建设。而且，就利害得失而言，其处理应对的事宜往往具有休戚与共、息息相关的特质，成员之间的交往互动更多具有平等性。

其实，在一定意义上，专业团体建设也是特定类别社会网络的构建。社会网络的本意即为存在于群体和个人之间较为持久的具有重复性的社会联系、社会交往与社会组合，而这一类特质正为现代工商社会中不同专业领域的专业团体所具备。这是因为，现代工商社会本身就是一个基于职业类型差异性的高度分工与专业化的社会。这种专业团体也是社会网络结构中"社会单元"的主要表现形式。当然，某一社会单元的行动空间既产生于它在网络中的位置，也受限于其与他者之间的具体互动。于是，在功能上，专业团体网络成为社会资本的典型表现形式，既是团体内"公共财"，也是团体间"公共财"，因为它们能够为各自群体内成员提供资本、信息等稀缺资源，也能够对成员无限制的个人利益追求施以必要限制，就这样，专业团体网络逐渐演化为足以影响个体目标和手段的具体约束性集合。与此同时，专业团体网络还可以推进团体成员间相互勾连的实现，易言之，这些专业性网络也有助于专业团体与专业团体之间纽带的搭建。并且，业有所精的专业团体及其活动可以构成所属社会结构的中层部分，进而以其自身专业价值理念为灵魂，形成相应的价值体系。除了相互依存，还可以与社会中其他不同类型的价值体系相竞争，并进一步共同构成整个大社会的价值体系。

这是因为，在一个高度分工与专业化的现代工商社会中，基于各司其职专业主义的价值体系构成了可以对是非对错予以判别的参考性标尺。于是，各个专业团体形成的价值体系能够逐渐演化为社会大众所依赖的理念准则，并构成维持社会整体性文化价值的支柱。需要面对的事实为，现代工商社会本身就是一个多元价值并存的社会，在一定程度上，这种多元性的要义即在于，其能够指出社会各主要价值体系之间存在彼此竞争与抗衡的力量。而在社会价值结构中，由专业领域界定和维系的价值体系可以更好地起到一种桥梁性功用。譬如，倘若往下看，有鉴于每一个现代人基本上都直接或间接隶属于某一个专业行业，于是，以专业团体为依托的专业价值体系便能够成为普罗大众认同寄托的对象所在。相较之下，倘若往上看，在整个社会中，各个专业领域及其价值体系又可以与社会其他价值体系相互依持，构成一个整体性社会价值网链，它们不仅是个人之间的社会黏合剂，也是团体之间的社会黏合剂，还是信息交换的中转站以及资源共享的大平台，一定的信任与义务正是产生于这样的价值体系之中（熊秉元，2008）。而且，这些由专业领域界定维系的价值体系还是现代市场经济发展的自然衍生品，只要秉持法治与民主原则，促使市场经济活动有更广的活动空间，在达到一定的规模之后，也就自然孕育出相应的相对稳定持久的价值体系。因此，现代工商社会的社会文化价值重建离不开这些各具特色的专业价值体系的相互依持。在某种程度上，如果说，在农业社会中，宗族组织及其活动是传统文化价值体系构建的有效载体，那么在现代工商社会中，基于各司其职的专业主义团体及其活动便是现代文化价值体系的有效载体，是传统农业社会宗族组织及其活动的涅槃重生，其中，不同利益主体的不同声音都可以有效表达出来，都具有推动社会自我治理、维系社会秩序和社会稳定的功用。

承上，专业团体建设将促进以工商企业（尤其是非垄断性民营企业）和社会组织为代表的社会中间力量及其价值体系的孕育成长，从而有助于共同推进新时代的社会共治及其对应的多重道德价值体系的铸造。反过来看，在市场经济体系内，这种专业主义发展实际上正是基于"制衡"理念原则的社会文化价值层面的重构。同时，这类文化价值体系的发展也将有助于为国内社会建设以及经济发展与转型提供一定的价值指引。

由此，本书认为，在市场经济深入发展的过程中，对各司其职专业团体及其专业价值（专业伦理）的培育和扶植将有助于社会道德体系的重整与重建。以旧时专业团体中的行会为例，行会之所以成为一个制度存在是源自"国家困境"。在一定意义上，行会的规范性力量来自某些共同知识的协调与契约的强制，与此同时，行会逐渐发展为特定行业的文化信仰依托物，所以，行会可以在不同商人集团之间建立起名誉机制，并对行会会员发挥道德强制功用（卢现祥，2011）。另据海德堡大学社会学教授乌塔·格哈特的观点，在帕森斯理论体系中，以"经济—职业系统"为基础的社会变迁价值观有助于对一国的民族精神及其国民士气振奋发挥积极功用（格哈特，2009）。而经由各式职业团体运作构建而成的专业伦理及其价值体系的真正功用在于其可操作层面，特别是其间相互依赖和共存共荣特质的发挥运作，由此，才有可能逐步累积酝酿出现代工商社会正常运转的一个要件，即制衡。因此，职业团体的兴盛有助于打造构建全体社会成员的平等参与意识，也有助于社会秩序的生成和维系，以及社会团结和社会凝聚力的聚合巩固，而这些内容也正是中国传统文化中所欠缺的现代性因素。

这种调节功用在现代工商社会中更为明显，这也意味着，在从机械团结性社会走向有机团结性社会的过程中（在一定程度上，中国改革开放之路其实就是这样一种循序渐进的演进），原适应于（信仰与情感）高度趋同化社会的强制性权力将逐步呈现瓦解态势，社会将进一步走向多元化，一种更多基于合作的新型职业社会秩序将应时而生。而且，在这样一种职业社会中，道德责任也随之更多受来自以专业团体为主体的"社会力量"的共同形塑，将越来越多地受基于分工合作的专业团体及其服务于社会专业伦理观念的调节，而国家则难以在复杂的工商社会中继续扮演道德输出源的角色。

概而言之，"'社会'主义"文化是一种强调"社会"力量及其理念价值的文化，包容、分享、多元与团结合作都是其特质所在，但核心要旨在于突出制衡理念原则的生成与功能发挥。

综合前文的表述与讨论，基于对"伊斯特林悖论"以及这些问题在中国社会语境的意义和功能分析，可以发现，不论对于经济转型，还是社会转型，文化重塑都是一个迫切任务。但就幸福社会建设的文化定向构建而言，本书以"中和·'社会'主义"文化图示为表征的新价值观体系服务于当代中国"调节性元价值"建设。具体而言，其内涵更侧重于社会文化体系重塑层面的"双重价值"导向。例如，既强调基于历史向度的"家园"理念价值（如"敬畏"），也强调基于现代向度的"社会"理念价值（如"制衡"），以及它们之间的融合共生。其中，前者主要关涉社会构建的"社会特性"，后者主要关涉社会构建的"互动特性"，两者的融合体现于，倡导在恢复传统社会或乡土社会文化价值的基础上向工商社会或法理社会文化价值迈进。

于是，关于新时代文化建设，应增进两个方面的认识：一是仅仅树立"文化民生"与"文化惠民"意识远远不够，在公共文化建设过程中，更需要树立"文化精神"，突出"文化价值"，应努力追寻美好生活所依恃的"社会团结"（social solidarity）或"社会凝聚力"（social cohesion）之价值内核。二是要认识到，文化发展要能真正从"文化精神"入手，重视"社会中间力量"的非营利性功用发挥，而不是依然囿于"文化经济"的 GDP 发展思路，要努力避免采用简单的市场化运作方式。

当然，以上传统与现代两类理念价值及其融汇的功能发挥都需要借助于一定的行为规则和组织形态，譬如，将"礼制"和"礼治"融入"法制"和"法治"，以及职业团体社团化建设过程中的价值规范与行为规范如何平衡，等等。至于如何取舍，当兼收并蓄，"择其善者而从之，其不善者而改之"，多角度宽视野地认识与汲取两类社会文化价值的合理性。存在问题有：在学理层面，此两类文化价值是否可以如文中"中和·'社会'主义"文化图示所展示的那般融会贯通？以及在日常生活实践层面，是否存在倡导从上而下和从下而上地践行基于两类文化价值融合的"新生活运动"的可能性？此两类问题当为进一步研究探讨的方向了。

第三节 文化定向发展的政策建议

一、国内现有文化建设反思

（一）国内文化建设现状与出路

1. 国内文化建设现状

一方面，从经济社会双转型角度而言，在国内，出于获得现代性的迫切性，在工业化有欠成熟的情形下，社会组织方式与文化传承方式的制度化是超前进行的。中国改革开放以来所取得的成绩令人惊叹不已，向前看，未来光明无量。在这个过程中，以"仁"为核心伦理价值的中国文化有可能伴随中国经济的发展而复兴。不过，在中国经济快速发展的过程中，如果放任不择手段追名逐利情形，则将难以避免地影响到下一代心灵精神的健康，而传统文化的核心伦理价值也可能随之逐渐烟消云散。[1]

易言之，中国改革所面临的一个重大问题就是文化滞后。文化滞后（cultural lag）也被称为文化堕距，指的是对于高度整合的文化而言，其各部分变迁速度并不一致，从而导致文化各部分关系的紧张、差距与错位，相关问题由此产生，在社会变迁加速期，这种情形尤其明显（奥格本，1989）。

另一方面，从整体社会氛围角度而言，在国内，传统文化没有得到应有的重视。实际上，关于忽视传统文化价值的汲取对于中国社会运转可能造成的负面影响，吴文藻先生早在1935年就曾指出："现在大学生所受的教育，其内容是促进中国欧美化和现代化的，其结果是使得我们与本国的传统精神越来越远。事实上，我们对于固有的文化已经缺乏正当的认识，我们的意识中，已铸下了历史的中断。因此，对于我国传统文化中的精华元素，在采风问俗方面，我们如不再奋起直追与审慎复兴，必将造成历史与现实的重大遗憾。"（吴文藻，2010）

---

〔1〕 部分引用自林毅夫在以"全球金融新框架：变革与影响"为主题的2011北京国际金融论坛上的演讲。详情参阅：http://www.chinanews.com/tp/2011/11-04/3438179.shtml。

2. 国内文化建设的可能出路

一方面，应当认识到，中国现时代急需具有前瞻性和历史指导意义的文化价值，需要召唤新时代的文化精神，以培育塑造关系转型社会维系与发展的共享价值。例如，在韦伯看来，一种秩序的正当性（legitimacy）可以通过传统、情感、价值合理性的信念及立法来对"实际常规性的规范"加以确定（韦伯，2004）。因此，为应对更深入全球化时代的新挑战与新机遇，可以说，当前中国发展所面临的最大挑战就是如何深入推进下一步改革，使得中国经济的发展能够更多地以知识为动力，更具可持续性，并在此基础上实现中华民族的伟大复兴及对自身文化内涵的丰富。于是，在一定意义上，中国文化重生之路莫过于对"人伦教化，化成天下"思想的回归与激扬（王策，1996）。这是因为，中国儒家传统及其人文思想完全有可能实现现代转化（杜维明，2011）。因而，构建幸福文化的第一步为自上而下、自下而上认认真真地对传统文化进行补课与浸淫，温故而知新。

另一方面，文化状况通过基于社会团结的共享价值程度影响幸福感知水平的高低或正负，这是因为"幸福受制于一种价值共享体系，是一种基于价值共享的愉悦性体验"（本书的中心命题）。

（二）传统文化中的幸福元素——"家园"意识和礼乐振兴

先看看汉语词典对于"幸福"的解释：个人由于理想的实现或接近而引起的一种内心满足，它是一种持续时间较长的对生活的满足，感到生活有巨大乐趣并自然而然地希望持续久远的愉快心情。幸福不仅包括物质生活，也包括精神生活，追求幸福是人们的普遍愿望。[1] 在这里，"幸"与"福"为同义词，均有福气、开心之意。不过，"幸福"一词在古代汉语中多用于动宾结构，即祈求福气福运的意思，例如《新唐书·李蔚等传赞》中记载："韩愈指言其弊，帝怒，窜愈濒死，宪亦弗获天年。幸福而祸，无亦左乎！"因而，幸福一词的现代词义在古代汉语中更多近似于"福"字，例如《荀子·劝学》中的记载："福莫长于无祸。"[2] 而对"福"的追求在一定程度上可以构成中国文化中特有的幸福观，例如源远流长的"五福"说[3]，认为幸福美满的人生的最高境界莫过于

---

[1] 参见《现代汉语词典》（2002 年增补本）中的"幸福"词条，第 1411—1412 页，商务印书馆。另可见《汉典》《新华字典》等工具书中关联词条的解释。

[2] 参见《古典汉语字典》（1998 年第一版），第 223 页，北京大学出版社。

[3] 在《尚书·洪范》里相悖于"五福"的则是"六极"（六种极凶恶之事），即"一曰凶、短、折，二曰疾，三曰忧，四曰贫，五曰恶，六曰弱"。

"五福临门"的达致，如"家膺五福，堂享三寿"（陈子昂语）。"五福"这一称谓最早应当来自《书经·洪范》："一曰寿、二曰富、三曰康宁、四曰攸好德、五曰考终命。"这其中的"攸好德"突出的是仁善德行对于福致的重要性，即福与德是不可分的（"福是德的结果和表现，德是福的原因和根本"）。用白话文表达之，大概可谓对善德美行的推崇可以"助人为乐"，尽管长寿、富足（富贵）、（身体）健康与（心灵）安宁对于福的达致也很重要。此外，"五福"中的"考终命"可以理解为"善终"。以笔者看来，这里的"善终"又有两重意思，即个体生命意义上的"尽享天年，长寿而亡"，同时，对于个体生命的有限性而言，"考终命"的另一种诠释就是"子孙绵延，香火常驻"，如东汉哲学家、经学家桓谭在其《新论·辨惑第十三》中也曾将尚书记载的五福之"考终命"加以更改，他把五福表述为"寿、富、贵、安乐、子孙众多"。而"香火常驻"的实现则与"家和万事兴"密切联系起来，这样，中国文化中的幸福就不单单是个体意义上的快乐开心，更有家庭意义上的和合及"香火"绵延之意。

至于中华传统礼乐教化中其他的精华元素，大都融合有重视主观意志的磨砺功用、注重气节品德修养、注重自我节制与发奋立志，以及注重人的社会责任和历史使命等价值内涵，均值得细细发掘与深入普及。例如"人为善，福虽未至，祸已远离；人为恶，祸虽未至，福已远离"以及"为善不昌，祖上或自身必有余殃，殃尽乃昌；为恶不殃，祖上或自身必有余昌，昌尽乃殃"等，这类教化名言如果真可以深入人心（社会学所说的"内化"），并再度演化为根深蒂固的道德标准，必将大大有利于整体社会秩序的改进与维系，有利于人际关系的规范，也有利于民众心灵慰藉的寻依。而社会稳定有序，民心寄托有物，基于社会团结的共享价值也得以生成于此共同体之中，如此一来，自然也就有助于民众幸福感知水平的提升。或许这类传统文化教化的功用也映照了新制度经济学意识形态学说对于社会运行和稳定的一些解释，例如，礼乐教化可关乎公平道德和伦理是非的判断，因而有助于降低政府推行制度变迁与重建制度环境形成的交易费用，如果此类教化得以成功推进实施（文化规范的"内化"），则其可以通过为个人提供有选择性的激励去引导个体的行为，使其所作所为合乎道德的评判，整个社会秩序也因而得以合理有序化。再如传统的"救施"文化也值得进一步发掘与重振，例如"施衣、施粥、施茶、施医、施药、救年、施产粮"等。无疑，救施行为有助于人际关系的和谐、社会风气的扭转，以及社会团结的生聚。包括诸如其中蕴含的"造恶折福、好善必昌、乐善好施"等所谓"因果报应封建思想"在新时代均值得审慎考虑。

综上，在通向幸福社会的文化建设路程上，传统文化依然是最大的营养源泉之一,"传统文化中的人文精神仍然是单纯以追求经验实在的科学理性所没有的,其价值理性正可以弥补当代科学理性或知识理性的不足"(司马云杰,2011)。在发展道路上,数典忘祖的做法必将导致裹足不前,这是因为,在今日中国社会,因传统文化中诸如忠孝信义等美德缺位流失所酿就的某些社会问题与过往在传统文化发掘弘扬方面的不足有着密切关联。譬如,制假售假的泛滥即与对这类文化价值的背弃存在一定的关联性。这方面相关教训,值得认真汲取借鉴。因此,不应一心再只求"现代性"而漠视传统文化价值的重要功用,不能再只讲知识论而忽视价值论,只讲工具合理性而忽视价值合理性。所以,关于幸福社会的文化构建,首要的应为注重对传统文化营养的汲取。

(三)现代文化中的幸福元素——参与意识与社团价值

将上文中关于中国传统文化中幸福元素的汲取与本书中对影响幸福达致的文化机制分析相比照可以发现,相对而言,我国传统文化中较为缺失社团精神和参与意识。也正因为传统文化对群己关系、公私关系一向模糊不清,笔者认为,可以通过对现代文化中有关元素的汲取而加以中和,例如,现代文化对群己关系、社区品质及社团化专业伦理(专业价值)的强调。在笔者看来,象征社会力量崛起的社团化专业伦理(专业价值)强调成员之间的交往互动具有平等性,因而可以用于有效弥补传统文化所欠缺匮乏的特质。与现代工商文化相比较,中国传统文化对应的是等级秩序分明的"五伦"价值,且其对应的"家"的延续也不是关乎自己与他人共处"社区/社会"这一共同体的延续。因而,笔者不揣浅薄地认为,以社团为代表的社会中间力量及其价值体系的兴盛有助于打造构建国人的平等参与意识和公民意识,有助于稳定平和性社会秩序的生成维护,有助于社会团结和社会凝聚的聚合巩固。

因此,在迈向幸福社会的文化建设过程中,我们建议政府鼓励社会中间力量(各类职业团体和群众团体)的发展。[1] 在实践方面,从社会创新视野着手,鼓励经由各类专业团体及其价值体系(专业伦理)去发展中观层次的道德规范,譬如以社团化促进社会信任水平的提升,并进一步以拓展慈善活动空间、提升社区品质、增加公共文化供给等方式促进社会力量的蓬勃发展。笔者以为,这样一种基于"社会力量"及其价值体系兴盛的多层次道德规范体系的建设可以充当提升当前社会信任度的有效工具。

---

〔1〕 这一题议恰符合广东将于 2012 年 7 月开始的放宽社团组织登记改革之部署。

（四）"文化强国"战略愿景之下的幸福社会建设

1."文化强国"与"文化中国"

2011 年，党的十七届六中全会审议通过《中共中央关于深化文化体制改革、推动社会主义文化大发展大繁荣若干重大问题的决定》（以下简称《决定》），提出了"文化强国"的战略目标，还指出了我国文化建设中的"三个不适应"问题：一是文化水平与综合国力不适应，二是文化发展与经济增长不适应，三是文化发展与国民素质要求不适应。然而，纵览该《决定》，不难发现，其改革的焦点大体局限于"文化事业与文化产业分离""文化的商品化"等层面（例如国有文艺院团转制与放宽民营资本进入文化产业门槛等），须知文化产业不仅具有公益性与商业性（经营性），还应具有创意性和民间性，即"文化兴国"目标的实现离不开民间（社会）文化力量的释放与作用发挥，离不开对创新的鼓励扶持，而创新又离不开思想的多元性。

此外，欲实现"文化强国"这一战略目标首先要实现的是"文化中国"，要先有能与世界思潮接轨对话的文化，要有能与现代化顺利实现接轨的文化，这个文化既要有传统的"源头活水"，又要有进行现代转化的国际视野。因而，在这个为全球化浪潮席卷的世界，有前瞻性与向心力的中国文化应是融传统意识与全球意识为一体的价值体系。中华民族的伟大复兴与和谐幸福社会的建设离不开文化建设。

综上，为了更好贯彻落实"文化强国"战略，政府应进一步弘扬和培育中华民族精神，从优秀传统文化中寻找价值资源。

简言之，在新时代，"思想的力量"（科尔奈，2009）的作用完全不亚于经济、军事、科技等"硬力量"。新时代文化机制的构建既离不开对传统文化优秀元素的传承（如致力于现当代人文价值探寻的"体用不二"学说），也离不开对现代文化积极元素的汲取（如涂尔干关于"社会力量"中兴之意义价值的阐释）。"文化强国"战略实现的首要前提是对自身"文化价值"的恰当定位。笔者建议，不妨以"回归'礼乐'、拥抱'社会'"理念价值作为我们文化建设的思想基础，这种价值观其实也是一种制度选择设计以及社会运作的可选择方式。或言之，在一定意义上，在社会转型发展过程中，可以说，"以人为本、多元发展、和谐共融"是经济社会发展的最佳人文精神（周瑞金，2011）。

2. 文化建设的一个关键——公共文化服务供给的公正性

公共文化服务的性质和特点可以涵盖资源配置的公有性、利益取向的公益性、服务主体的公众性，以及服务供给的公平性等，而公正是其内在的价值取向（张桂琳，2009）。在公共文化供给方面，党的十六大以来，虽说政府一直在努力按照公益性、基本性、便利性和均等性要求，坚持以政府为主导、以公共财政为支撑、以基层特别是农村为重点的原则发展公益性文化事业，努力建设足以覆盖城乡的公共文化服务体系。但是，受制于历史与现实影响，经济发展阶段、财政体制、社会结构、政府职能等诸种因素共同制约了我国公共文化服务均等化（张桂琳，2008）。"我们的公共文化服务体系面临的不单是一个大力加强的问题，更是一个全新重构的问题。"（李景源，陈威，2007）因而，为实现我国公共文化服务均等化这一目标，建立以公正为基本导向的公共文化服务供给体系是一项务实策略。例如，我们的文化历来有重视子女教育的传统，但在现实生活中，仍存在教育资源配置不均衡问题，这类问题如果长期得不到有效解决，必然导致民众难以共享改革发展的成果，这将与"包容性增长"良性社会运行机制相背离，自然也影响到民众幸福水平的提升。

可见，在通向幸福社会建设的路途中，文化建设的一个要领在于公共文化供给的公正性，"以改革的精神，按照政府职能转变的要求，打造一个链条整齐、决策民主、廉洁高效的公共文化服务体系"（李景源，陈威，2007），逐步实现党的十六届六中全会提出的"逐步实现基本公共文化服务均等化"和党的十七大提出的"覆盖全社会的公共文化服务体系基本建立"，以及由《决定》提出的文化振兴目标，这对于建设和谐幸福社会有着重要意义。

二、文化定向发展的政策建议

"社会变迁主要是文化变迁。"（奥格本，1989）按照"功能论文化社会学"[1] 的观点，文化体系不仅决定人的价值观念，也构成人的行为准则。文化是社会结构体系的工具，文化功能的发挥受各种社会结构层次的制约，而理念（ideas）、规范（norms）等属于文化范畴的概念的共通点在于都具有传达意义（signification）的功能，这样的传达沟通过程可以进一步形塑社会生活，其既注重文化过程中利益争执的冲突性，也注重文化领域整合的和谐性（亚历山大，2001）。文化的产生与发展是社会功能的需要，文化是一种价值工具，其本质在

---

〔1〕 文化社会学这一术语由德国社会学家巴尔特在其 1897 年出版的《社会学的历史哲学》一书中首先提出。他认为，"文化时代的社会学"是社会学的研究重点所在。由于渊源的不同，文化社会学主要涵盖相对狭义的作为社会学分支学科的文化社会学与相对广义的新综合文化社会学。德国社会学家韦伯、桑巴特、舍勒等人对文化社会学中的文化的论述即包括了宗教/信仰论述、制度论述、技术论述、知识论述等。而法国社会学家涂尔干则建立以"集团表象"概念为特征的文化社会学，他的"集团表象"与广泛的文化概念很近似，包括集团意识、行为方式、制度等（司马云杰，2011）。

于维护社会规范。文化的意义依它在"人类活动体系中所处的地位、所关联的思想，以及所有的价值而定"，"不同的文化功能构成不同的文化布局"（克兰，2006；曼海姆，2002）。而依据前述国外幸福社会建设的若干经验可知，在幸福的诸种影响机制方面，文化是其中重要的一环，关于其功用，国外相关理论与论证已经不少。换个角度看，幸福与否需要借助于公共政策推动社会全面进步，以及基于此的个人心理与行为的调适。[1]

党的十九大指出，当前主要矛盾已经转为"人民日益增长的美好生活需要和不平衡、不充分的发展之间的矛盾"，这一洞识是目前党中央制定系列战略思想和方针政策布局的一个重要立论依据。基于此，参照经济学的效用（偏好）说，不妨假定幸福（寻觅）也是人的一种特别偏好，人的欲望总和为物质需求加上文化需求，则致力于经济增长或收入提高的政策的制定与执行更多是局限于解决民众日益增长的物质需求，而要为民众谋幸福，让民众快乐幸福，还必须认真稳妥地解决民众日益增长的文化需求，这也算是对我国主要社会矛盾及其解决路径的一种与时俱进的理解了。

同时，前文也指出，从文化描述的角度去观察，国内民众觉得不幸福的原因无外乎于两大类，即终极价值上的信仰缺失与社会互动中的诚信匮乏。为解决这两类问题，本书认为，改善与提升幸福的途径至少存在于两个方面：一方面要基于政府公共政策层次，追加有利于社会进步（如教育、健康、安全、职业发展、民意表达与善治等）的公共支出，另一方面是基于个体的心理调适与适应性行为（adaptive behavior）的校正。而这两个方面皆可以从文化层面施以适当的影响。从经济社会发展阶段的差异性看待幸福影响因素的差异性，在经济发展中高级阶段，在社会由机械团结向有机团结过渡的过程中，就全社会范围来看，集体意识在内容与性质上均发生了相应的变更，为了凝聚"共同的道德、情感、信仰或价值基础上的个体与个体、个体与群体、群体与群体之间，且以结合或吸引为特征"的社会团结力量，以及形成以"高度抽象层次上诸如自由、平等、公正等抽象原则"为指导的共享价值体系，应同时关注集体主义层面的文化因素与个体主义层面的心理调适与适应性行为，而不只是对前者过度强调。

因此，为提升民众生活的幸福水平，公共政策层面的文化投入是不可缺少

---

〔1〕 笔者不揣浅薄地理解：幸福人＝生理人＋经济人＋制度人＋文化人。其中，生理人特性主要由先天遗传特质所铸造，校正于后天调适与适应；制度人与文化人均是只知有规范而不知有选择的人；与之相反，经济人（涵盖政治人与法律人，本质是"功利人"）则是只知道趋利避害却罔顾过去（历史文化、规范制度）的人。

的。正如英国当代经济学家莱亚德（2009）所指出的，幸福无疑是社会唯一值得努力的目标，为增进民众的幸福，应加大文化教育、道德教育方面的公共投入以及增加对那些影响公众心理健康的因素的研究。而不丹关于 GNH 的研究也表明，除必要的物质需求之外，精神价值观方面的积极引导必不可少。因此，就政府在这方面的具体作为而言，参引前文中文化及其向度所阐述的中心思想及其定性与定量实证考察，关于幸福社会的文化营建，本书认为，可以循依文化分析框架中历史向度（精神文化）与现代向度（规范文化）两个维度，围绕下列主题展开。

（一）"礼乐与传承"——寻求幸福的"家"文化与支持[1]

关于信仰的恢复重建对于幸福社会建设之功能价值，依据前文的实证结论，本部分以具有典型中华文化特色的"家"文化事例于此加以进一步的阐述。

在当代中国社会，时常有人觉得生活没有精神寄托，为解决这个问题，重建信仰是必要的。至于问题的解决，笔者以为，复兴传统文化是其中一个不可少的路径。文化复兴首要的是复兴中华传统文化中能够促进国民感情统一以及"心灵和精神的合作"的元素，例如礼乐文化中的精华要义。礼乐文化是古人将"礼化"（有序）与"乐化"（和谐）合二为一的教化体系，其核心为"礼"，而"礼"在中国传统文化中，不只体现于伦理道德层面的诉求，也体现于制度规范层面的诉求。其内涵意义丰富多彩，蕴含着礼制、礼教、礼治、礼仪、礼遇、礼节、礼貌等意义。前三者的具体内容包括孝、慈、恭、顺、敬、和、仁、义等。如用现代白话去概括，就"礼"的贯彻落实而言，在"修身齐家"层面，坐言起行要做到自律、尊重（自重与他重，典型的有"毋不敬"思想[2]）等；而在"治国平天下"层面，"礼制"和"礼治"则要双管齐下，其二者是相辅相成、并行不悖的关系。

古有名言"仓廪实而知礼节，衣食足而知荣辱"。但一般而言，"仓廪实"和"衣食足"仅是经济层面的"国强民富"，要实现民众的"知礼节"和"守荣辱"，仅有硬件层面的"强与富"还是不够的，还需要有软件层面的"礼与乐"（礼制、礼教、礼治及其统一融合）。易言之，"仓廪实"和"衣食足"只

---

[1] 对于"家"文化重视的合理性也体现于当代幸福研究之中，即在收入影响因素方面主张以家庭为单位予以测量，例如不丹 GNH 幸福社会建设实践与斯蒂格利茨委员会报告对以家庭为单位综合评估民众生活质量（幸福）的倡导，虽说二者在"家"的内涵上有所差别。本书中的"家"更多体现为"寻根"的精神家园意识。

[2] "毋不敬"出自《礼记》，全句为："毋不敬，俨若思。"意思是对待任何事物都要恭敬端庄，并侧重于"敬天畏命"。

是"知礼节"和"知荣辱"的必要条件，而非充分条件，因为后者更多属于社会发展范畴，即发展的要义不只是致力于经济增长的"国强民富"，还要致力于社会进步的"国强民乐"。在这其中，"礼"（有序）与"乐"（和谐）自然是少不了的。因此，为了提升民众的福祉，政府不仅需要关注经济增长，如"仓廪实"和"衣食足"，而且要注重礼乐教化之社会功能，如"知礼节"和"守荣辱"。

再如中国传统文化中的"拜祖宗"礼俗（前文有述及，在本书中，礼俗可以纳入礼乐文化之中）。笔者认为，拜祖宗是一个本土化色彩较浓的信仰形式（寻求精神寄托）。关于中国人拜祖宗的动因，社会学界有一些流行的看法，例如功利主义视角（代表人物有林南等）。不过，笔者以为，中国人拜祖宗的动因不是功利主义那么简单，拜祖宗实际上是宗族文化的一种表现。中国人对家族香火的重视在世界上是很独特的现象，多数人往往将"对得起祖宗和承得起香火"视作一种人生使命。笔者认为，香火沿承的实质是"生生不息"生命观的再现。同时，对祖宗（或香火）的重视其实就是对"家"的重视，而谱牒与家庙祠堂则是其有效的载体。"家人意味着永远"，"家"是象征不朽的价值符号。"家庭既是深刻社会变迁的焦点，又濡染着由既定家庭组织模式所传承下来的价值"（吉登斯，2007）。简言之，在终极价值这一点上，中国人"家"的社会学信仰意蕴很明显。

因此，笔者主张对"家"的重视。方式之一为，鼓励国内民众如实修缮家谱，其他诸如在子女取名方面除了学名，可以复兴谱牒名作法，以强化认祖归宗意识。但这个家谱修缮更多取其"形式"意义、符号、仪礼等象征意义，而不是单一鼓吹宗族势力。

> 至于祭祖，既是表达对先人的追思尊敬，也可以起到促进敦亲睦族、友好相处的作用，确是推动社会和谐的一座理想桥梁。同时，整个祭祖活动也充分体现了族人们同舟共济、团结友爱的精神。（访谈记录，MH_2 20120308）

因此，在幸福文化建设过程中，宜重视传统文化规范的内化功用。我们建议，对于传统礼乐教化以及"家"文化应予以重新审视，并酌情予以恢复重振，包括赋予过往一度被贬斥为封建专制主义产物的"三纲"新的时代价值内涵。例如韩国学者赵骏河（2004）即赋予了"三纲""模范"和"示范"的意义。其具体诠释如下："纲"具有"模范"的意义，因而，在社会伦理道德体系中，"君为臣纲"就可以指上级是下级的模范；"父为子纲"可以指父母是孩子的模范;"夫为妻纲"可以指丈夫是妻子的模范。与此同时,模范具有带头和示范的作用,应该承担起更多的道德责任和社会义务。因而,"三纲"体现了整体性、主导性和有效性,如果没有这个"纲",就难免出现互相推诿、彼此扯皮、责任纠缠不清的问题。有了"三纲",复杂的社会、家庭关系就会有一个简单有效的处理方法,纲举目张,事半功倍。再以长时期同样被视为封建宗法等级制度的"五伦"为例,"夫妇有别,长幼有序、朋友有信"在新时代条件下也可以被赋予新的价值意义,譬如"夫妇有别"就可以理解为在家庭责任分工上有所分别,共同致力于和谐的夫妇关系与美满家庭的经营维系,而不是一度被贬义化处理的"男尊女卑"或者"男主外女主内"之意。至于采用所谓男女平等思想之上的"男女有爱"代替"男女有别"之论说可能是对此名句的曲解。还有"伦常乖舛,立见消亡;德不配位,必有灾殃",以及"四维五常八德"[1]等古训论说,强调的都是德行修养与道德教化对于人心稳固、社会秩序维系,以及基于共有价值的社会团结生聚的重要功用,在今日同样可以用作调整和规范人与人之间关系的道理和行为准则。

(二) 诚信

1. 诚信元素的传统文化再发掘

如前所述,中国社会当前出现的一些不诚信的行为也可以用传统文化中的一些思想进行解释。在新时代文化建设中,除了积极借鉴契约文化等他国文化中的一些积极元素,也有必要对中国传统文化中的一些合理性要素予以梳理整合。

鉴于以上分析,我们建议重新认识中华传统文化中一些关于诚信的积极元素,例如"诚,五常之本,百行之源也;信者,无伪而已"等教化思想。"盟誓"与"合伙"等传统商业理念也体现了契约精神。[2]

2. 诚信元素的现代文化汲取

在现代工商社会中,个体之间的差异是巨大的,每个人都可能尊崇一种专门的行为模式,在此种情形下,高水平制度化的个人主义将成为社会行动的区别性标记或特征。社会因而需要更多的专门化关系机制,以有机团结的纽带实现彼此之间相互依赖关系的维系(洛佩兹,斯科特,2007)。吉登斯则认为,"随着抽象系统的发展,信任的非人格化原则对于社会存在来说是必不可少的构

---

[1] "四维五常八德"分别指的是"礼义廉耻""仁义礼智信"和"忠孝仁爱信义和平"。

[2] 亦作"合火"。"合伙",结成一伙,谓两人或两人以上合资经营生产、贸易等事业,或合力做同一目的的事。

成"（吉登斯，1998b）。但传统中国式信任主要是基于差序格局认知的信任，或可以概括为主要是小群体信任（如亲属、同乡、同学、同事之间），或正如郑杭生与龚长宇所言，这种信任大都为一种"身份信任"。他们主张，为实现对现代社会中冷漠与疏离的化解，以及对人际关系中去道德化倾向的克服，社会的秩序构建需要奠定以信任和责任为核心的价值基础。相较于传统社会里强调对他人所托付的义务及责任的承担（其信任类型为"身份信任"），在一个以陌生人关系为主的社会（现代工商社会）中，其信任类型当为"制度信任"。制度信任不是建立在针对某一个人的具体身份上，而是建立在生活于这一社会制度框架内多数人行为的可预期上，是对规范、制约人们行为选择的社会制度的信任，即这种信任主要是基于对诸种制度、规范、规则的遵守，以及对这些制度和规则的认同（龚长宇，郑杭生，2011）。因而，以各类专业团体及其价值体系（专业伦理）为代表的"社会力量"及其价值体系的兴起将可能成为推动"身份信任"时代渐进过渡到"制度信任"时代的一股中坚力量。易言之，以社会参与为中心的社团（涂尔干主义的职业团体化）振兴将有助于推动基于人际信任的互动，以及基于"制衡"价值理念的中观多层次道德规范体系的孕育发展。

（三）培植恰当的消费文化观[1]

从宏观层面来看，过去几十年间，伊斯特林悖论成为学界关注的焦点议题之一。在新时代，衡量政府政策的标准应对幸福予以更多关注，这已成为一项世界性需求，探寻与界定幸福的新经济范式（defining a new economic paradigm）时代已经来临。同时，就个人幸福的达致而言，身体与精神的健康、工作保障或职业安全感（job security），以及家庭的和睦稳固等因素至关重要。在幸福差异性解释方面，诸多社会因素，例如社会支持力度的加大、腐败的减少、善政的实现以及个人权益的保障都比财富重要得多，因而有必要将"国民幸福总值"（GNH）之类的幸福指数用作 GDP 的后续指标。于是，在经济社会发展观的宣传与大众消费舆论导向方面，以拥有财富以及消费为标志的物质主义风尚应当有所节制了。正因如此，在社会快速转型与变迁的过程中，精神文化和规范文化所提供的双重指导可以很好地帮助人们应对生活中越来越多的不确定性，这

---

〔1〕　该部分关于消费文化观的写作受益于中山大学社会学系教授王宁老师的指点（2012 年 9 月 25 日），兼综合有联合国首届世界幸福研讨大会（2012 年 4 月 2 日，纽约）所讨论的若干内容。可以视作对盲目崇拜 GDP 发展观的一个回应，融合有书中对"精神文化"和"规范文化"两个层面社会功能的双重考虑。

些不确定性有很多表现，诸如社会成员之间一致性行动与合作越来越少，判断标准多样化，以及人们于互动中发展出的社会行为模式在道德上（正确）指南的迷失，社会沉沦于物质主义、消费主义、享受主义的漩涡，等等。于是，在全社会营造培育一种适度知足（也可称之为"中庸"）与节俭互助的文化氛围是必要的，如适当淡化消弭一些匍匐于"商品拜物教"或"货币拜物教"足下的大众文化消费品（如某些"娱乐至死"的影视娱乐节目）的生产制造与宣扬鼓吹。这是因为，那种执着于鼓吹"消费着即快乐着，快乐着即消费着"的"人类情感商业化"引导已经令消费沦入异化的陷阱之中，从这种消费中获得的不是真正的快乐，而只是官能的享乐（郭景萍，2008）。

从微观层面而言，在幸福研究中，相对因素的重要性往往被低估了，不论是人际的相互攀比，抑或是本人与自己以前或最近的消费或其他经历的比较。而且，人们还几乎没有把当前的高消费对将来的负面影响考虑进去，过高评价高消费对长期幸福快乐的贡献。实际上，财富是幸福的手段而不是目的，一定的财富是幸福的必要条件而不是充分条件。巨大的财富更不是幸福的必要条件。[1] 温饱水准之上的幸福感知更多来自"社会安全网"的稳固与否。收入只是与幸福两个维度（emotional well-being and life evaluation）之一的"生活评估"有着更密切的相关性（Kahneman，Deaton，2010）。高收入只能影响幸福构成中的生活维度。因此，应当从上至下、从下至上地打破物质主义神话。事实证明，恰当的消费舆论引导有助于幸福感知水平的提升，譬如对锚定效应（anchoring effect）[2] 的关注。该效应一般又叫沉锚效应，指的是当人们需要对某个事件做定量估测时，会将某些特定数值作为起始值，起始值像锚一样制约着估测值。人们倾向于把对将来的估计和已采用过的估计联系起来，同时易受他人建议的影响。在做决策的时候，会不自觉地给予最初获得的信息过多的重视。当人们对某件事的好坏做估测的时候，其实一切都是相对的，并不存在绝对意义上的好与坏，关键看如何定位基点。基点就像一只锚一样，它定了，评价体系也就定了，好坏是非也就相应评定出来了。为避免自己的判断被不恰当地锚定，多角度的独立思考尤为重要。由此观来，在很大程度上，人的需求实际上是与文化所重视的价值相关，是文化价值影响决定了人们的选择。例如，在一个重视物质拥有的文化中，总是在宣扬拥有的越多越好，越新越好，如此一来，人们将物质财富的累聚看作成功生活甚或幸福生活的最重要因素。因此，不同

---

〔1〕 该段阐释来自黄有光先生对笔者的邮件回复。
〔2〕 "锚定效应"由行为经济学家诺奖得主卡尼曼（Kahneman）和特沃斯基（Tversky）在1973年提出。

的文化价值导向所产生的社会是不同的（约翰逊，2008）。

　　因此，在新时代文化建设过程中，我们建议政府注重培植恰当的消费文化观，以更好地培养同情心、利他主义和诚信品质，并帮助公众抵制超商业化（super-commercialize）的负面影响（Bormans，2011）。在笔者看来，在社会转型升级过程中，一定程度上，由只崇尚 GDP"力"的经济逐步过渡到兼有"礼"的经济是一条可资参考借鉴的可持续发展道路。

　　或正如《超越极限》一书中所提出的，"对物质增长的渴望背后有一项主要的推动力就是心理上的空虚"。如果一个社会可以承认并明确指出其非物质的需要，就应当以非物质方法去满足这些需求，而不再试图用物质产品来填补这些心灵的空缺（梅多斯等，2001）。

第七章　结论与展望

　　本书研究的理论问题是，文化及其向度是如何影响幸福达致的以及这种影响背后蕴含着怎样的社会治理意义。本研究理论对话的起点和落脚点均是围绕"伊斯特林悖论"所折射的"为什么不（难）幸福"社会现象的文化诠释。本研究指出，这类问题既是 GDP 至上发展观危机的一种折射，也是其之上社会文化价值危机的反映。关于"如何才能幸福"在文化层面的解答，在由"生产导向"向"幸福导向"发展观转变的同时，或可尝试从历史和现代两个向度予以探索。其中，历史向度主要着力于对信仰缺失的探讨，现代向度则主要着力于对信任匮乏的探讨。具体而言，信仰问题的解决在于建立一个以"敬畏"理念准则为指导的价值规范体系（对应"精神文化"构建），而信任问题的解决在于建立一个以"制衡"理念准则为指导的行为规范体系（对应"规范文化"构建）。如此一来"双管齐下"，既有发展观方面的定向，也有具体文化模式（社会文化价值体系）构建方面的定向，"伊斯特林悖论"在文化层面上的困境方有可能得以缓解，也才可能更好地发挥文化在中国社会转型与建设幸福社会过程中所起到的价值导向之功用。

　　回顾本书内容，首先循沿文献综述部分提出的逻辑起点，即"无论是对个人追求而言，抑或是对一个国家经济社会发展而言，幸福均应当是一种终极价值诉求所在，也应是公共政策制定者的一个关注焦点"。继之，从"伊斯特林悖论（幸福悖论）"的多重要素解析、文化维度下幸福研究的理论阐释、中心命题的提出、文化分析路径的确立（理论框架的提出），以及实证分析与理论回归等方面对影响幸福的文化因素进行了探索性分析。概言之，经由对学术层面"伊斯特林悖论"的反思以及对发生于珠三角西岸城市、"广东四小虎"之一的顺德的"伊斯特林悖论"社会现象的分析考察，本书以社会学结构功能主义理论为思想导线，对"为什么不（难）幸福、如何才能幸福"做出了一个文化层面及其历史向度与现实向度在其中功用的探索性回答。此外，基于对社会转型变迁的思考，以及为了更好地提升民众生活的幸福水平，在由"生产导向"向"幸福导向"转变的过程中，本书还就如何开展新时代文化建设展开一定分析，并提出了相应的政策建言。

第一节　主要结论

在田野调查和问卷调查相结合的基础之上，本书以社会学结构功能主义理论为思想导线，对同一社会经济背景之下可以影响幸福的文化要素进行了较为细化的探讨，实证研究与理论命题具有一定的匹配性，概括起来，主要有以下结论。

（一）关于"伊斯特林悖论"的诠释，社会学视野下的文化定向分析是一个较好的视角

文化体系中内含的价值观、信仰、观念、生活方式等内容的有效整合有助于实现社会规范秩序的合法化（Parsons，1962）。而在一个给定的共同体（community）中，个体与社会关系之间又是相互构成的（constitutive），当个体行为与此种有序化文化模式接近或符合时，他们的主观幸福得以提升（Kitayama，2000）。这是因为，社会文化系统中的共享价值观有助于社会团结及社会凝聚力的生成。社会团结及社会凝聚力又有助于社会共意及一致性的生成，因此，这两者相辅相成的关联性对于民众幸福水平的改善有着相当大的影响。这其中，由"生产导向"到"幸福导向"发展观的转变是一个关键，而由历史向度综合现代向度的社会文化价值体系的构建有助于推动这一目标的实现。

（二）幸福达致受制于一种价值共享体系，是一种基于价值共享的愉悦性体验

这是本书的中心命题，在一定程度上，由于幸福代表的是社会成员对其社会所珍视文化价值观予以践行程度的高低（Inglehart，Klingemann，2000），对幸福的感知在本质上是由文化定位的，同时，价值又是文化的内在规定性与基本特征，文化是价值的体现（吉登斯，2003）。在文化定向分析视野之下，文化模式通过基于社会团结的共享价值程度影响幸福感知水平的高低抑或正负，即文化与幸福关系的"理论"可以包括三个变量：（经由文化定向机制发挥作用的）文化模式、（基于社会团结的）共享价值、主观幸福程度。依据本书的研究主旨，此处的理论建构也可以表述为，文化及其历史与现实向度如何干预由

"伊斯特林悖论"导致的不（难）幸福以及这种干预背后蕴含的社会治理意义。

（三）幸福社会文化建设的一个关键：诚信体系的构建

本书在阐释过程中多次论及，文化建设首先要解决文化上导致人们觉得"不幸福"的因素，即当下社会文化价值整合失效的现实，如信仰匮乏与诚信缺失。因而，信仰重塑与诚信体系构建非常重要。

在信仰重塑方面，为顺利实现"文化强国"战略提出重振国民精神的奋斗目标与实现"幸福、民生、尊严"的社会建设规划，在新形势下，除了对中华民族传统文化的发掘汲取，在创新社会管理与建设幸福社会方面，政府应站在"文化立世"的高度去培育与推广新的价值体系，并通过平衡、和谐、利他的文化价值观而不仅仅是物质中心主义价值观的更迭，促使既有社会有机体的功能创新需求从较为单一的经济层面适度延伸到以精神价值观为基础的发展路径之上。在社会转型时期，如果可以有效提升社会聚合力，这在本质上即为社会创新的一种有效体现。

在诚信体系构建方面，发挥社会中间力量（例如社区品质夯实、公共文化供给及慈善活动空间拓展等），推动社会职业团体及其价值体系的制度化建设，以社团化促进社会信任水平的提升，同时推进有助于提升社会道德水准的多层次道德规范体系建设，借此破解当前社会信任度低迷难题。

（四）幸福社会文化建设的另一关键在于"社会力量"的崛起

经由前文的理论和实证阐释，可以见到，"社会力量"在幸福文化建设中扮演着重要角色，无论是信仰层面，还是有助于信任体系构建的社团文化建设层面，都可以见到"社会力量"在推动社会建设以及管理创新方面的积极效用。以对信仰的田野考察为例，在 SD 村，作为自治组织的"观音会"在统合村民信仰活动方面即发挥着积极功用。再以新时期的社区/社团建设为例，在顺德容桂，采用"政府主导、民间运作、第三方监督"运作模式的"伍威权庇护中心"之类社会组织的发展有利于"社会力量"发展壮大，使得"社会"空间得以拓展，有助于政府、社会、市场三方力量均衡协调。

可以预期的是，社会力量及其价值体系的兴起对于中国社会整体治理结构的变迁将有着重要积极的功用，因其将扮演传统社会和文化中缺失的第三方角色，即"制衡"的角色，而"制衡"是现代工商社会运转必不可少的润滑剂，无论是对于新的社会结构的构建抑或是新道德体系的构建，"制衡"都将发挥积极有益的功能。笔者以为，基于"制衡"价值理念的道德体系构建能够有效克服当前社会的道德困境（突出表现为信仰缺失与信任匮乏），重塑道德正义，即在制度安排上接受道德秩序的约束力。易言之，道德约束不仅来自教育，更来自制度性的制衡力量，即"社会"力量及其价值体系。

第二节　不足与进一步研究展望

一、不足之处

本书是笔者在学习前人及当代诸多方家学者幸福研究成果的基础之上，以定性（质性）分析为主的一项探索性研究。与此同时，囿于研究问题的复杂性，以及笔者在时间、精力、能力等方面的局限性，本书自然也存在一些有待完善之处，主要表现在以下几个方面：

首先，在理论建构的局限性方面，幸福达致及其影响要素是一个非常复杂的议题，自然，个中关联性也可能呈现复杂化倾向（如相互作用），倘若要在一本小书中系统地分析其中所有的机制要素则难以实现。本书只是尝试在与经济学"伊斯特林悖论"（幸福悖论）对话的基础之上，分析诸种幸福影响要素之一，即文化及其历史与现代向度以及它们的综合作用（主要体现为本书提出的中心命题以及基于实证分析得出的文化与幸福关系之论证），且所用数据及相关田野资料的来源均局限于珠三角西岸的顺德，缺失比较。因此，此种限定性解释的局限性也在所难免，例如，难以确定本书中的文化对于主观幸福的影响是否具有普遍性，即"概括化"（generalization）意义。下一步的研究主要应在文化与幸福关联性方面继续深化拓展，宜更加全面地考虑有关细化向度，以求对既有解答做出补充完善。

其次，从研究方法的局限性来看，在信息的收集与提炼以及样本代表性方面，本研究主要采取深度访谈、参与观察以及集体访谈的方式收集信息，经验材料的获得方式相对单一。

最后，书中相关注释以及引证文献的出处绝大多数已经明确标示，但囿于多种因素，书中也有极少数引文未能标明来源，如有涉及，请允许笔者向有关研究人员致歉兼致谢。

需要说明的是，本书仅是对"伊斯特林悖论"生成过程中诸多非经济因素之文化要素予以阐释分析，是对经济学视野下"伊斯特林悖论"的一个补充性解释，而非替代性解释。

二、研究展望

一定程度上，包括经济学、心理学、社会学等学科在内的幸福影响机制（或影响因素）研究尚处于一个初级阶段。日后，学界如果足以建立起一门新学科——"幸福学"，则对这门学科的研究不妨突破既有学科的某些窠臼，实行跨学科联合路径，充分重视不同学科的研究特色，而不应局限于既往学科门派之别"自我设限"。例如，在现有的幸福研究之中，经济学研究的重点侧重于物质层面，通过外在条件（外在经济社会指标）去推断个体内心的幸福，努力寻觅社会进步与经济绩效共同发展的路径，以促进人和环境的协调发展。社会学和心理学的研究则重视幸福的主观感受层面，对人的期望、感受、态度以及价值等方面颇多关注，着力于人的幸福体验。不过，同是主观幸福感受性，社会学更多强调其基于"社会性"的感知，而心理学的主观幸福感受性则更多是在相对孤立条件下（基于试验精确性之上）较为"纯正"的心理幸福感知。

譬如，在幸福测量层面，一方面要注意到，在幸福影响机制（因素）研究中，相关性并不一定意味着存在因果关系，例如，现有关于"婚姻—幸福"的研究大都认为已婚族比不婚族（离异族）更幸福，但这不意味着二者就存在着必然的因果关系。因此，以后的幸福研究中，不妨多些注意如"婚姻—幸福"之类反向作用的研究取向，即幸福对行为的影响与效应，这其中的相关或因果关系及其作用机制均值得深入探求。另一方面也应照顾到不同学科的优势所在，例如，不妨积极汲取经济学对外在客观性影响因子（外部经济环境变量）的计量统计分析技术。而作为与传统经济学有交叉的神经元经济学（可视为行为经济学分支学科）与生物经济学也颇有功用价值，像神经元经济学的方法论主张即颇值得借鉴，其主张采用兼有哈耶克和米德"社会我"学说色彩的个人主义研究路径，即在个人行为与心智活动中有机融合了人的社会性方法论个人主义，这种方法论个人主义既不同于传统的"原子式"方法论个人主义，也不同于传统的方法论整体主义。

再有，就幸福测量方法的丰富补充而言，立足于主体感受满意度指标构建与测度的社会学大规模调查法与自我报告法已在其他一些关联学科里得到运用与发展。心理学的自我报告法与实验法关注快乐幸福测度过程中追忆的稳定性，也可以丰富补充之。

因此，幸福研究既应在理论建构层面予以综合并丰富拓展，尝试寻求构建更为系统性的理论学说，也要在计量评估层面继续深化细化，以求在研究幸福及其影响机制（因素）之间的因果关联方面发展出更有解释力的测量框架。

　　此外，关于幸福度量还有两种情况值得注意：一种观点是单一否定论，这种观点认为，不能被测量的事务（如幸福）便不能进行测量和管理，然而，缺陷并不等于虚无，随着更好的数据整理方式的出现，更好的测量可以帮助我们做出更好的决定，并帮助人们利用稀缺资源来实现更好的效果。另一种观点是幸福测量的静止观，认为已有相应的幸福度量法则和工具可以长久使用下去，忽视其中的动态完善性。因此，尽管对幸福的追寻现在越来越被视作公共政策的一个明确目标，也被认为具有可测性，然而，就其本身而言，这种测量还面临着只是一个静态测量的风险——只是在某一特定时间内给出一张幸福"快照"（snapshot），但对事关幸福的未来机遇和威胁尚欠缺洞察力。因此，未来幸福测量研究不妨加大对"连续性"与"长期性"的关注，而不只是满足停留于"快照"方式的测量阶段。

　　总体而言，国内外学术界对幸福的研究尚处于探索阶段。目前，研究人员对其还只有一个很初步的理解，如关于"人们什么时候会快乐幸福""为什么""在此过程中，哪些因素足以影响主观幸福（SWB）"等问题还存在着相当大的争议，有关竞争性解释尚需进一步丰富完善。另外，相对而言，也正因为幸福研究在学术界还是一个颇为新颖的课题，涉及多学科关联知识，其有所争议也就在所难免，例如在幸福概念的界定、测度工具以及指标的选取等方面。未来的研究有必要加强学科间对话，积极汲取相关学科行之有效的理论与方法，以求在理论与方法融合的基础之上开拓新的视野。

参考文献

一、中文参考文献

阿隆,2000. 社会学主要思潮 [M]. 葛智强,胡秉诚,王沪宁,译. 北京:华夏出版社.

艾哈德,1998. 社会市场经济之路 [M]. 丁安新,译. 武汉:武汉大学出版社.

奥格本,1989. 社会变迁:关于文化和先天的本质 [M]. 王晓毅,陈育国,译. 杭州:浙江人民出版社.

巴比,2005. 社会研究方法:第 10 版 [M]. 邱泽奇,译. 北京:华夏出版社.

北京大学哲学系外国哲学史教研室,1961. 古希腊罗马哲学 [M]. 北京:商务印书馆.

波普诺,2007. 社会学:第十一版 [M]. 李强,等译. 北京:中国人民大学出版社.

伯恩斯等,2000. 结构主义的视野:经济与社会的变迁 [M]. 周长城,等译. 北京:社会科学文献出版社.

伯格,2008. 与社会学同游:人文主义的视角 [M]. 何道宽,译. 北京:北京大学出版社.

蔡拓,2005. 探索中的"中国模式"[J]. 当代世界与社会主义,2005(5):12-14.

曾忠禄,张冬梅,2010. 澳门居民的主观幸福水平及影响因素研究 [J]. 广东社会科学(6):85-91.

陈惠雄,2003. 快乐原则:人类经济行为的分析 [M]. 北京:经济科学出版社.

陈惠雄，刘国珍，2005. 快乐指数研究概述 [J]. 财经论丛 (3)：29-36.

陈建民，丘海雄，1999. 社团、社会资本与政经发展 [J]. 社会学研究 (4)：66-76.

陈世清，2010. 经济学的形而上学 [M]. 北京：中国时代经济出版社.

陈向明，2000. 质的研究方法与社会科学研究 [M]. 北京：教育科学出版社.

陈向明，2003. 在行动中学做质的研究 [M]. 北京：教育科学出版社.

陈序经，1996. 东西文化观 [M]. 杭州：浙江人民出版社.

陈有真，贾志永，周庭锐，2009. 城市居民幸福感的影响因素分析 [J]. 城市发展研究 (6)：139-142.

迪尔凯姆，1995. 社会学方法的准则 [M]. 狄玉明，译. 北京：商务印书馆.

迪韦尔热，1987. 政治社会学 [M]. 杨祖功，王大东，译. 北京：华夏出版社.

丁学良，2011. 警惕中国模式的"慢性病"[J]. 四川物价 (3)：19-21.

范明林，吴军. 质性研究 [M]. 上海：格致出版社，2009.

方纲，风笑天，2009. 城乡居民主观幸福研究述评 [J]. 广西民族大学学报 (哲学社会科学版) (2)：68-73.

费孝通，2010. 江村经济 [M]. 呼和浩特：内蒙古人民出版社.

风笑天，2005. 社会学研究方法 [M]. 2 版. 北京：中国人民大学出版社.

弗雷，斯塔特勒，2006. 幸福与经济学：经济和制度对人类福祉的影响 [M]. 静也，译. 北京：北京大学出版社.

高良，郑雪，2010. 幸福感的中西差异：自我建构的视角 [J]. 心理科学进展 (7)：19-23.

高宣扬，2005. 当代社会理论 (下) [M]. 北京：中国人民大学出版社.

格根，2011. 社会构建的邀请 [M]. 许婧，译. 北京：北京大学出版社.

格哈特，2009. 帕森斯学术思想评传 [M]. 李康，译. 北京：北京大学出版社.

龚长宇，郑杭生，2011. 陌生人社会秩序的价值基础 [J]. 科学社会主义 (1)：111-114.

郭景萍，2008. 情感社会学 [M]. 上海：上海三联书店.

贺金社，2010. 经济学：回归亚当·斯密的幸福和谐框架 [M]. 上海：格致出版社.

亨廷顿等，1993. 现代化：理论与历史经验的再探讨 [M]. 上海：上海译文出版社.

胡乐明，刘志明，张建刚，2009. 国家资本主义与"中国模式"[J]. 经济研究（11）：31-37.

吉登斯，1998a. 社会的构成 [M]. 李康，李猛，译. 上海：生活·读书·新知三联书店.

吉登斯，1998b. 现代性与自我认同：现代晚期的自我与社会 [M]. 赵旭东，方文，王铭铭，译. 上海：生活·读书·新知三联书店.

吉登斯，2003. 社会学 [M]. 李康，译. 北京：北京大学出版社.

吉登斯，2007. 批判的社会学导论 [M]. 郭忠华，译. 上海：上海译文出版社.

吉登斯，2011. 现代性的后果 [M]. 田禾，译. 南京：译林出版社.

加尔布雷斯，1965. 丰裕社会 [M]. 徐世平，译. 上海：上海人民出版社.

贾春增，2000. 外国社会学史 [M]. 北京：中国人民大学出版社.

金江，2010. 主观幸福的经济学初探 [D]. 武汉：武汉大学.

景淑华，张积家，1997. 大学生主观幸福感的研究 [J]. 青年研究（1）：21-25，48.

卡伦，维吉伦特，2011. 社会学的意蕴：第 8 版 [M]. 张惠强，译. 北京：中国人民大学出版社.

康君，2009a. 测量你的幸福：从相对赋值谈起 [J]. 中国统计（7）：48-50.

康君，2009b. 基于政策效应的民众幸福感测量研究 [J]. 统计研究（9）：82-86.

康芒斯，1962. 制度经济学 [M]. 于树生，译. 北京：商务印书馆.

柯林斯，马科夫斯基，2006. 发现社会之旅：西方社会学思想述评 [M]. 李霞，译. 北京：中华书局.

柯伍刚，史漫飞，2000. 制度经济学：社会秩序与公共政策 [M]. 韩朝华，译. 北京：商务印书馆.

科尔奈，2009. 思想的力量 [M]. 刁琳琳，译. 香港：香港中文大学出版社.

科斯，阿尔钦，诺斯，等，1994. 财产权利与制度变迁：产权学派与新制度学派译文集 [M]. 刘守英，等译. 上海：上海人民出版社.

克兰，2006. 文化社会学：浮现中的理论视野 [M]. 王小章，郑震，译. 南京：南京大学出版社.

拉切奇尼，格林切尔，2007. 神经元经济学：实证与挑战 ［M］. 汪丁丁，叶航，译. 上海：上海人民出版社.

莱亚德，2009. 不幸福的经济学 ［M］. 陈佳伶，译. 北京：中国青年出版社.

李敢，2011a. 英国幸福社区建设之"温暖"研究述评及思考 ［J］. 福建行政学院学报 （4）：36-40.

李敢，2011b. 幸福测量探析与经济发展方式的转向：斯蒂格利茨委员会报告"经济与社会"共建理念的解读 ［J］. 经济界 （4）：82-87.

李敢，2011c. 转变经济增长方式的社会学思考：以"交易秩序"观考察中国经济发展模式 ［J］. 北方论丛 （1）：143-147.

李敢，2013. 环境正义视域下的转型升级思考 ［J］. 当代经济科学 （1）：21-27，124-125.

李敢，曹琳琳，2012. 海外华人对华投资的一个经济社会学解读：文化传统与社会资本结合的视角 ［J］. 思想战线 （1）：43-47.

李景源，陈威，2007. 中国公共文化发展服务报告 （2007） ［M］. 北京：社会科学文献出版社.

李克强，2010. 关于调整经济结构促进持续发展的几个问题 ［J］. 求是 （11）：3-12.

李涛，史宇鹏，陈斌开，2011. 住房与幸福：幸福经济学视角下的中国城镇居民住房问题 ［J］. 经济研究 （9）：69-82.

李晓东，2012. 致力气象预报研究竭力为社会做贡献：访广州热带海洋气象研究所研究员吴兑 ［J］. 中国科技纵横 （7）：14-15.

李志，谢朝晖，2006. 国内主观幸福感研究文献述评 ［J］. 重庆大学学报（社会科学版） （4）：83-88.

林聚任，2010. 林聚任讲默顿 ［M］. 北京：北京大学出版社.

林毅夫，1994. 制度、技术与中国农业发展 ［M］. 上海：上海人民出版社.

娄伶俐，2009. 主观幸福感的经济学理论与实证研究 ［D］. 上海：复旦大学.

卢现祥，2011. 新制度经济学 ［M］. 武汉：武汉大学出版社.

罗书伟，尹小琳，2007. 大学生主观幸福感及其影响因素 ［J］. 内蒙古师范大学学报（教育科学版） （1）：84-86.

洛佩兹，斯科特，2007. 社会结构 ［M］. 允春喜，译. 长春：吉林人民出版社.

马凌诺斯基，2002. 文化论 ［M］. 费孝通，译. 北京：华夏出版社.

马斯洛，1987. 自我实现的人 [M]. 许金声，刘锋，等译. 北京：生活·读书·新知三联书店.

迈尔斯，休伯曼，2008. 质性资料的分析：方法与实践：第2版 [M]. 张芬芬，译. 重庆：重庆大学出版社.

曼海姆，2002. 文化社会学论要 [M]. 刘继同，译. 北京：中国城市出版社.

梅多斯，梅多斯，兰德斯，2011. 超越极限：正视全球性崩溃，展望可持续的未来 [M]. 赵旭，周欣华，张仁俐，译. 上海：上海译文出版社.

苗元江，胡亚琳，周堃，2011. 从快乐到实现：实现幸福感概观 [J]. 广东社会科学（5）：114-121.

默顿，2008. 社会理论和社会结构 [M]. 唐少杰，齐心，等译. 南京：译林出版社.

纽曼，2007. 社会研究方法：定性和定量的取向：第五版 [M]. 郝大海，译. 北京：中国人民大学出版社.

帕森斯，2003. 社会行动的结构 [M]. 张明德，夏遇南，彭刚，译. 南京：译林出版社.

庞井君. 社会价值论的理论定位及意义 [N]. 光明日报（理论版），2007-05-15.

彭怡，陈红，2010. 基于整合视角的幸福感内涵研析与重构 [J]. 心理科学进展（7）：1052-1061.

齐美尔，2002. 社会是如何可能的：齐美尔社会学文选 [M]. 林荣远，编译. 桂林：广西师范大学出版社.

丘海雄，李敢，2011. 从"生产导向"到"幸福导向"镜鉴：源自不丹和法国 [J]. 改革（6）：60-66.

丘海雄，李敢，2012. 国外多元视野"幸福"观研析 [J]. 社会学研究（2）：224-233.

任志洪，叶一舵，2006. 国内外关于主观幸福感影响因素研究述评 [J]. 福建师范大学学报（哲学社会科学版）（4）：152-158.

赛利格曼，2010. 真实的幸福 [M]. 洪兰，译. 沈阳：万卷出版公司.

桑巴特，1958. 现代资本主义：第一卷 [M]. 李季，译. 北京：商务印书馆.

石磊，张翼，寇宗来，2010. 演进中的"中国模式"：战略、机制与架构 [J]. 社会科学，2010（3）：22-31.

司马云杰，1990. 文化价值论 [M]. 济南：山东人民出版社.

司马云杰，2011. 文化社会学 [M]. 5 版. 北京：华夏出版社.

斯梅尔塞，1992. 社会科学的比较方法 [M]. 王宏周，张平平，译. 北京：社会科学文献出版社.

斯密，2011. 国富论 [M]. 孙善春，李春长，译. 北京：中国华侨出版社.

斯密，2017. 道德情操论 [M]. 蒋自强，钦北愚，朱钟棣，等译. 北京：商务印书馆.

斯泰克，2007：个案研究 [M] //邓津，林肯. 定性研究：策略与艺术（第 2 卷）. 风笑天，等译. 重庆：重庆大学出版社.

苏国勋，2005. 社会理论与当代现实 [M]. 北京：北京大学出版社.

孙美堂，2005. 从价值到文化价值：文化价值的学科意义与现实意义 [J]. 学术研究（7）：44-49.

孙文，1900. 三民主义·民族主义·孙中山全集 [M]. 北京：中华书局.

泰勒，2005. 原始文化 [M]. 连树声，译. 桂林：广西师范大学出版社.

特纳，2006. 社会学理论的结构：第 7 版 [M]. 邱泽奇，张茂元，等译. 北京：华夏出版社.

特纳，斯戴兹，2007. 情感社会学 [M]. 孙俊才，文军，译. 上海：上海人民出版社.

田国强，杨立岩，2006. 对"幸福—收入之谜"的一个解答 [J]. 经济研究（11）：4-15.

涂尔干，2000. 社会分工论 [M]. 梁东，译. 上海：生活·读书·新知三联书店.

涂尔干，2006. 宗教生活的基本形式 [M]. 渠东，汲喆，译. 上海：上海人民出版社.

涂可国，2001. 社会哲学 [M]. 济南：山东人民出版社.

托马斯等，2001. 增长的质量 [M]. 翻译组，译. 北京：中国财政经济出版社.

王冰，郝豫，2006. 快乐经济学研究进展及其公共政策内涵 [J]. 上海经济研究（12）：20-27.

王策，1996. 中国重生之路 [M]. 北京：中国民盟出版社.

王慧红，陈楠，2008. 中国幸福指数的构建 [J]. 商业经济与管理（6）：70-74.

王铭铭，2008. 东南与西南：寻找"学术区"之间的纽带 [J]. 社会学研究（4）：32-54.

王宁，2002. 代表性还是典型性？：个案的属性与个案研究方法的逻辑基础 [J]. 社会学研究（5）：123-125.

韦伯，2004. 经济与社会［M］. 林荣远，译. 北京：商务印书馆.

韦伯，2004. 中国的宗教：宗教与世界［M］. 康乐，简惠美，译. 桂林：广西师范大学出版社.

沃特斯，2000. 现代社会学理论：第 2 版［M］. 杨善华，李康，汪洪波，等译. 北京：华夏出版社.

吴明霞，2000. 30 年来西方关于主观幸福感的理论发展［J］. 心理学动态（4）：23-28.

吴文藻，2010. 论社会学中国化［M］. 北京：商务印书馆.

吴兴帜，2010. 标识与符号："物"的人类学研究［J］. 广西民族研究（1）：39-44.

希林，梅勒，2009. 社会学何为？［M］. 李康，译. 北京：北京大学出版社.

锡格尔科（Siggelkow），2008. 案例研究的说服力［J］. 张丽华，姜惠，译. 管理世界（6）：156-160.

肖瑛，刘春燕，张敦福，2007. 友好社会的寻求：美日法三国构建社会协调机制研究［M］. 上海：上海人民出版社.

邢占军，2011. 我国居民收入与幸福感关系的研究［J］. 社会学研究（1）：196-219.

邢占军，黄立青，2004. 西方哲学史上的两种主要幸福观与当代主观幸福感研究［J］. 理论研究（1）：21-29.

熊秉元，2008. 走进经济学［M］. 太原：山西人民出版社.

休斯，克雷勒，2011. 社会学导论［M］. 周杨，邱文平，译. 上海：上海社会科学院出版社.

亚里斯多德，2003. 尼各马科伦理学［M］. 廖申白，译. 北京：商务印书馆.

亚历山大，2000. 社会学二十讲［M］. 贾春增，董天民，等译. 北京：华夏出版社.

亚历山大，2001. 迪尔凯姆社会学：文化研究［M］. 戴聪腾，译. 沈阳：辽宁教育出版社.

亚历山大，2003. 新功能主义及其后［M］. 彭牧，史建华，杨喻东，译. 南京：译林出版社.

严标宾，郑雪，邱林，2003. 大学生主观幸福感的跨文化研究：来自 48 个国家和地区的调查报告［J］. 心理科学（5）：851-855.

杨庆堃，2007. 中国社会中的宗教［M］. 范丽珠，等译. 上海：上海人民出版社.

殷，2004. 案例研究方法的应用 [M]. 周海涛，等译. 重庆：重庆大学出版社.

殷，2010. 案例研究：设计与方法 [M]. 2版. 周海涛，李永贤，李虔，译. 重庆：重庆大学出版社.

殷海光，1990. 中国文化的展望 [M]. 台北：桂冠图书公司.

于海，2008. 西方社会思想史 [M]. 2版. 上海：复旦大学出版社.

约翰逊，2008. 见树又见林：社会学与生活 [M]. 喻东，金梓，译. 北京：中国人民大学出版社.

张斌峰，2001. 殷海光文集：第三卷 文化篇 [M]. 武汉：湖北人民出版社.

张岱年，方克立，2004. 中国文化概论（修订版）[M]. 北京：北京师范大学出版社.

张桂琳，2008. 社会公正与我国公共文化服务的均等化 [C] //中山大学行政研究管理中心，等. "21世纪的公共管理：机遇与挑战"：第三届国际学术研讨会文集. 上海：格致出版社.

张桂琳，2009. 论我国公共文化服务均等化的基本原则 [J]. 中国政法大学学报（5）：44-51.

赵骏河，2004. 东方伦理道德 [M]. 长春：吉林人民出版社.

赵立军，刘旭华，2002. 贵阳市老年人主观幸福感与生活满意度相关研究 [J]. 贵州师范大学学报（自然科学版）（3）：98-101.

赵其国，2008. 和谐社会构建中的政府管理创新研究 [M]. 北京：经济日报出版社.

赵兴胤，2001. 东亚的传统生活文化 [J]. 世界民族（5）：74-78.

赵志裕，康萤仪，2011. 文化社会心理学 [M]. 刘爽，译. 北京：中国人民大学出版社.

郑雪，严标宾，邱林，2001. 广州大学生主观幸福感研究 [J]. 心理学探新（4）：46-50.

郑永年，2009. 国际发展格局中的中国模式 [J]. 中国社会科学（5）：20-28，204.

周瑞金，2011. 辛亥百年：从世界演变看中国改革路线图 [J]. 炎黄春秋（9）：1-11.

周晓虹，2006. 文化反哺：变迁社会中的亲子传承 [J]. 中国新闻周刊（36）：57.

周雪光，练宏，2011. 政府内部上下级部门间谈判的一个分析模型：以环境政策实施为例 [J]. 中国社会科学（5）：80-96.

朱建芳，杨晓兰，2009. 中国转型期收入与幸福的实证研究 [J]. 统计研究（4）：7-12.

邹琼，2005. 主观幸福感与文化的关系研究综述 [J]. 心理科学（3）：632-633.

二、外文参考文献

Ahuvia A，2001. Well-being in cultures of choice. A cross-cultural perspective [J]. American Psychologist，56（1）：77-78.

Alexandrovar A，2005. Subjective well-being and Kahneman's "objective happiness" [J]. Journal of Happiness Studies，6（3）：301-324.

Bellah R N，1975. The Broken Covenant：American Civil Religion in a Time of Trial [M]. New York：Seabury Press.

Berger M，Abel T，Page C H，1954. Sociology and Education [M]. New York：Van Nostrand Press.

Blanchflower D G，Oswald A J，Clark A，et al.，2000. Well-being：Over time in Britain and the USA [J]. Journal of Public Economics，88（7）：1359-1386.

Bork D，2010. The Politics of Happiness：What Government Can Learn from the New Research on Well-Being [M]. Princeton：Princeton University Press.

Bormans L，2011. The World Book of Happiness [M]. New York：Firefly Books.

Bruni L，2006. Civil Happiness：Economics and Human Flourishing in Historical Perspective [M]. New York：Routledge.

Bruno S F，Stutzer A，2002. What can economists learn from happiness research? [J]. Journal of Economic Literature，40（2）：402-435.

Clark A E，Frijters P，Shields M A，2008. Relative income，happiness and utility：An explanation for the Easterlin paradox and other puzzles [J]. Journal of Economic Literature，46（1）：95-144.

Clark B R，1960. The "cooling-out" function in higher education [J]. New Directions for Methodology of Social and Behavioral Science，65（6）：569-576.

Collins R，1992. Sociological Insight：An Introduction to Non-Obvious Sociology [M]. 2nd ed. New York：Oxford University Press.

Costa P T，McCrae R R，Zonderman A B，1987. Environmental and dispositional influences on well-being：Longitudinal follow-up of an American national sample [J]. British Journal of Psychology，78 (3)：299-306.

Crosthwaite J，Macleod N，Malcolm B，1997. Case studies：Theory and practice in natural resource management [J]. Sustainability and Social Research，2：1-15.

Csikszentmihalyi M，Larson R W，1987. Validity and reliability of the experience sampling method [J]. Journal of Nervous and Mental Disease，175 (9)：526-536.

Davis K，Moore W E，1945. Some principles of stratification [J]. American Sociological Review，10 (2)：242-249.

Diener E，1984. Subjective well-being [J]. Psychology Bulletin，95 (3)：542-575.

Diener E，2000. Subjective well-being：The science of happiness and a proposal for a national index [J]. American Psychologist，55 (1)：34-43.

Diener E，Diener M，Diener C，1995. Factors predicting the subjective well-being of nations [J]. Journal of Personality and Social Psychology，69 (5)：851-864.

Diener E，Fujita F，1995. Resources，personal strivings and subjective well-being：A nomothetic and idiographic approach [J]. Journal of Personality and Social Psychology，68 (5)：926-935.

Diener E，Lucas，R E，1999. Personality and subjective well-being [J]. Personality and Social Psychology Bulletin，28 (4)：213-229.

Diener E，Ng W，Harter J，et al. ，2010. Wealth and happiness across the world：Material prosperity predicts life evaluation，whereas psycho-social prosperity predicts positive feeling [J]. Journal of Personality and Social Psychology，99 (1)：52-61.

Diener E，Suh E M，Lucas R E，et al. ，1999. Subjective well-being：Three decades of progress [J]. Psychology Bulletin，125 (2)：276-302.

Diener E，Tay L，2011. Needs and subjective well-being around the world [J]. Journal of Personality and Social Psychology，101 (2)：354-365.

Diener H，John K，2010. A Blueprint for Exploring International Differences in Well-Being [M]. New York: Oxford University Press.

Easterlin R A, 1974. Does economic growth improve the human lot? Some empirical evidence [M] //David P, Reader M. Nations and Households in Economic Growth: Essays in Honor of Moses Abramowitz. New York: Academic Press.

Easterlin R A, 2001. Income and happiness: Towards a unified theory [J]. Economic Journal, 111 (473): 465-484.

Easterlin R A, 2003. Explaining Happiness [J]. Proceedings of the National Academy of Sciences, 100: 11176-11183.

Ebaugh H R, Chafetz J S, 2000. Religion and the New Immigrants: Continuities and Adaptations in Immigrant Congregations [M]. New York: AltaMira Press.

Eisenhardt K M, 1989. Building theories from case study research [J]. Academy of Management Review, 14 (4): 532-550.

Eisenhardt K M, 1991. Better stories and better constructs: The case for rigor and comparative logic [J]. Academy of Management Review, 16 (3): 620-627.

Eisenhardt K M, Graebner M E, 2007. Theory building from cases: Opportunities and challenges [J]. Academy of Management Journal, 50 (1): 25-32.

Fiske A P, 2000. Complementarity theory: Why human social capacities evolved to require cultural complements? [J]. Personality and Social Psychology Review, 4 (1): 76.

Foroohar R, 2007. Money versus happiness: Nations rethink priorities [J]. Newsweek (5): 2-9.

Frey B S, Stutzer A, 2002a. What can economists learn from happiness research? [J]. Journal of Economic Literature, 40 (2): 402-435.

Frey B S, Stutzer A, 2002b. Happiness and Economics: How the Economy and Institutions Affect Human Well-Being [M]. Princeton: Princeton University Press.

Gasper D, 2005. Subjective and objective well-being in relation to economic inputs: Puzzles and responses [J]. Review of Social Economy, 63 (2): 177-206.

Graham C, 2005a. Insights on development from the economics of happiness [J]. The World Bank Research Observer, 20 (2): 201-231.

Graham C, 2005b. The economics of happiness [M] // Durlauf S, Blume L. The New Palgrave Dictionary of Economics. 2nd ed. Washington DC: Economic Studies Program of The Brookings Institution.

Graham C, Eggers A, Sukhtankar S, 2004. Does happiness pay? An exploration based on panel data from Russia [J]. Journal of Economic Behavior & Organization, 55 (3): 319-342.

Graham C, Pettinato S, 2002. Happiness and Hardship: Opportunity and Insecurity in New Market Economies [M]. Washington DC: The Brookings Institution.

Graham S W, Galloway A, Folkays K, 1999. A Study of the Sociological Importance of Usages, Manners, Customs, Mores, and Morals [M]. Boston: Ginn Co.

Greif A, 1989. Reputation and coalitions in medieval trade: Evidence on the Maghribi traders [J]. The Journal of Economic History, 49 (4): 857-882.

Greif A, 1993. Contract enforceability and economic institutions in early trade [J]. American Economic Review, 83 (3): 525-548.

Hofstede G, 1980. Culture's Consequences: International Differences in Work-Related Values [M]. Thousand Oaks: Sage Publications, Inc.

Inglehart R, et al., 2000. World Values Surveys and European Value Surveys, 1981-1984, 1990-1993, 1995-1997 [M]. Ann Arbor: Institution for Social Research.

Inglehart R, Foa R, Peterson C, et al., 2008. Development, freedom, and rising happiness [J]. Perspectives on Psychological Science, 3 (4): 264-285.

Inglehart R, Klingemann H D, 2000. Culture and Subjective Well-Being [M]. Cambridge: MIT Press.

Inglehart, R, 1997. Modernization and Postmodernization [M]. Princeton: Princeton University Press.

Jones R A, 1986. Durkheim, Frazer, and Smith: The role of analogies and exemplars in the development of Durkheim's sociology of religion [J]. American Journal of Sociology, 92 (3): 596-627.

Kahneman D, Deaton A, 2010. High income improves evaluation of life but not emotional well-being [J]. Proceedings of the National Academy of Sciences, 107 (38): 16489-16493.

Kahneman D, Krueger A B, Schkade D A, et al. , 2004a. A survey method for characterizing daily life experience: The day reconstruction method [J]. Science, 306 (5702): 1776-1780.

Kahneman D, Krueger A B, Schkade D, et al. , 2004b. Toward national well-being accounts [J]. American Economic Review, 94 (2): 429-434.

Kahneman D, Tversky A, 2000. Experienced Utility and Objective Happiness: A Moment-Based Approach [M]. Cambridge: Cambridge University Press.

Kahneman D, Wakker P P, Sarin R, 1997. Back to Bentham? Explorations of experienced utility [J]. Quarterly Journal of Economics, 112 (2): 375-406.

Kemper T D, 1981. Social constructionist and positivist approaches to the sociology of emotions [J]. The American Journal of Sociology, 87 (2): 336-362.

Kitayama S, Markus H R, 2000. The pursuit of happiness and the realization of sympathy: Cultural patterns of self, social relations, and well-being [J]. American Economic Review, 63 (2): 113-161.

Kluckhohn C, 1952. Culture: A Critical Review of Concepts and Definitions [M]. New York: Fawcett Press.

Kluckhohn C, 1960. Patterning as exemplified in Navaho culture [M] // Language, Culture and Personality: Essays in Memory of Edward Sapir. Salt Lake City: Univ. of Utah Press.

Landry P F, 2012. Decentralized Authoritarianism in China: The Communist Party's Control of Local Elites in the Post-Mao Era [M]. Cambridge: Cambridge University Press.

Larson R, Csikszentmihalyi M, 1983. The experience sampling method [J]. New Directions for Methodology of Social and Behavioral Science (15): 41-56.

Lazarsfeld P F, Merton R K, 1954. Friendship as a social process: A substantive and methodological analysis in modern society [M] //Freedom and Control in Modern Society. New York: John Wiley.

Leininger M, 1985. Ethnography and ethnonursing: Models and modes of qualitative data analysis [M] //Leininger M M. Qualitative Research Methods in Nursing. Orlando: Grune & Stratton.

Lin N, 2002. Social Capital: A Theory of Social Structure and Action [M]. Cambridge: Cambridge University Press.

Magnus K, Diener E, 1991. A longitudinal analysis of personality, life events and subjective well-being [C]. Paper presented at the 63rd annual meeting of the midwestern psychological association, Chicago.

Merton R K, 1968. Social Theory and Social Structure [M]. New York: The Free Press.

New Economics Foundation (NEF), 2004. A Well-Being Manifesto for a Flourishing Society [M]. London: Her Majesty's Stationary Office.

Ng Y K, 1996. Happiness surveys: Some comparability issues and an exploratory survey based on just perceivable increments [J]. Social Indicators, 38 (1): 1-27.

Ng Y K, 2002. The East-Asian happiness gap: Speculating on causes and implications [J]. Pacific Economic Review, 7 (1): 51-63.

Ng Y K, 2003. From preference to happiness: Towards a more complete welfare economics [J]. Social Choice and Welfare, 20 (2): 307-350.

Ng Y K, 2008. Environmentally responsible happy nation index: Towards an internationally acceptable national success indicator [J]. Social Indicators Research, 85 (3): 425-446.

Ng Y K, Ho L S, 2006. Happiness and Public Policy: An Introduction in Happiness and Public Policy [M]. London: Palgrave Macmillan.

Oish S, Diener E, 2001. Goals, culture and subjective well-being [J]. Personality and Social Psychology Bulletin, 27 (12): 1674-1682.

Parsons T, 1962. The Structure of Social Action: A Study in Social Theory with Special Reference to a Group of Recent European Writers [M]. New York: MacGraw Hill.

Parsons T, 1977. Social Systems and the Evolution of Action Theory [M]. New York: The Free Press.

Parsons T, 1978. Action Theory and the Human Condition [M]. New York: The Free Press.

Parsons T, 1991. The Social System [M]. New York: The Free Press.

Parsons T, 2003. Sociological Theory and Modern Theory [M]. New York: The Free Press.

Peterson C, Park N, Seligman M E P, et al., 2005. Orientations to happiness and life satisfaction: The full life versus the empty life [J]. Journal of Happiness Studies, 6 (1): 25-41.

Pickering M, 1993. Auguster Comte: An Intellectual Biography [M]. Cambridge: Cambridge University Press.

Powdthavee N, 2007. Putting a price tag on friends, relatives, and neighbours: Using surveys of life satisfaction to value social relationships [J]. Journal of Economics, 18 (1): 1-41.

Preedy V R, Watson R R, 2009. Handbook of Disease Burdens and Quality of Life Measures [M]. New York: Springer-Verlag Inc.

Ragin C C, Becker H S, 1992. What is a Case? Exploring the Foundations of Social Inquiry [M]. Cambridge: Cambridge University Press.

Robertson R, Turner B S, 1991. An introduction to Talcott Parsons [M] // Talcott Parsons: Theorist of Modernity. London: Sage Publications.

Ryff C D, 1989. Happiness is everything, or is it? Explorations on the meaning of psychological well-being [J]. Journal of Personality and Social Psychological, 57 (6): 1069-1081.

Schostake J F, 2002. Understanding, Designing and Conducting Qualitative Research in Education: Framing the Project [M]. Berkshire: Open University Press.

Sen A, 1995. Rationality and social choice [J]. American Economic Review, 85 (1): 1-24.

Silverman D, 2000. Doing Qualitative Research: A Practical Handbook [M]. London: Sage Publications.

Stake R E, 2000. The case study method in social inquiry [M] // Gomm R, Hammesley M, Foster P. Case Study Method. London: Sage Publications.

Stern H H, 1992. Issues and Options in Language Teaching [M]. Oxford: Oxford University Press.

Stiglitz J, Sen A, Fitoussi J P, 2009. The measurement of economic performance and social progress revisited: Reflections and overview [R]. Paris: The Commission on the Measurement of Economic Performance and Social Progress.

Suh E, Diener E, Oishi S, et al., 1998. The shifting basis of life satisfaction judgments across cultures: Emotions versus norms [J]. Journal of Personality and Social Psychology, 74 (2): 482-493.

Thaler R H, 1980. Towards a positive theory of consumer choice [J]. Journal of Economic Behavior and Organization, 1 (1): 39-60.

Thaler R H, 1999. Mental accounting matters [J]. Journal of Behavioral Decision Making, 12 (3): 183-206.

Veenhoven R, 1984. Conditions of happiness [J]. Kluwer Academic, 39 (3): 61-86.

Veenhoven R, 2008. Sociological theories of subjective well-being [M] // Eid M, Larsen R. The Science of Subjective Well-being. New York: Guilford Publications.

Welzel C, 2010. How Selfish are self-expression values: A civicness test [J]. Journal of Cross Cultural Psychology, 41 (2): 152-174.

Williams R M Jr, 1970. American Society: A Sociological Interpretation [M]. 3rd ed. New York: Knopf.

Yang C K, 1991. Religion in Chinese Society: A Study of Contemporary Social Functions of Religion and Some of Their Historical Factors [M]. Illinois: Waveland Press.

Yang X K, 1993. Introduction to new classical microeconomics [J]. Hong Kong Journal of Social Science, 1 (1).

Yin R K, 1989. Case Study Research: Design and Methods [M]. Newbury Park, CA: Sage Publications.

Yin R K, 1993. Application of Case-study Research [M]. Newbury Park, CA: Sage Publications.

Young Foundation, 2010a. Taking the temperature of local communities: The Wellbeing and Resilience Measure (WARM) [R]. London: Young Foundation.

Young Foundation, 2010b. Neighbourliness + Empowerment = Wellbeing: Is there a formula for happy communities? [R]. London: Young Foundation.

附　　录

附录1　访谈提纲（开放式）

本访谈提纲设计的思路：研究现象—研究问题—研究目的—研究对象（可行性）—概念框架。具体访谈问题按照一级指标为文化，二级指标为信仰文化、生活文化、社区/社团文化，以及慈善文化的层次进行设置。

（一）信仰层面

1. 您认为自己有信仰吗？

2. 在过去一年内，你是否参加过基督教堂、清真寺、地方性神祈（如广东的黄大仙祠）及其他宗教机构或团体的活动？

3. 日常生活中，您相信有因果报应吗？您曾因为自己或家人的健康幸福而咨询过算命人士（神婆神汉）吗？

4. 您认为恢复或加强传统礼乐教化（如礼义廉耻）重要吗？

（二）生活层面

1. 不包括家庭成员在内，你认为目前你大约有多少相处时觉得很轻松、可以倾吐心声，乃至危急时可以向其呼救求助的亲密朋友？

2. 在过去一年的某个特定月份，你与你的家人一起用餐的频次如何？如果每天都有，一周几次，一个月几次，一月一次，还是根本没有？

3. 在过去一年的某个特定月份，你通过电子邮件或者互联网与你的家人及朋友联系的频次如何？每天都有，一周几次，一个月几次，一月一次，还是根本没有？

4. 在过去几年中，您感觉民族着装是如何变化的？您认为对如唐装汉服、中山装等民族着装的倡导重要吗？

5. 您认为沿袭传统礼仪举止（如拱手作揖礼）重要吗？在过去几年中，您感觉传统礼仪举止是如何变化的？

6. 考虑到您的能力和工作状况，您认为您目前的收入是否合理呢？您目前的生活水准和您的努力程度相比，您认为是否公平？

(三) 社区/社团层面

1. 在过去一年中，你是否担任过地方政府的公职，或者你是否任过任何地方社团或组织职务？如街坊组织或社区协会等服务性组织，或者足球俱乐部、网球俱乐部等运动或休闲组织。

2. 在过去一年中，你是否参加过事关社区事务的公共讨论？

3. 在过去一年中，你是否联系或拜访过当地的政府公务人员去表达你的看法？

4. 在过去一年中，你是否曾与你的邻居共同去处置某个问题，或协同去改善你们社区或其他地方的某种境况？

5. 在过去一年中的某个特定月份，你与你的邻居有多少次交谈？每天都有，一周几次，一个月几次，一月一次，还是根本没有？

6. 在过去一年中的某个特定月份，你与你的邻居相互帮助的频次怎样？每天都有，一周几次，一个月几次，一月一次，还是根本没有？这里的帮助指的是诸如相互照料孩童，帮助购物、看房子、出借花园或房屋修理工具以及其他这类日常惠助。

(四) 慈善参与层面

1. 在过去一年中，你是否做过任何志愿活动（经由某一志愿者组织介绍的志愿活动或直接服务于该组织，如儿童学校及青少年组织等）？

2. 一般情况下，您一年中有多少天参加社区志愿活动？

3. 在过去一年中，你曾为多少个组织做过志愿者活动？这些组织分别是？

4. 在过去一年中，你是否曾向慈善组织及宗教社团捐赠过现金、财物，或超过人民币 20～50 元的其他价值物？

5. 在过去一年中，您给别人提供过一些什么帮助？

附录2　顺德幸福研究调查问卷

先生/女士：

　　您好！我是中山大学的访问员，受到顺德区区委区政府的委托，我们正在进行一项有关居民幸福感的问卷调查，目的是了解市民的幸福程度及其影响因素，冒昧耽误您一些时间帮我们完成这个调查。谢谢您对我们的支持和协助！

中山大学社会发展研究所

2011 年 12 月 30 日

甄别对象：

年龄在 18～70 岁之间

在顺德区居住

调查区域：

　　1. 容桂街道　　　2. 大良街道　　　3. 乐从镇　　　4. 伦教街道

访问记录	被访者情况	被访者姓名			
		联系电话			
		其他联系方式			
		单位名称			
		访问员姓名		访问员编号	
		访问日期	2012　年	月	日
		开始时间	时　　　分（24 小时制）		
		结束时间	时　　　分（24 小时制）		

一、主观幸福感

　　1. 如果 1 分代表最低程度，10 分代表最高程度，请您根据实际情况打分。

问　　题	1	2	3	4	5	6	7	8	9	10	很难说
1. 总体来说，您觉得自己现在过得幸福吗？	1	2	3	4	5	6	7	8	9	10	98

续　表

问　题	1	2	3	4	5	6	7	8	9	10	很难说
(1) 总体来说，您觉得自己现在过得幸福吗？	1	2	3	4	5	6	7	8	9	10	98
(2) 总体来说，您对您的生活状况感到满意吗？	1	2	3	4	5	6	7	8	9	10	98
(3) 总体来说，您生活得快乐吗？	1	2	3	4	5	6	7	8	9	10	98
(4) 总体来说，您享受生活吗？	1	2	3	4	5	6	7	8	9	10	98
(5) 总体来说，您会因生活而发愁吗？	1	2	3	4	5	6	7	8	9	10	98
(6) 总体来说，您会因生活而感到悲伤吗？	1	2	3	4	5	6	7	8	9	10	98
(7) 总体来说，您会在生活中感到压力吗？	1	2	3	4	5	6	7	8	9	10	98

注：表中"很难说"对应数字"98"为统计学上的一种处理方式，即凡是被访者回答"很难说"或"不答复"等就标注为"98"。后同。

2. 以下有几组假想的情景，如果您是情景中的主人公，我们想知道您会感到多幸福。这里的回答没有对错之分，您只要按照自己真实的想法回答就行了。

张三是一家服装加工厂的原料采购员，该加工厂是顺德某大型公司的分厂之一。张三每月收入 5000 元，他的几个好朋友也在同一家工厂当采购员。其他分厂采购员的月薪也是差不多 5000 元。

(1) 年底公司老板宣布由于盈利可观，来年将实行不同程度的加薪。之后一整年，全公司包括张三在内的大部分采购员的月薪都增加了 1000 元。如果你是张三，你感到自己有多幸福？1 代表很不幸福，10 代表很幸福，请你打分。

(2) 假设张三的月薪增加了 1000 元，而其他分厂采购员的月薪都增加了 500 元。如果你是张三，你感到自己有多幸福？1 代表很不幸福，10 代表很幸福，请你打分。

(3) 年底公司老板宣布由于经济不景气，为了避免裁员，来年将实行不同程度的减薪。之后一整年，全公司包括张三在内的大部分采购员月薪都减少了 1000 元。如果你是张三，你感到自己有多幸福？1 代表很不幸福，10 代表很幸福，请你打分。

（4）假设张三的月薪减少了 1000 元，而大部分其他分厂的采购员月薪都减少了 1500 元。如果你是张三，你感到自己有多幸福？1 代表很不幸福，10 代表很幸福，请你打分。

很不幸福   很幸福

1   2   3   4   5   6   7   8   9   10

二、社会公平与社会地位

1. 您目前的生活水准和您的努力比起来，您认为公不公平？

（1）完全不公平   （2）比较不公平   （3）说不上公平也说不上不公平 （4）比较公平   （6）完全公平   （98）很难说、说不清

2. 您是否同意以下说法："你只要付出了努力，就能获得相应的回报"？

（1）非常不同意   （2）有点不同意   （3）没什么同意不同意   （4）有点同意   （5）非常同意   （98）很难说、说不清

3. 考虑到您的能力和工作状况，您认为您目前的收入是否合理呢？（所有的工作，包括自雇、务农和为家庭企业无薪酬工作；假如您目前没有工作，请依您上一份的工作经验来作答）

（1）非常合理   （2）相当合理   （3）还算合理   （4）有点不合理   （5）相当不合理   （6）非常不合理   （98）很难说、说不清

4. 过去一年中，您在日常工作和生活中是否经历过不公正的对待？（如因性别、户籍、政策、贫富差距等方面受到不公正的对待）

（1）经常   （2）偶尔   （3）很少   （4）从不   （98）很难说、说不清

5. 您认为自己当前的收入水平与下列人相比，是好些还是差些？

对象	低很多	低一些	差不多	高一些	高很多	很难说、说不清
（1）所在社区居民	1	2	3	4	5	98
（2）所在市辖区（如顺德区）居民	1	2	3	4	5	98
（3）普通民众	1	2	3	4	5	98
（4）同事（一起共事的人）	1	2	3	4	5	98
（5）朋友	1	2	3	4	5	98

6. 人们有时会把自己的收入和其他人比较，就您自己的情况而言，下列人对于您的收入比较有多重要？

对象	非常不重要	不太重要	比较重要	非常重要	很难说、说不清
（1）所在社区居民	1	2	3	4	98
（2）所在市辖区（如顺德区）居民	1	2	3	4	98
（3）普通民众	1	2	3	4	98
（4）同事（一起共事的人）	1	2	3	4	98
（5）朋友	1	2	3	4	98

三、社会参与

1. 请问在过去一年里，您有没有参加义工或志愿者活动？

（1）经常　　（2）偶尔　　（3）很少　　（4）从不　　（98）记不清

→ 回答（4）（98）跳答到第 3 题

2. 一般情况下，您一年中有 ___ 天参加义工或志愿者活动。

3. 请问在过去一年里，您有没有捐款支持公益事业？

（1）经常　　（2）偶尔　　（3）很少　　（4）从不　　（98）记不清

→ 回答（4）（98）跳答到第 5 题

4. 您捐赠过的金钱数额为（如是物品折算为货币）？

类别	人民币总数额/元
（1）教育机构	
（2）志愿者组织	
（3）慈善组织	
（4）受灾地区	
（5）宗教机构	
（6）他人家庭（例如有成员遭遇不幸）	
（7）其他（请注明：_____）	

5. 请问在过去一年里，您是否帮助过邻居？（例如帮邻居照顾小孩、老人，或者做家务）

（1）经常　　（2）偶尔　　（3）很少　　（4）从不　　（98）记不清

6. 请问在过去一年里，您是否参与过社区/居委会/街道办举办的活动？

（1）经常　　（2）偶尔　　（3）很少　　（4）从不　　（98）记不清

7. 请问您是否会和身边的朋友探讨时事问题，或曾经在网上的时事论坛发表意见？

（1）经常　　（2）偶尔　　（3）很少　　（4）从不　　（98）记不清

8. 请问在过去一年里，您是不是某些民间社会组织或公益慈善组织的成员？

（例如社会服务、教会、工会等组织）

（1）是　　　（2）不是　　（98）很难说

9. 请问在过去一年里，您到过哪个地方旅游或度假？

（1）国外　（2）省外　　（3）省内其他城市　　（4）本地周边

（5）哪里也没去　　　（98）记不清　——→ 回答（5）（98）跳答到第12题

10. 您去年去旅游或度假了多少次？

（1）1次　　（2）2-3次　　（3）3-4次　　（4）5次以上

11. 您去年去旅游或度假时，最长时间是多少天？

（1）1～2天　　（2）3～4天　　（3）5～6天　　（4）7天以上

12. 请问在过去一年里，您经常参加体育活动吗？

（1）经常　　（2）偶尔　　（3）很少　　（4）从不　　（98）记不清

——→ 回答（4）（98）跳答到第14题

13. 在过去一年里，您通常和谁一起参与体育活动？

（1）同事　　（2）同学　　（3）家人　　（4）老乡　　（5）朋友

（6）体育社团或俱乐部　　（7）独自一人　　（8）其他（请注明：_____）

14. 请问您参加了几家体育社团或俱乐部？

（1）0家　　（2）1家　　（3）2家　　（4）3家及以上

四、人力资本、政治资本与社会资本

1. 您现在的受教育程度（包括目前在读的）：

（1）小学及以下　　（2）初中　　（3）高中　　（4）中专　　（5）职高、技校

（6）专科　　（7）本科　　（8）硕士及其以上学历

（9）其他（请注明：_____）

2. 您是否同意下面的描述？

描述	非常不同意	不同意	同意	非常同意	从没上过学	很难说、说不清
(1) 就算身体有点不舒服，或者有其他理由留在家里，我仍然会尽量去上学	1	2	3	4	97	98
(2) 就算是我不喜欢的功课，我也会尽全力去做	1	2	3	4	97	98
(3) 就算功课需要花好长时间才能做完，我仍然会不断地尽力去做	1	2	3	4	97	98

3. 您最高学历是＿＿＿＿＿年获得的

4. 如果与身边的人相比，您认为自己的

项目	比他们高	比他们低	差不多	很难说
(1) 受教育程度	1	2	3	98
(2) 收入水平	1	2	3	98
(3) 职业地位	1	2	3	98

5. 您从＿＿＿＿＿年开始参加工作（不包括兼职工作）

6. 您是否获得过职业资格证书或技术等级证书

(1) 没有　　(2) 初级　　(3) 中级　　(4) 高级　　(5) 特高

7. 在工作中是否从事管理工作？如果承担，您的级别属于哪一层次？

(1) 不从事管理工作　　(2) 一般管理人员　　(3) 中层管理人员　　(4) 高层管理人员

8. 您现在的政治面貌：

(1) 中共党员　　(2) 共青团员　　(3) 民主党派　　(4) 群众

→ 回答（2）（3）（4）跳答到第 10 题

9. 您加入共产党的年份是＿＿＿＿＿年

10. 您的工作单位是否会给个人评定国家行政级别？

(1) 有　　(2) 没有　　(98) 不清楚　　→ 回答（2）（98）跳答到第 11 题

11. 您是否具有国家行政级别？

(1) 没有级别的普通职员　　(2) 副科级以下　　(3) 副科级　　(4) 科级

(5) 副处级　　(6) 处级　　(7) 副局级　　(8) 局级及以上

12. 2011 年春节期间，以各种方式互相拜年、交往的亲属、亲密朋友、邻居和其他人大概有多少人？

亲属_____人

亲密朋友_____人

邻居_____人

其他_____人

13. 他们里面有无从事下列职业?

职业类别			
（1）产业工人		（10）科学研究人员	
（2）大学教师		（11）法律工作人员	
（3）中小学教师		（12）经济业务人员	
（4）医生		（13）行政办事人员	
（5）护士		（14）工程技术人员	
（6）厨师、炊事员		（15）政府机关负责人	
（7）饭店餐馆服务员		（16）党群组织负责人	
（8）营销人员		（17）企事业单位负责人	
（9）无业人员		（18）家庭保姆、计时工	

14. 当您有经济困难的时候，您会找什么人帮忙?

（1）街坊邻居　（2）朋友　（3）同事/同学　（4）亲戚　（5）子女
（6）兄弟姐妹　（7）父母　（8）街道/居委　（9）政府　（10）单位
（11）自己　（12）其他（请注明：　　　　　）

15. 当您有情感问题的时候，您会找什么人帮忙?

（1）街坊邻居　（2）朋友　（3）同事/同学　（4）亲戚　（5）子女
（6）兄弟姐妹　（7）父母　（8）街道/居委　（9）政府　（10）单位
（11）自己　（12）其他（请注明：　　　　　）

16. 您是否同意下面对您现在的描述?

描述	非常不同意	不同意	同意	非常同意	很难说、说不清
（1）就算身体有点不舒服，或者有其他理由可以休息，我也会努力完成每日应该做的事（包括所有工作、学业及日常生活事务等）	1	2	3	4	98

描述	非常不同意	不同意	同意	非常同意	很难说、说不清
（2）就算是我不喜欢的事，我也会尽全力去做（包括所有工作、学业及日常生活事务等）	1	2	3	4	98
（3）就算一件事需要花好长时间才能有结果，我仍然会不断地尽力去做	1	2	3	4	98

五、公共服务

1. 请问您是？

（1）城镇居民　⟶ 回答第 2 题

（2）农村居民　⟶ 回答第 3 题

2. 您是否有购买以下的社会保险/住房公积金？（本题的被访者为城镇居民）

类别	有	没有	不知道
（1）医疗保险	1	0	98
（2）养老保险	1	0	98
（3）工伤保险	1	0	98
（4）失业保险	1	0	98
（5）生育保险	1	0	98
（6）住房公积金	1	0	98

3. 您是否有购买以下的农村社会保险？（本题的被访者为农村居民）

类别	有	没有	不知道
（1）新型农村合作医疗	1	0	98
（2）农村养老保险	1	0	98

4. 请根据实际情况回答以下问题

设施	(1) 您的社区是否有以下设施？			(2) 如果“有”，您是否会使用？				
	有	没有	不知道	经常	偶尔	很少	从不	很难说
(1) 医院/卫生所	1	0	98	4	3	2	1	98
(2) 公共空间：公园或广场	1	0	98	4	3	2	1	98
(3) 图书馆/图书室	1	0	98	4	3	2	1	98
(4) 体育设施	1	0	98	4	3	2	1	98
(5) 公交车站	1	0	98	4	3	2	1	98
(6) 轻轨站	1	0	98	4	3	2	1	98
(7) 便利商店	1	0	98	4	3	2	1	98

5. 您所在社区是否有小学？

(1) 有　(2) 没有　(3) 不知道

6. 请问您是有否孩子？

(1) 有，_____ 个　(2) 没有　⟶ 回答（2）跳到第14题

7. 您孩子是否有在所在社区的小学上学？

(1) 有　(2) 没有　(3) 孩子年龄太小，还未上学

⟶ 回答（3）跳到第14题

如果有多个孩子正在上小学，请根据年龄最小的孩子情况进行回答

8. 您孩子上的小学是？

(1) 公办小学　(2) 民办普通小学　(3) 民办私立小学

(4) 其他（请注明：_____）

9. 您孩子上的小学是？

(1) 国家重点　(2) 省级重点　(3) 市级重点　(4) 一般小学

(5) 其他（请注明：_____）

10. 您会担心您孩子在小学遇到以下问题吗？

问题	非常担心	比较担心	一般	不太担心	很不担心	很难说
(1) 暴力	1	2	3	4	5	98
(2) 犯罪	1	2	3	4	5	98
(3) 毒品	1	2	3	4	5	98

问题	非常担心	比较担心	一般	不太担心	很不担心	很难说
（4）性侵犯	1	2	3	4	5	98
（5）课堂处罚	1	2	3	4	5	98

11. 您认为您孩子所在小学的教学质量如何？

（1）非常好　（2）比较好　（3）一般　（4）不太好（5）非常不好

（98）很难说

12. 您认为您孩子在小学的课业负担如何？

（1）负担非常重　（2）负担比较重　（3）一般　（4）负担不太重

（5）完全没有负担　（98）很难说

13. 您认为您孩子所在小学的学杂费怎样？

（1）非常高　（2）比较高　（3）一般　（4）不太高　（5）完全不高

（98）很难说

14. 当您生病的时候，医药费主要由谁来支付？

（1）企业/公司/单位报销

（2）医疗保险/新农村合作医疗

（3）商业保险

（4）家人/亲戚/朋友

（5）自己

（6）其他（请注明：_____）

15. 在就医过程中，您相信您的医生吗？

（1）非常相信　（2）比较相信　（3）一般　（4）不太相信

（5）完全不信　（98）很难说

16. 您对医生的治疗效果满意吗？

（1）非常满意　（2）比较满意　（3）一般　（4）不太满意

（5）完全不满意　（98）很难说

17. 您现住房的产权和租赁情况是：

（1）租住单位房

（2）租住公房

（3）租住私房

（4）自有私房（继承与自建）

（5）已购房（部分/有限/居住产权）〉回答（4）（5）（6）跳答到第21题

（6）已购房（全部产权）

(7) 其他（请注明：_____）

18. 您是否有能力在顺德买房？

(1) 有　(2) 没有　(98) 很难说 ——→ 回答（1）跳答到第21题

19. 您是否符合申请廉租房的资格？

(1) 是（有无申请：有，没有）　(2) 否　(98) 不知道

20. 您是否符合申请经济适用房的资格？

(1) 是（有无申请：有，没有）　(2) 否　(98) 不知道

21. 现住房的建筑面积____平方米，使用面积____平方米，包括____室，____厅，____卫

22. 您是否在本地接受过正规的技能培训？

(1) 没有　(2) 有，_____次。

23. 您参加过的正规的技能培训是谁出钱的（可多选）？

(1) 自己　(2) 企业　(3) 所在地政府

(4) 家乡政府　(5) 非政府组织　(6) 免费

(7) 其他（请注明：_____）　(98) 不知道

六、文化

1. 您的第一语言是？

(1) 顺德话　(2) 广州话　(3) 客家话　(4) 潮汕话　(5) 普通话

(6) 其他（请注明：_____）

2. 您对自己的家谱了解吗？

(1) 非常了解　(2) 比较了解　(3) 一般　(4) 不太了解

(5) 很不了解　(6) 没有家谱

(98) 很难说

3. 您如何评价自己对如下知识的理解？

选项	非常不同意	不太同意	一般	比较同意	非常同意	很难说
(1) 我熟悉地方传说和民间故事	1	2	3	4	5	98
(2) 我熟悉历届王朝的著名事件	1	2	3	4	5	98
(3) 我熟悉唐诗宋词	1	2	3	4	5	98

选项	非常不同意	不太同意	一般	比较同意	非常同意	很难说
（4）我喜欢民族音乐	1	2	3	4	5	98
（5）我喜欢参加传统节日的活动	1	2	3	4	5	98

4. 请问您是否同意以下说法？

选项	非常不同意	不太同意	一般	比较同意	非常同意	很难说
（1）当我衡量自己的成就时，我经常会和别人比较	1	2	3	4	5	98
（2）我经常把我生活中重要的人（如配偶、男/女朋友、家人等）和别人比较	1	2	3	4	5	98

5. 每个人都会有个长远目标，就一个人希望终生为之奋斗的事情。下面列出了一些目标，请问它们对于您有多重要？

选项	非常不重要	不太重要	一般	比较重要	非常重要	很难说
（1）家庭生活	1	2	3	4	5	98
（2）友谊	1	2	3	4	5	98
（3）宽容	1	2	3	4	5	98
（4）同情心	1	2	3	4	5	98
（5）宗教信仰	1	2	3	4	5	98
（6）自我发展	1	2	3	4	5	98
（7）互惠互助	1	2	3	4	5	98
（8）责任感	1	2	3	4	5	98
（9）自由	1	2	3	4	5	98
（10）物质财富	5	4	3	2	1	98
（11）事业成就	1	2	3	4	5	98
（12）快乐	1	2	3	4	5	98

6. 有一些人觉得可以完全选择和控制自己的生活，而有一些人则觉得对于发生在自己身上的事无能为力。请问您觉得您选择和控制自己生活的自由程度是如何？1 是完全没选择权，10 是有很大的选择权。

完全没选择权　　　　　　　　　　　　　　　　有很大的选择权

1 ──── 2 ──── 3 ──── 4 ──── 5 ──── 6 ──── 7 ──── 8 ──── 9 ──── 10

7. 日常生活中，您相信因果报应吗？

（1）经常　　（2）偶尔　　（3）很少　　（4）从不　　（98）记不清

8. 您在目前的村/社区已经居住了_____年。

9. 在过去一年里，您是否参加以下活动

活动	经常	偶尔	很少	从不	记不清
（1）观看舞龙舞狮	1	2	3	4	98
（2）观看龙舟比赛/扒龙舟	1	2	3	4	98
（3）打武术	1	2	3	4	98
（4）观看秋色巡游	1	2	3	4	98
（5）行同济	1	2	3	4	98
（6）唱/听粤剧	1	2	3	4	98
（7）算命	1	2	3	4	98
（8）求神拜佛	1	2	3	4	98

10. 每个人都会有个长远目标，就一个人希望终生为之奋斗的事情。下面列出了一些目标，请问它们对于您有多重要？

目标	非常不重要	不太重要	一般	比较重要	非常重要	很难说
（1）做个有钱人	1	2	3	4	5	98
（2）回首一生时，觉得自己的人生是完整而且有意义	1	2	3	4	5	98
（3）自己选择一生中所做的事，而不是被迫的	1	2	3	4	5	98

11. 请问您同意以下说法吗？

选项	很不同意	不太同意	一般	比较同意	非常同意	很难说
（1）在社会上，没有人真正关心他人	1	2	3	4	5	98
（2）人与人之间纯粹是交换关系	1	2	3	4	5	98
（3）绝大多数人把个人利益置于社会利益之上	1	2	3	4	5	98
（4）如果你自己不照顾好自己，别人就会占你便宜	1	2	3	4	5	98
（5）人的本性是自私的	1	2	3	4	5	98
（6）四海之内皆兄弟	1	2	3	4	5	98
（7）绝大多数人还是助人为乐的	1	2	3	4	5	98
（8）人的本性基本上是合作的	1	2	3	4	5	98
（9）应该不断改善社区的居住环境	1	2	3	4	5	98
（10）只有当社区作为一个整体进步的时候，我们的每一个人才能进步	1	2	3	4	5	98

12. 您对下列人员的信任程度如何？

选项	很不信任	不太信任	一般	比较信任	非常信任	很难说
（1）销售商	1	2	3	4	5	98
（2）直系亲属	1	2	3	4	5	98
（3）其他亲属	1	2	3	4	5	98
（4）网友	1	2	3	4	5	98
（5）一般朋友	1	2	3	4	5	98
（6）生产商	1	2	3	4	5	98
（7）一般熟人	1	2	3	4	5	98
（8）邻居	1	2	3	4	5	98
（9）社会上大多数人	1	2	3	4	5	98
（10）家庭成员	1	2	3	4	5	98
（11）单位领导	1	2	3	4	5	98
（12）单位同事	1	2	3	4	5	98
（13）亲密朋友	1	2	3	4	5	98

13. 您是否同意以下说法："即使同样的东西在附近的店也买得到，我还是会尽量光顾熟人的店。"1分代表非常不同意，5分代表非常同意，请您打分。

(1) 1分　　(2) 2分　　(3) 3分　　(4) 4分　　(5) 5分

(98) 很难说、说不清

14. 您是否同意以下说法："如果一个人愿意信任别人，通常他自己也是一个可信的人。"1分代表非常不同意，5分代表非常同意，请您打分。

(1) 1分　　(2) 2分　　(3) 3分　　(4) 4分　　(5) 非常同意

(98) 很难说、说不清

七、健康

1. 您是否有过自杀的念头？

(1) 是　　(2) 否　　(98) 拒绝回答——→ 回答（2）（98）跳答到第 3 题

2. 这种倾向在过去的 12 个月中是否发生过？

(1) 是　　(2) 否

3. 整体来说，您觉得您的身体健康状况如何？1分代表非常不好，5分代表非常好，请您打分。

(1) 1分　　(2) 2分　　(3) 3分　　(4) 4分　　(5) 5分

(98) 很难说、说不清

4. 在过去的四周中，您是否由于健康问题，经常影响到工作或其他日常活动？1分代表从来没有，5分代表总是，请您打分。

(1) 1分　　(2) 2分　　(3) 3分　　(4) 4分　　(5) 5分

(98) 很难说、说不清

5. 在过去的四周中，您是否由于情绪问题（如感到沮丧或焦虑），经常影响到工作或其他日常活动？1分代表从来没有，5分代表总是，请您打分。

(1) 1分　　(2) 2分　　(3)　　3分　　(4) 4分　　(5) 5分

(98) 很难说、说不清

八、个人基本情况

A1 您的出生年份：＿＿＿＿＿ 年

A2 性别：(1) 男　　(2) 女

A3 您的户口所在地：(1) 本市　　(2) 外地

A4 您现在的户口性质：

（1）非农户口　　（2）农业户口　　（3）没有户口　　（98）不清楚

→ 回答（2）（3）（4）跳答到第 A7 题

A5 您是否曾经从农业户口迁到城镇户口（包括居民户口，军籍除外）?

（1）是　　（2）否　　→ 回答（2）跳答到第 A7 题

A6 您获得城镇户口（居民户口）的主要原因是什么?

（1）升学　　（2）工作（招工等）　　（3）转干

（4）征地（包括农村户口改为居民户口）

（5）家属随转　　（6）购房　　（7）户口改革，当地不再有农业户口

（8）其他（请注明：＿＿＿＿＿＿＿＿＿＿）

A7 您现在的婚姻状况：

（1）未婚

（2）丧偶再婚

（3）丧偶未再婚　　→ 回答（1）（3）（5）跳答到第 A9 题

（4）离婚再婚

（5）离婚未再婚

（6）已婚（同居）

A8 您现在是否与配偶同住：（1）是　　（2）否

A9 您的宗教信仰：

（1）佛教　　（2）道教　　（3）天主教　　（4）基督教

（5）伊斯兰教　　（6）其他　　（7）无宗教信仰

（98）很难说

A10 您的单位性质：

（1）党政机关　　（2）国有企业　　（3）国有事业　　（4）集体企事业

（5）个体经营　　（6）民营企业　　（7）三资企业

（8）其他（请注明：＿＿＿＿）

A11 您去年的总收入＿＿＿＿元，您上个月的总收入＿＿＿＿元，您家庭去年的总收入＿＿＿＿元，您家庭上个月的总收入＿＿＿＿元（包括所有的工资、各种奖金、补贴在内）。

A12 您家里（同住）有＿＿＿＿口人

A13 请问您目前是否有工作?

（1）有工作　　（2）没有，是学生　　（3）没有，在家主理家务

（4）没有，失业/待业　　（5）没有，生病　　（6）没有，已退休

（7）没有（其他：请注明）

A14 您从事的行业：

（1）农、林、牧、渔业

（2）采矿业（2.1石油和天然气开采业　2.2其他）

（3）制造业（3.1烟草制品业　3.2石油加工　3.3炼焦及核原料加工业 3.4其他）

（4）电力、燃气及水的生产和供应业（4.1电力生产和供应业　4.2热力的生产和供应业　4.3燃气生产和供应业　4.4其他）

（5）建筑业

（6）交通运输、仓储和邮政业（6.1铁路运输业　6.2航空运输业　6.3管道运输业　6.4邮政业　6.5其他）

（7）信息传输、计算机服务和软件业

（7.1电信和其他信息传输服务业　7.2其他）

（8）批发和零售业

（9）住宿和餐饮业

（10）金融业（10.1银行业　10.2证券业　10.3保险业　10.4其他）

（11）房地产业

（12）租赁和商务服务业

（13）科学研究、技术服务和地质勘查业（13.1地质勘查业　13.2其他）

（14）水利、环境和公共设施管理业

（15）居民服务和其他服务业

（16）教育

（17）卫生、社会保障和社会福利业

（18）文化、体育和娱乐业（18.1新闻出版业　18.2其他）

（19）公共管理和社会组织

（20）其他（请注明：　　　　　）

A15 您从事的行业是否为垄断行业？

（1）是　（2）否　（3）不清楚

A16 您的企业/工作单位的全称：_____（例如：西安电力机械制造公司）

A17 您父亲的最高教育程度是（包括目前在读的）：

（1）小学及以下　　（2）初中　　（3）高中　　（4）中专

（5）职高、技校　　（6）大专　　（7）本科　　（8）硕士及其以上学历

（9）其他（请注明：　　　　　）

A18 请问您的身高？　　（1）____厘米　（98）很难说、说不清

A19 请问您的体重？　　（1）____千克　（98）很难说、说不清

谢谢您的支持与配合，祝您生活愉快！

附录3　问卷设计、抽样说明及数据基本情况简介

（一）问卷设计

根据本研究的目标定向设置，本书所使用的问卷在设计方面主要是致力于可能影响人们主观幸福的社会文化因素构建，涵盖了社会人口特质、社会结构、社会化、社会群体、社会组织、社会秩序、文化、社会资本、个体变化与社会变迁等变量要素。并且，问卷在设计过程中对本研究中文献综述部分的相应内容予以了参考回顾，以及国内外学者在幸福研究方面的相关研究成果（如世界价值观调查问卷与不丹 GNH 调查问卷等），并融合有基于中国文化传统的一些考虑在内。本次调查所使用的问卷（全名为"顺德幸福研究调查问卷"）共计包括八个部分：第一部分为主观幸福感，第二部分为社会公平与社会地位，第三部分为社会参与，第四部分为人力资本、政治资本与社会资本，第五部分为公共服务，第六部分为文化，第七部分为健康，第八部分为个人基本情况。其中，问卷的第一部分"主观幸福感"为被试对于自身幸福感知的一个总体性自我评价，内设 2 道大题、11 道小题，赋值为 1—10 的整数。另外，需要说明的是，由于某些因素的限制，本研究设计中提出的文化变量框架的部分内容在问卷设计中并没有全部放到"文化"一栏之中，而是有所调整，例如，一些属于文化的内容放到问卷中的"社会参与"一栏了。

在问卷设计步骤的循依方面，基于前期国内外文献回顾梳理以及相关探索性工作，课题组于 2011 年底设计出此次幸福研究调查问卷初稿。问卷题型以多项选择式为主，答案设计方面基本上做到了兼有互斥性与穷尽性，问题语言方面总体上实现了简短明确的原则。调查资料收集方面以结构访问法（面访）为主，问卷初稿的测试时间大致为每位被试 40～50 分钟，较好地实现了在问卷设计出发点方面的"调查者—问卷—被调查者"之间的协调。随后，经过试用与修改，课题组以客观检验法与主观评价法相结合方式对问卷的结构效度、信度进行检验。在客观检验方面，通过对回收率、有效回收率、填答错误以及填答不完整等方面予以了认真检查和分析；在主观评价方面，课题组邀请了香港中文大学有关专家学者及社会学专业博士生、中山大学电话访问中心有经验的访问员、顺德居民（如顺德区生源的学生），请他们从其自身角度对问卷中的项目设置进行检查和评论，恳请他们尽可能提出具体的修改意见，并对发现的问题和缺陷予以了认真分析与校正。这样，通过对初始问题设置的不断修调，及对

一些可能导致理解含混的问题的逐一修订，最终得到了质量较为良好的顺德居民幸福研究调查问卷的定稿，并从其中的文字措辞、标点符号、版面安排等予以了仔细的校订修改。在对校样进行反复检查后，为便利届时的实地调查操作，该问卷定稿在最后的实际印刷过程中共设置为红黄蓝绿四色文本。

(二) 抽样说明

根据顺德各街道/镇的经济发展水平、人口分布和人口规模，采用分层随机抽样的方法，共抽得大良街道、容桂街道、伦教街道和乐从镇下属共 10 个社区进行调查。关于此次抽样情形，详见下面的顺德区居民幸福感调查的抽样方案。

1. 调查总体：年龄在 18 岁以上的顺德区居民
2. 调查方法：一对一面访
3. 目标样本量：800 个
4. 抽样方式：分层随机抽样
5. 抽样步骤

(1) 第一步：抽取街道/镇

基于经济发展水平的差异，我们根据 2010 年地区 GDP 总量情况，将顺德区十大街镇进行降序排列，从中抽取排名在 1、3、6、9 位的街镇作为中选的一级抽样单位，它们分别是容桂街道、大良街道、乐从镇和伦教街道（见附表1）。

附表 1　2010 年顺德区十大街镇 GDP 总量的排名情况

街道/镇	地区生产总值/亿元	规上企业工业总产值/亿元	经济发展水平排名
容桂街道	375. 90	1376. 17	1
北滘镇	288. 00	1369. 65	2
大良街道	278. 01	284. 72	3
勒流街道	143. 03	500. 72	4
龙江镇	120. 10	252. 61	5
乐从镇	116. 54	107. 21	6
杏坛镇	102. 00	256. 45	7
陈村镇	96. 20	272. 66	8
伦教街道	88. 57	356. 54	9
均安镇	78. 82	138. 20	10

资料来源：佛山市顺德区发展规划和统计局网站。

（2）第二步：抽取居委会/村委会

根据 2010 年全国第六次人口普查情况和 2009 年各街镇人口分布，确定 4 个街镇的具体样本量。容桂街道 240 份，大良街道 240 份，乐从镇 160 份，伦教街道 160 份（见附表 2）。

附表 2　抽中街镇的样本量

街道/镇	总体情况 常住人口/万人		抽样人数 户籍人口/万人
容桂街道	46. 00	19. 89	240
大良街道	34. 50	20. 91	240
乐从镇	23. 00	10. 00	160
伦教街道	15. 70	8. 09	160
合计	119. 2	58. 89	800

资料来源：2010 年佛山统计年鉴，佛山市顺德区发展规划和统计局网站。

根据各街镇下属的村居数及其样本量，并按照随机原则，确定二级抽样单位的数量。容桂街道：抽取 3 个村居，每个村居各完成 80 份；大良街道：抽取 3 个村居，每个村居各完成 80 份；乐从镇：抽取 2 个村居，每个村居各完成 80 份；伦教街道：抽取 2 个村居，每个村居各完成 80 份（见附表 3）。

附表 3　各街镇下属村居的抽样情况

街道/镇	居委会/村委会	抽样人数	问卷
容桂街道	居委会 1：东风	80	红：20　黄：20 蓝：20　绿：20
	居委会 2：红旗	80	红：20　黄：20 蓝：20　绿：20
	村委会 1：龙涌口	80	红：20　黄：20 蓝：20　绿：20
大良街道	居委会 1：府又	80	红：20　黄：20 蓝：20　绿：20
	居委会 2：红岗	80	红：20　黄：20 蓝：20　绿：20
	村委会 1：逢沙	80	红：20　黄：20 蓝：20　绿：20
伦教街道	居委会 1：三洲	80	红：20　黄：20 蓝：20　绿：20
	村委会 1：霞石	80	红：20　黄：20 蓝：20　绿：20

续　表

街道/镇	居委会/村委会	抽样人数	问卷
乐从镇	居委会：1：腾冲	80	红：20　黄：20 蓝：20　绿：20
	村委会 1：岳步	80	红：20　黄：20 蓝：20　绿：20

（3）第三步：抽取居民

借助当地街道/村居的帮助，根据上述样本量及以下抽样配额总表，抽取居民进行访问（见附表 4）。

附表 4　抽样配额总量

总体情况			抽样配额		
性别	男性/人	1329396	性别	男性/人	432
	女性/人	1132305		女性/人	368
户口来源	户籍人口/人	1225400	户口来源	户籍人口/人	600
	非户籍人口/人	1236301		非户籍人口/人	200
年龄段	0～14 岁	296391	年龄段	18～30 岁	225
	15～64 岁	2051665		31～45 岁	225
	64 岁以上	113645		46～60 岁	225
				60 岁以上	125

资料来源：2010 年佛山市顺德区第六次人口普查统计公报。

（三）调查的组织与实施

"顺德区幸福研究"项目在顺德 4 个街镇（大良街道、容桂街道、伦教街道、乐从镇）进行抽样调查。通过对顺德区居民的问卷访问（一对一访问），可以帮助我们深入了解居民主观幸福感的现状及其影响因素，并为政策层面的幸福干预提供科学的依据。本次调查由中山大学和香港中文大学联合组织，并由中山大学社会发展研究所负责具体执行。项目工作人员的主要职责分工如下：中山大学社会发展研究所对全部实地调查管理事务有最终管辖权和决策权；项目总负责人负责调查技术、管理等方面的日常工作，参与计划、设计、实施、分析以及汇报活动，并由以下人员协助：项目总督导：由项目负责人任命，负责实地调查的组织实施和质量控制工作，包括调查员等当地工作人员的招募、组织管理，以及调查组织的后勤管理等。项目督导员：负责该地区调查的具体实施，包括分派调查任务，组织、监督、复核、回访调查员的访谈工作，核实配额结果等。项目督导直接向总督导汇报工作并接受指示。调查员：在实地调查中扮演最主要的角色，负责按照问卷要求收集样本的信息资料，执行项目督导分配的调查工作。此外还有编码员、编辑检查员、数据录入督导和数据录入员，这些将由专业人员担任。

1. 调查员的挑选与培训

鉴于问卷中涉及广东佛山顺德地区的一些文化习俗，兼及顺德地区居民普遍使用方言的实际情形，在调查员的选取方面，课题组招募的都是顺德区生源的在校大学生，他们熟悉本地区的语言特点、风俗习惯、文化传统等。这些报名的大学生大都对于此次调查有着相当兴趣，具有清晰的自我锻炼意识，部分调查员曾和中山大学社会发展研究所合作过多次，具有相当丰富的工作经验，如已经基本具有比较好的访问技巧与比较灵活的应变能力。具体培训方面，包括课堂培训和实践练习，访问员必须连同问卷一起仔细地研究学习访问员手册，记录下可能遇到的所有问题，如果对某些内容不是很清楚，应当与督导员或培训老师交流讨论。课堂培训之外是角色扮演，在这个阶段，访问员的督导将扮演被访者，访问员扮演调查员，然后进行访谈练习，访问员将实地对被访者进行访谈，并按照实际操作步骤的要求进行访谈、检查和编辑问卷。

2. 调查过程的管理与质量监控

在实际调查过程中，按照课题组的调查方案和调查计划要求，经过选择和培训的访问员在既定时间之内，由携带调查问卷的各小组督导带领前往各个调查地点（城乡社区）与业已选择好的被调查者进行访问和交谈。在访问过程中，这些访问员被要求必须严格依据调查问卷中的问题顺序提出问题，不得随意变更问题的顺序和提法，也不能随意对问题做出解释，答案的记录必须按照问卷的格式与规定要求予以登记，如实记录被调查者的各种回答。具体而言，问卷质量监督共计包括五个方面，第一个方面为访问员自我质量检查，指的是，在访问结束后，访问员应对问卷进行检查，确保每个问题都问到，跳答正确，所有的答案清楚、合理，书写清楚可辨。第二个方面为课题组自上而下的检查，指的是，每一位访问员的第一份问卷，督导员一定进行详细审核，如查看访问员完成问卷中是否存在一些明显的疏漏，如该问的没问，或者有自相矛盾之处及其他的错误，并要求访问员予以更正。记录访问员的表现，从而帮助访问员提高其自身在实际调查中的访谈能力。第三个方面为计算机检查，指的是，输入问卷时，计算机会自动对缺失数据和矛盾的答案进行检查。计算机检查对于发现不合理的答案非常有效。第四个方面为督导员对调查过程的管理监控，指的是，在调查过程中建立与执行起相应的程序规定和管理制度，例如调查进度的控制措施（如每人每天的调查数量）。同时，每天调查结束之后，课题组在问卷回收的当天就进行了问卷资料的审核（审核标准有调查员的填写字迹是否清楚、被访者的条件是否符合要求、有无漏问或跳答错误、有无逻辑错误、答案是否合理、追问是否完全等），并及时举行了小结会议，针对访问员在实地访问过程中普遍遇到和出现的问题进行统一指导和要求。第五个方面为回访，指的是，督导会对访谈过的对象进行随机的回访，督导收集的数据应该和被抽中访问员收集的数据一致（或相似），这样做的目的主要是检查问题的信度和效度。

（四）数据处理

基于对以上问卷设计及实际抽样等因素的考虑，关于主观幸福感调查数据质量的评定，我们认为本研究所使用的数据和得到的结果具有相对较高的测量信度。本研究所用数据及其得出的结果，总体上基本符合以幸福研究著称的瑞士社会经济学家 Frey 和 Stutzer（2002）提出的有关标准，如有效性、一贯性、可靠性等原则，也基本符合由美国著名抽样专家科什提出的关于科学抽样设计应遵循的四原则，即目的性、可行性、可测性与经济性。例如，从目的性与可行性来看，由于此次抽样是以广东省委省政府委托的幸福广东文化课题及佛山市顺德区委区政府委托的顺德居民幸福研究调查为支撑，因而研究目标非常清晰。同时，承担此次具体调查工作的中山大学社会发展研究所在该领域有着丰富的经验，善于处置实际抽样过程中可能出现的各种问题，且在此次调查之前，中山大学社会所已经制定出较为详尽的幸福研究方案以及系列幸福研究报告，并在此调查项目上与香港中文大学、台湾清华大学有关学者保持着密切的互动，在问卷设置方面很好地聆听了这些同行的建议。而从有效性来看，在问卷项目设置方面基本涵盖了对于幸福提升有影响的诸种社会文化因素，且各类问题设置简洁清晰，便于不同类型被试的理解与回答。从一贯性来看，所设问题在逻辑上具有较高的一致性，且问卷问题在类别设置与数量设置方面均广泛借鉴了学术界关于幸福测量的一些操作方式（例如对于"世界价值观调查"的借鉴），具有进行国际学术对话的前沿性。此外，调查过程中所采用的当面访谈法问卷填答方式对于保证答案可靠性有着积极的功用。

当然，此次调查数据也存在一些问题，例如，在样本选择方面，受制于（幸福广东文化项目）课题在经费、时间、人力等方面因素影响，抽样仅仅局限于经济较为发达的珠三角地区中的佛山市顺德区，就理论上抽样方案设计与实际中抽样方案执行的出入性而言，鉴于（受区政府委托）被抽中的街镇及其被抽中的居民委员会或村民委会存在不认真配合情形，从而造成在居民代表抽取方面存在一定的不足之处，在样本性质方面（如职业和文化程度）产生一定的偏差。同时，鉴于幸福研究议题本身的复杂性，我们认为该问卷中能够测量的还只是很有限的一部分，且个中一些问题的设置也难以避免地存在一定的争议性，例如问卷第六部分文化栏目涉及隶属于传统文化中的"算命"与"求神拜佛"两个选项之间的区别与联系，还有被试问及的信"风水"算不算此二者范畴之中，这类问题都很难在很短的面访时间内予以清晰解答。再譬如，就问卷中所使用的"社区"之类术语而言，存在着普通居民（被试）对于"社区"概念理解的偏差性（国内的"社区"实际上是一种行政划分，这与社会学理论中"社区"有着相当大的差异性）。不过，在抽样过程中，课题组已经尽其所能在样本抽取方面落实多层次多样化分布的原则，例如性别、年龄、城乡、职业、教育等方面的匹配。

（五）顺德幸福感调查数据基本情况介绍

本研究使用 2011 年"顺德居民幸福感调查（第一期）"的调查数据。调查对象为年龄在 18～70 岁并在顺德区居住的居民。考虑到经济发展水平的差异，我们根据当地 2010 年 GDP 总量，有代表性地从顺德区 10 个街镇中选择了 4 个街镇作为一级抽样单位，分别是容桂街道、大良街道、乐从镇和伦教街道，样本总量约为 900 份。根据各街镇下属的村居数及其样本量，并按照随机原则，确定二级抽样单位的数量，容桂街道抽取 4 个村居；大良街道抽取 3 个村居；乐从镇抽取 2 个村居；伦教街道抽取 2 个村居，其中大良半额完成 60 份，其余每个村居各完成 80 份。最后借助当地街道/村居的帮助，根据上述样本量进行配额抽样，抽取居民进行一对一访问。配额抽样控制变量为性别、年龄、户口来源（户籍人口和非户籍人口）。总共回收有效样本 855 份。此次幸福感调查数据统计情况如附表 5 和附表 6 所示。

附表 5　顺德幸福感调查数据基本情况

幸福感	频数	百分数/%	累计百分数/%
1	6	0.70	0.70
2	4	0.47	1.17
3	13	1.52	2.69
4	7	0.82	3.51

续　表

幸福感	频数	百分数/%	累计百分数/%
5	124	14. 50	18. 01
6	91	10. 64	28. 65
7	106	12. 40	41. 05
8	239	27. 95	69. 01
9	102	11. 93	80. 94
10	163	19. 06	100. 00
合计	855	100. 00	

附表 6　顺德幸福感调查数据统计量

变量	样本量	平均值	标准差	最小值	最大值
幸福感	855	7. 5	1. 9	1	10

附录 4　本立项课题前期研究成果

与本书稿主旨关联论文已经相继发表在《社会学研究》等学术期刊，概要介绍如下：

[1]《国外多元视野"幸福"观研析》，《社会学研究》（CSSCI 来源期刊），2012 年第 2 期（第二作者、通讯作者，导师第一作者）。

[2]《"文化兴国"之悖论：我们的"文化"在哪里?》，《中国农业大学学报（社会科学版）》（CSSCI 来源期刊），2013 年第 3 期（唯一作者）。

[3]《"幸福悖论"的社会学探析：一个文化分析的视角》，《人文杂志》（CSSCI 来源期刊），2013 年第 2 期（第一作者、通讯作者，导师第二作者）。

[4]《从"生产导向"到"幸福导向"镜鉴：源自不丹和法国》，《改革》（CSSCI 来源期刊），2011 年第 6 期（第二作者、通讯作者，导师第一作者）。

[5]《幸福透视："资本"论视域下的解读》，《安徽师范大学学报（人文社会科学版）》（CSSCI 来源期刊），2012 年第 5 期（第二作者、通讯作者，导师第一作者）。

[6]《经济学"幸福悖论"的一个文化回答——基于顺德数据和案例的考察》，《江西财经大学学报》（CSSCI 来源期刊），2013 年第 5 期（第一作者、通讯作者，导师第二作者）。

[7]《"中国模式"向何处去：一个经济社会学分析模型》，《社会科学战线》（CSSCI 来源期刊），2013 年第 8 期（第一作者、通讯作者，导师第二作者）。

[8]《转变经济增长方式的社会学思考——以"交易秩序"观考察中国经济发展模式》，《北方论丛》（CSSCI 来源期刊），2011 年第 1 期（唯一作者）。

[9]《英国幸福社区建设之"温暖"研究述评及思考》，《福建行政学院学报》，2011 年第 4 期（唯一作者）。

[10]《环境正义视域下的转型升级思考》，《当代经济科学》（CSSCI 来源期刊），2013 年第 1 期（唯一作者）。

[11]《城市如何让生活更美好——欧洲城市管理创新经验与资鉴》，《国外社会科学》（CSSCI 来源期刊），2013 年第 2 期（唯一作者）。

[12]《幸福社会何以建设——基于"斯密难题"的文化定向哲思》，《杭州学刊》，2018 年第 1 期（唯一作者）。

后　记

　　首先，特别感谢杭州市社科规划办赐予学习机会，将此小书纳入"2019 年度《杭州学人文库》《创意城市文库》《杭州研究文库》"序列，且作为杭州市"十三五"时期按年度实施的重大课题予以立项。

　　与此同时，有必要对参与此次《杭州学人文库》立项申请的背景和动因做个扼要介绍：2019 年元月，笔者收到西安交通大学学术交流邀请，受邀请者需要做个本专业领域的学术报告。有鉴于西安交通大学和西安交通大学社会学在国内的影响力（主要体现为国际知名学者边燕杰老师创立的"实证社会科学研究所"），于是便有意于寻找一个"高匹配度"题材。思来念去，自 2010 年全日制读博至今，虽然也发表了 20 多篇 CSSCI 来源文章，其中包括《社会学研究》等一级专业学术刊物，但依然觉得 2013 年博士毕业论文所提的一些观点更具有探讨空间。因而，西安交通大学学术交流发言的主旨便定位为博士论文要义的介绍。博士论文原题为"幸福研究的文化定向探析——基于经济学'幸福悖论'的反思与考察"。之所以有此考虑是因为，虽说博士毕业已经好几年了，但国内文化建设和发展过程中存在的问题依然有待于克艰攻难。在新时代，对经济学"伊斯特林悖论（幸福悖论）"进行以社会学知识为主体的多元诠释具有相当重要的理论和现实意义，部分研究结论或将有助于"共同富裕"社会建设与"文化强国"战略布局的实施，也有助于和谐稳定发展目标的落实与实现。

　　其次，笔者曾在杭州工作六年有余。客观而言，既有前期关联研究还是有了一定成效，例如，笔者独立署名再度在《社会学研究》发表文化产业主旨学术论文，而原发于"专注时政与思想"的"澎湃新闻"（思想栏）多则乡村文旅主旨文章也相继为国字号智库平台转载，包括国务院发展研究中心的"中国智库网"以及国务院新闻办公室领导和中国外文局管理的国家重点新闻网站"中国网（智库中国）"等。

　　再次，从立项到正式印刷出版，本书又历经了两年多的打磨。如此，距离博士学位论文撰写已将近十年。回首这些年的治学历程，依然坚信其中关于文化建设的基本观点。于是，虽是拙文浅作，此则小书从构思到完成及完善，总体上可称得上备经历练。纵览整个过程，虽谈不上殚精竭虑而废寝忘食，但在写作和修改期间，难以计数的辗转不眠夜以及日有所思夜有所梦情景还是常有伴随在身边，个中酸苦估计唯有"剧中人"方可体验之。正所谓"老生穷事业，此外岂无他"。

　　文末特别感谢父母兄弟妹、妻子、女儿以及岳父母的支持理解。身为一名"老学生"，廿余年来，一直忙碌于诸种求学治学之路，个中波折自然不可或缺，却鲜为家庭做出多少物质性贡献，思此不由愧怍。只是，既已走向书山求学之路，又岂能宝山空回呢？如今，书生不揣浅薄，权且视此小书作为未来进学修身的一份答卷了，并以此自勉兼答谢所有曾给予过关切爱护及帮扶指正的良师益友与故旧亲邻。

李　敢

2021 年秋

南京邮电大学 管理学院

江苏高校哲学社会科学重点研究基地——信息产业融合创新与应急管理研究中心